나남출판 원고지

2022년판

언론 의병장의 꿈

아름다운 사람들과 함께한 나남출판 40년

나남
nanam

조상호 趙相浩

고려대 법과대학 법학과
한양대 대학원 신문방송학 박사
계간 〈사회비평〉 발행인, 한국언론학회 이사,
연세대, 고려대, 서강대 언론대학원 강사,
방송통신융합추진위원회 위원 역임
현재 (주)나남 대표이사, 〈지훈상〉 상임운영위원,
나남수목원 이사장
한국방송광고대상 공로상, 한국출판학회상,
간행물윤리상, 대한민국 문화예술상
저서 《한국언론과 출판저널리즘》(1999)
《나무 심는 마음》(2015), 《숲에 산다》(2019)

언론 의병장의 꿈

아름다운 사람들과 함께한 나남출판 40년

2009년 10월 18일 제1판 발행
2013년 11월 20일 제2판 발행
2022년 5월 5일 제3판 발행

저자 조상호
발행자 趙相浩
발행처 (주)나남

주소 10881 경기도 파주시 회동길 193
전화 031-955-4601
팩스 031-955-4555
등록 제1-71호(79.5.12)
홈페이지 www.nanam.net
전자우편 post@nanam.net

ISBN 978-89-300-4111-9
ISBN 978-89-300-8655-4 (세트)
책값은 뒤표지에 있습니다.

2022년판

언론 의병장의 꿈

아름다운 사람들과 함께한 나남출판 40년

조상호

(이제하, 1984)

나남
nanam

머리말

언론 의병장의 꿈을 함께하는 아름다운 사람들을 위하여

삶의 시간을 어떤 단위로 나누는 일은 고비마다의 매듭을 정해 보고 싶은 사람들의 안타까운 몸짓일지 모른다. 잠깐의 숨 고르기를 위해서거나, 스스로의 의미부여이거나, 문득 소외되지 않았음의 확인이거나가 그것일 것이다. 해서 회사창립 몇 주년 기념이거나 회갑, 고희, 희수, 팔순, 미수 등으로 살아 있음을 기념하기도 한다.

2009년 5월은 나남출판사가 창립된 지 30주년이 된다. 자축도 하고 싶고, 널리 알려 축하도 받고 싶은 마음은 한이 없었다. 그러나 이 일들이 갑자기 쑥스러워지기 시작했다. 출판 30년이 뭐 그리 대단한 일이라고 하는 생각과, 요즘 들어 하나의 사기업에 불과한 우리 출판사가 어쩌면 얼마만큼은 공적 영역에 자리한 게 아닌가 하는 겸손까지 겹치는 생각 때문이어서인지도 모른다.

그것은 각박한 회사 살림형편에도 뜻만을 살려 운영해 온

〈지훈상〉이 벌써 공평무사하게 20년이 되어 아름다운 권위라도 세운 듯하고, 한국연구재단 명저 번역사업에 국가기관보다 내가 더 제작비를 부담하여 100권을 목표로 80여 권이 3년째 출판되고 있기 때문이다. 방순영 편집장이 회사 창립 30주년과 나의 60회갑을 기리자며 이제까지 여기저기에 썼던 내 글을 꼼꼼히 찾아내 편집하면서 여러 선생들에게 청탁했던 원고가 들어왔다. 김형국, 오생근, 송호근, 김민환 선생들의 정성어린 글이 그것이다. 나의 성장을 곁에서 지켜봐 주신 것만도 감사한데 이렇게 긴 글을 주신 데에 먼저 머리 숙여 고마움을 전할 뿐이다.

벌써 사고를 쳐놓은 뒤라 어쩔 수 없다고는 하지만 잉크냄새와 활자에 중독된 나의 속세의 욕망을 결국 벗어나지 못하는 한계를 증명하듯 이 책을 꾸미는 일에 끌려들어갈 수밖에 없었다. 글은 유한한 존재를 무한의 세계로 끌어올리기 때문인지도 모른다.

이미 발표한 글들이 대부분이고, 신문 인터뷰기사를 모으기도 했는데 꼭 책으로 내야 하는가 하고 망설이다가 축하원고를 보내주신 선생들의 글에 대한 예의에서라도 이 책 절반 이상의 글을 새로 쓰면서 여름 한철을 보낼 수밖에 없었다. 메모장을 새삼스럽게 들추면서 단상(斷想)들을 정리하여 여러 편의 에세이로 만들었다.

이제는 고인이 되신 김준엽 고대 총장님, 박경리, 이청준 작가에 대해서는 긴 글이 되었다. 박경리 선생의 〈토지〉 출간에 대한 전 과정의 글에서 나의 '출판하는 마음'을 정직하게 털어놓았다. 후학들에게 작은 도움이라도 주기 위함보다 나의 50주변의 모든 삶을 쥐어짜낸 기록이라고 해야 할 것 같다.

이청준 선생을 통해서는 그를 타산지석(他山之石)으로 삼아 사람이 사람답게 사는 지혜를 공부한 셈이다. 10년의 시차는 있지만 동향 출신이라는 지연(地緣)으로 가슴 터놓고 군부독재 시대를 같이 고민했던 시간만이라도 행복했다.

아무래도 인간관계의 연속들이 혼자 살 수 없는 삶일 수밖에 없는 것이 아닌가 싶어서이다. 또는 치열하게 살았던 시절을 시시콜콜 기록하여 공개함으로써 그 열정을 간직한 채 계속 타오르는 불꽃으로 간직하고 싶어서인지도 모른다.

1989년 나남 10주년 기념은 '나남신서 100호 기념'과 같이했다. 10년 동안 출판사로 버텨낸 것과, 언론학 전문도서를 100권이나 낸 것을 자축하고 싶었다. 프레스센터의 기념식장에서는 젊은 출판장이의 열정을 축하하면서도 역마살이 낀 저이가 저 일을 계속할까 하는 호기심어린 눈길을 받았다. 나는 나남신서 1천 호, 5천 호의 위업도 달성할 수 있을 터이니 더 많은 관심과 애정을 갖고 지켜봐 달라고 호기를 부릴 수밖에 없었다. 그리고 30년이 더 지나면 나남신서는 벌써 2천 5백 호를 넘어서고 있다.

1994년 창립 15주년 기념은 강남 서초동 사옥 마련과 함께 첫 번째 사옥의 집들이와 겸했다. 기뻤다. 번듯한 내 집을 마련한 것이다. 지하철 양재역과도 가까워 저자들이 출입하기도 편리해졌고, 넓은 공간의 여유로움은 너무 좋았다. 이성원 교수와 영문과 동창생인 바둑친구 김동찬 사장이 뉴질랜드로 이민가면서 고가의 그의 사옥을 나에게 떠넘기지 않았다면 꿈꿀 수 없는 공간이었다.

1995년에 파주 통일동산에서 금촌 가는 길에 4천 평의 부지에 1천 5백 평의 현대출판유통을 설립하여 이젠 창고 이사걱정이 없어서 좋았다. 이렇게 사옥과 창고문제를 해결하고 한숨을 돌리는데, 출판사 뒷집의 영감님이 상속문제 때문이라며 100평의 땅을 넘겨주었다. 힘겹게 증축공사를 마쳐 대지 200평, 건평 900평의 지훈빌딩이 되었다. 자금사정도 빠듯하고 일할 시간도 벌 겸, 맨 꼭대기층은 이른바 펜트하우스 흉내를 내서 한동안 살림집으로 사용하기도 했다.

이곳은 35년 전 대학 2학년 때 내 인생을 바꾼 광주(廣州)대단지 사건을 취재하러 동대문운동장에서 시외버스를 타고 성남으로 가던 흙먼지 이는 신작로 길가의 논밭이었던 말죽거리 그곳이 아닌가. 참 운명이다 싶었다.

번듯한 사옥을 완성하고 한숨 돌리려던 여유는 1997년 말 IMF 외환위기로 머리가 하얘졌다. 출판을 처음 시작하던 1979년 가

양재역 건너편의
지훈빌딩.
첫 사옥을 마련하여
비약을 꿈꾸었다.

을 새벽에 배달된 대통령 피살의 조간신문을 펴들 때 받은 충격은 비할 바도 아니었다. 어느덧 부양할 가족이 20여 명이 넘는 중소기업 사장이 되어 있어 어깨가 무거웠다. 멀쩡한 담보대출을 현금 확보라는 미명으로 상환을 독촉하며 고율의 대출이자를 강요하는 하이에나 같은 은행에게 시달리고, 날마다 터지는 도매상과 서점 부도의 악령에 밤잠을 설쳐야 했다. 그래서 6·25 전쟁과 이 외환위기를 극복한 사업가는 믿어도 된다는 말도 생겼다.

새천년이 시작하기 직전인 1999년, 창립 20주년은 계간 〈사회비평〉 10주년과 '나남신서 700번'으로 낸 내 책 〈한국언론과 출판저널리즘〉 출판기념을 겸하였다. 프레스센터 국제회의장에 모인 저자 분들이며 좋은 선배들인 600여 명의 하객들은 서로가 서로에게 '조나남'과 어떤 사이냐며 기분 좋은 관계 확인에 바빴다. 출판으로 얽혔지만 휴먼 네트워크의 질과 양이 이렇게 광대무변할 수 있음을 웅변하는 듯했다. 항상 부러워했던 일본 광고기획사 덴츠(電通)의 신년하례식처럼 민간의 힘에 의해 이 시대 지성을 한자리에 모일 수 있게 한 것 같은 절반의 성공에 스스로 감동했다. 대성황을 이룬 하객들 앞에서 언론으로서의 출판과 출판의 사회적 지위와 역할을 누누이 강조한 것은 이젠 피할 수 없는 출판장이로서 그 길을 가야 한다는 스스로의 다짐이기도 했다.

2004년은 창립 25주년이 되는 해였다. 창립기념식 행사를 대신하여 6개월 동안 고생하여 목침 같은 46배판 1,120페이지 책 〈아름다운 사람들과 함께한 나남출판 4반세기〉를 발간하였다. 여느 출판사도 시도해 보지 않은 2천여 권의 총 도서목록과 해제를 실었다.

인쇄매체의 기록성을 담보하는 의미 있는 작업이었으나 6개월에 걸친 시간과 물량의 투입이 너무 힘들었다. 발간 도서의 집대성은 흐뭇했으나 옥(玉)에 낀 티와 같은 책도 많았다. 엄격하게 정선(精選)하지 못한 안목과 치열한 자기검열의 부족함을 부끄러워해야 했다. 빠른 정보검색을 위해 CD도 별도로 제작하였으나 굳이 큰 책으로 출판한 것은 책이 갖는 공간성의 의미와 함께 내 분신인 양 쓰다듬고 싶은 값비싼 허영도 있었으리라 싶다.

2004년 파주 교하(交河)의 출판도시에 자리를 잡았다. 한강 하류의 기름진 퇴적층의 언저리로 한강이 임진강의 물과 만나 강화도를 돌아 망망대해로 빠져나가는 곳이다. 동업계 동무들도 사옥을 마련하여 1백여 개사가 도란도란 입주했다. 근 20년의 강남 서초동 시대를 마감하고 이 벌판에서 새로운 시대를 열었다. 550평의 부지에 세운 850평의 내가 세운 거탑(巨塔)이다. 사옥으로 비효율적이라고 말리는 사람도 있었으나 지하 2층 깊이의 넓은 창고도 같이 마련하여 흔들리지 않을 출판사의 기틀을 잡았다. 갈대 수로의 풍경과 함께 부드러운 곡선으로 커다랗게 휘어진 바람의 벽을 두른 독특한 모습의 사옥은 자유혼의 디자이너인 친구 김영섭의 설계이다.

사옥을 장송(長松)으로 띠를 두르고 자작나무의 작은 숲도 마련했다. 넓은 바람의 벽에는 담쟁이를 올렸더니 벌써 절반 이상을 덮고 있다. 교통시간을 생각해서 별도로 서울 지사를 마련할까도 생각했다. 그러나 꿀을 찾는 벌을 불러들일 문화의 진한 꽃향기가 이 거리 정도는 극복하지 않겠느냐는 고집으로 경기

파주 나남 사옥(2022). 이 벌판에서 새로운 시대를 열었다.

북도 시골인 심학산(尋鶴山) 자락의 자유로(自由路) 연변인 여기에 올인했다. 새로운 땅이기도 했고, 이제는 새삼스럽게 출판사 사옥을 옮기는 것도 어려운 일일 것 같아 지신(地神) 밟기도 할 겸 1년 넘게 맨 위층 사장실 옆에 요사채를 만들어 숙식을 같이 하기도 했다. 그리고 또 20년이 다 되어간다.

2009년 이제 나남창립 30주년이 되었다. 처음 출판사를 시작하면서 다짐했던 편견 없는 열린 광장의 지성의 열풍지대의 숲은 얼마나 갖추어졌는지 모르겠다. 숲이 무성해야 봉황(鳳凰)이 나래를 펴고 내려앉을 수 있기 때문이다. '나남'이라는 지적(知的) 저수지는 이 골짜기 저 골짜기의 맑은 물을 얼마나 받아들여 이를 지킬 수 있는 튼튼한 보(洑)가 되었는지도 모르겠다. 다양성과 차이를 포용하는 해납백천(海納百川)의 나남출판이라는 용광로는 자유의 활화산으로 지금도 용솟음치고 있는지도 모를 일이다.

앞으로의 또 하나의 30년을 준비하는 푸르른 수레바퀴를 굴리기 위해서라도 지난 삶의 궤적을 다잡아 돌아보며 반성하는 일이 필요했다. 새삼스럽게 다시 읽어본 지난날의 글은 삶의 향기보다는 출판을 통해 세상을 읽어내려는 치열한 몸짓밖에 보이지 않는다. 그러나 그것은 나의 삶의 성장통(成長痛)의 흔적들일 수도 있다. 삶에 대한 팍팍함 때문인지, 암울했던 시대상황을 헤쳐 나가야 하는 외로움 때문이었는지 자기검열의 엄격한 잣대도 보이고, 기존 사회제도에 대한 적의도 잘 숨기질 못해 들키는 생경함도 있으며, 미래에 대한 불안을 감추기 위해 오히려 호기롭게 목소리를 높이기도 한다. 그러나 40년 동안 이러한 주장의 언행일치(言行一致)는 절반이나 실천하였을까 싶다. 어쩌면 이루어질 수 없는 이상향에 몸을 숨기고 사는지도 모른다.

나는 지금 출판사 일 틈틈이 시간을 쪼개 포천 신북면에 20만 평의 '나남수목원'을 만들고 있다. 양지 바른 곳에 수목장(樹木葬)으로 사용해도 좋을 3천 3백 그루의 24년생 반송도 정성스럽게 키우고 있는 스스로에게 전율(戰慄)을 느낀다.

보이지 않는 무엇이 삶을 지배하는 걸까. 그리고 실천하게 하는 걸까. 이성을 가진 합리성을 넘어서는 감성이나 직관이 따로 나의 주인노릇을 하고 있는 모양이다. 그래서 나남출판 35년 기념으로 2015년에 출간한 에세이집을 〈나무 심는 마음〉이라고 붙였다. 2019년 나남출판 40주년과 나의 칠순 기념으로 〈숲에 산다—세상 가장 큰 책 나남수목원〉을 출판하게 된 소이이기도 하다. 지금은 4년 전에 조성한 1만 5천 그루의 자작나무숲에 이어 3만 그루의 자작나무의 묘목을 더 심었다. 이 땅이 생식조건에 맞는지 바로 하얀 표피가 드러날 만큼 잘 자란다. 내가 팔순이 되기 전에 강원도 인제 원대리의 자작나무 숲보다 두세 배 더 큰 숲을 이룰 것 같다.

3년 전인 2019년에는 나남창립 40주년이 되었다. 이 책의 초판 부제 "아름다운 사람들과 함께한 나남출판 30년"을 이번 개정 3판에서 '나남출판 40년'으로 하면서, 최근 10여 년간의 역정을 되새겨야 했다. 이 다음 장의 긴 글 "언론의병장의 꿈, 그리고 40년—나남출판 30년에서 40년의 아름다운 사람들"이 그것이다.

제2부 "아웃사이더, 그 화려한 창조적 소수"는 언론매체에 투영된 내 모습 몇 편을 함께 실었는데 어떤 내용은 중복되기도 한다. 나의 투박한 목소리를 그들 기자의 시각에서 게이트키핑하기도 했지만 여기저기서 살아 있는 내 모습을 객관적 시선으로 보는 듯하여 반갑기도 하고 계면쩍기도 하다. 그러나 내가

새삼스럽게 글로 쓰지 않고도 그들을 통해 발언하기도 했고, 차츰 차츰 세상에 눈을 뜨고 실천하는 나의 성장과정을 보는 듯하여 뒤에 붙였다. 새천년이 시작될 무렵 〈지훈상〉 제정 때, 이젠 고인이 된 〈중앙일보〉 이헌익 기자의 '인물오디세이' 취재가 가장 기억에 남는다. 행간에 배어 있는 애정 속에 흔들리지 말고 세운 뜻에 공인의 자세로 매진하라는 비수 같은 질책도 숨어 있었다.

이 책 초판에 15년 전의 언론학 박사논문의 결론을 요약하여 실었던 것은 언론으로서의 출판의 기능과 역할은 내 삶의 존재 이유가 되었기 때문이며, 30년 출판업이라는 직업의 정체성을 스스로 확인하며 앞으로의 다짐으로 삼고 싶었기 때문이었다. 그러나 이 논문은 1999년 〈한국언론과 출판저널리즘〉으로 출판되기도 하여 책의 두께를 감안하여 재판에는 빼기도 했다.

제3부 "사숙에서 출판까지"에서 김형국 교수의 긴 글은 다시 읽어보아도 사람에 대한 무한한 애정이 듬뿍 묻어난다. 10여 년 전의 나의 천둥벌거숭이 같은 모습을 객관화시킨 공들여 쓴 글이다. 그이의 거울에 비친 사람이 내 얼굴인가에 마음속으로 당황했지만 늠름하려는 모습에 가려진 그림자의 속살을 들킨 것이 차라리 유쾌했다. 나는 언제 한 사람의 깊은 속마음까지 들어가 그를 이해하려고 오랫동안 노력해 본 적이 있었는가 하

는 부끄러움이 앞섰다.

송호근 교수는 나의 성장과정을 사회학적으로 분석했다. 내가 세대적으로 경계인으로서의 삶을 헤쳐 나가는 항명(抗命)의 에너지로 출판을 통해 실천한다는 지적은 날카로웠다. 1970년대의 정신사적 구조를 온몸으로 담지하고 사회과학적 논리를 스스로 만들며 지적 허기를 신체적 통증처럼 앓았다고 했다. 나에게 사회과학 출판은 세상과 대결하는 칼날이라면 문학 출판은 칼날에 에스프리를 불어넣는 성찰의 창고였다고 단칼에 나의 숨은 뜻까지 발가벗기는 그를 미워할 수 없었다. 외려 그의 진정성을 안고 춤추고 싶었다.

'나남 초대주간'이 자랑스럽다는 이병완 전 대통령 비서실장과 출판동네의 사랑하는 아우 윤백규 사장의 발문에 가슴 뿌듯한 고마움을 보낸다. 윤 사장의 글처럼 그때 디지털출판의 훈수가 없었더라면 내가 70이 넘어서까지 돋보기의 힘을 빌리지 않고 책상 앞에서 컴퓨터 화면을 응시하지는 못했을 것이기 때문이다.

2013년 정월에 아무도 밟지 않은 폭설 속의 나남수목원에서 각별한 우정을 나누었던 KBS 주간인 〈나마스테! 히말라야〉의 시인 임병걸 후배가 즉흥의 헌시를 남겼다. 그이의 시 〈세상 가장 큰 책〉을 이 책 뒤표지에 실은 것은 그 울림과 떨림을 오랫동안 함께하고 싶어서이다. 그리고 20여 년 넘게 함께하며 예술에 눈을 뜨게 해주었으며 또 이 책을 아름답게 꾸며준 이필숙 디자인실장에게 감사드린다.

아름다운 사람들과 함께한 40년이었다. 2004년부터 주역(周易) 공부를 하면서 남동원(南東園) 스승께서 나에게 주신 호가 '구원'(衢園)이었다. 대축(大畜) 괘(䷙)의 '何天之衢 道大行也'의 뜻을 주신 것이다. '何天之衢'(하천지구)는 천상의 사통팔달하고 무애무변(无涯無邊)한 도(道)를 짊어지다, 또는 완성한다는 너무 큰 뜻에 다름 아니다. 내가 꿈꾸는 언론 의병장의 꿈은 이 정도는 되어야 한다는 말인가. 아직도 갈 길이 너무 멀다.

2009년 삽상한 가을바람의 얼굴을 보며 서문을 쓰고,
2013년 늦은 가을날에 제2판 서문을 덧붙이다.
2022년 5월, 사회적 거리두기를 강요하는 3년째 계속되는
코로나 팬데믹의 공허함 속에서 개정 3판을 발행할 수 있어
희망의 숨통을 튼다.
2022년 5월 나남출판 창립 43년, 나남수목원 창립 14년에.

趙相浩

언론 의병장의 꿈

아름다운 사람들과 함께한 나남출판 40년

차 례

제2부 아웃사이더, 그 화려한 창조적 소수

제 3부 사숙에서 출판까지

제1부

아름다운 사람들과 함께한 시간들

언론 의병장의 꿈, 그리고 40년

나남출판 30년에서 40년의 아름다운 사람들

'언론 의병장의 꿈'을 꾸며 아름다운 사람들과 함께한 나남출판 40년은 행복했다. 혼자서 꾸는 꿈은 꿈에 그치기도 하지만, 여럿이 같이 꿈꾸고 실천하면 꿈이 현실에서 이루어질 수도 있다. 새로운 경지의 없는 것을 찾아가는 고난의 대장정을 견뎌내야 하는 고통은 말할 것도 없지만, 넘어질 때마다 흔들릴 때마다 곁에 함께하는 아름다운 사람들의 응원이 다잡아 주었다.

2019년 5월, 나남출판 40년이 되었다. 기념식이 열린 10년이 되어가는 나남수목원은 철쭉이 만개하고 목련의 꽃그늘이 넓은 잔디광장의 푸르름과 짝하면서 신록의 숲속에서 평화로웠다. 이를 기념하는 마음으로 〈숲에 산다—세상 가장 큰 책 나남수목원〉을 출판했다. 2017년부터 2년 동안 〈한국일보〉 '삶과 문화' 칼럼과 반년 동안의 〈문화일보〉 '살며 생각하며' 칼럼이 중심을 이루었다. 신문사 원고청탁의 강권이 없었다면 그동안 일상 속에서 문득 떠올랐던 단상(斷想)들이 언어로 정제되지

못하고 그냥 숲속에 묻혀 버렸을 것이기에 더욱 소중했다.

세상에 나이가 들면서 더 고귀해지는 것은 나무밖에 없다. 나무처럼 늙고 싶었다. 나무는 긴 세월의 풍파를 이겨내며 비바람에 가지가 부러지면 새봄에 다시 싹을 내어 새로운 수형을 만들고, 폭풍우에 뿌리가 흔들릴 때마다 미지의 땅속에 더 깊게 뿌리를 내려야 하는 인고(忍苦)의 계절을 그냥 지나가는 예정된 소요처럼 늠름하게 견뎌낸다. 나무처럼 아름답게 늙고 싶다면 이 초월과 해탈과 절대고독의 긴 여정을 나무처럼 살아야 한다. 언제인가 어느 나무 밑에 묻힐 때까지 이 길을 가야 한다. 노추(老醜)의 강을 건너뛰며 세상 가장 큰 책이 될 이 숲에 허허롭게 사는 나를 발견한다.

시대와의 불화를 용광로처럼 승화시킨 출판사는 불혹의 나이라는 큰 매듭을 지으며 흔들림 없는 반석에 성채를 틀고 있는 듯했다. 19회 지훈상 시상식도 함께했다. 그리고 개인적으로는 마음속으로 70 고희(古稀) 잔치를 겸하였다.

국악과 교수였던 여동생(혜영) 제자들의 사물놀이패가 북 치고 장구 치고 풍악을 울리며 드넓은 수목원을 돌며 지신(地神)밟기를 한다. 원시의 숲이 잠시 들썩인다. 뒤늦게 핀 산벚꽃 꽃

사물놀이패가 드넓은 수목원을 돌며 지신밟기를 한다.

잎이 추임새를 넣듯 눈처럼 분분히 날리고, 힘찬 물줄기로 용솟음치던 분수는 이에 추임새를 넣고 있다.

오늘 같은 날이 올 줄을 진즉에 알았다며 먼 곳까지 와서 내 일처럼 좋아하는 기념축사를 전하는 김중배 대기자, 오생근 선배, 염재호 고려대 총장의 목소리에 약간의 설레임이 묻어 있는 것처럼 울린다. 고마울 뿐이다. 김 선배는 지금의 내 나이 때인 나남출판 20주년 행사에서도 내게 용기를 주는 따듯한 격려의 말씀이 프레스센터를 꽉 채웠던 기억이 새롭다. 그때나 지금이나 막냇삼촌 또는 큰형 같은 육친의 정이 진하게 묻어 있다.

오 선배는 지근거리에서 출판사의 성장을 지켜보아선지 40년 나남출판과 아우의 성취를 회고하면서 떨리는 목소리로 말이 자꾸 끊긴다. 김형국 교수가 같은 대학에서 정년을 했는데

오생근 선생, 아내, 김중배 대기자, 염재호 총장과 함께.

몰랐다며 좋은 분이 곁에 있었다고 나를 부러워했다.

염 총장은 1988년 〈사회비평〉 편집위원으로 만났다. 항상 신선한 아이디어를 내뿜고 선배의 답답한 사고방식을 한층 업그레이드시키려 애쓰는 자랑스러운 후배이다. 축사에서 자주 튀어나오는 나에게 '형님'이라는 말이 그렇게 정겨울 수가 없었다. 총장 취임하고 그이와 둘이서 한나절 자유분방하게 고려대의 꿈을 이야기했던 아련하게 각인되었던 안암동의 짧은 봄날이 자꾸 소환되었다. 그이는 〈개척하는 지성〉의 저자이자 그가 곧 온화하고 올곧은 개척하는 지성의 현신에 다름 아니었기 때문이다.

고승철 주필

만날 사람은 다시 만난다. 선의로 시작한 연분이 싹을 트거나 그 사이 10년, 20년 각자의 길에서 성숙한 길을 열심히 걸었기 때문일 것이다. 나남출판사 40년 성취의 고지를 향한 10여 년 동안 큰 획을 그으며 동행한 고승철 '주필 겸 사장'과의 행복한 시간들을 여기에 기록한다.

그이와의 인연은 우연하게 시작되었다. 우연이 반복되면 필연이 되고, 필연이 또 반복되면 운명이 된다고 했던가. 사람이 서로 엮이며 사는 세상이 사회이고, 회사도 사람과의 관계일 수밖에 없다. 인적 관계망의 중심인 출판사는 더욱 그러하다. 좋은 사람을 만나려면 내가 먼저 좋은 사람이 되어야 함은 물론이다. 유유상종(類類相從)이라는 속언은 착한 관계였을 때 더욱 빛난다.

출판사를 시작하고 10년이 채 되지 않았던 33년 전인 1989년 가을 어느날에, 〈경향신문〉 경제부 고승철 기자가 서초동 교대 앞 출판사를 찾아와 〈학자와 부총리〉 원고를 내밀었다. 조순(趙淳) 서울대 경제학과 교수가 1988년 12월 경제기획원 장관 겸 부총리로 부임하자 경제기획원에 출입하던 고 기자가 부총리의 행적을 저널리스트 시각으로 집필한 것이다.

나남출판사가 언론학 전문출판사로 이름을 얻어 갈 무렵이었다. 이론적인 신문방송학과 교과서뿐만 아니고, 김중배 〈동아일보〉 논설위원의 〈하늘이여 땅이여 사람들이여〉 칼럼집 등

언론 현장의 생생한 목소리를 출판하던 무렵이기도 했다.

초면인 젊은 기자의 열정에 찬 점잖은 원고를 다듬어 출판을 준비하던 중에 의외의 방문객을 만난다. 부총리 비서실장이었다. 거대한 경제학과 동창회에서 이 책이 부총리에게 도움이 되지 않는다고 의견을 모아 출판을 막기로 했는데, 고 기자를 만날 수 없다며 출판사를 찾았다 했다. 출판사가 돈을 벌려고 책을 내는 것일 텐데, 그 책을 자기가 모두 샀다 치고 아예 출판하지 말라며 거액을 내밀었다. 악마의 유혹은 이제는 재개발로 사라진 잠실의 작은 시영아파트 한 채를 살 만한 금액이었다. "뭐 이런 사람이 있느냐"고 내쳤고, 고급공무원인 그이도 "별난 출판사 사장도 다 있네" 하고 계면쩍은 표정으로 돌아섰다.

이제는 조순 교수의 애제자인 정운찬 교수가 나서서 고 기자의 원고라도 미리 볼 수 없겠느냐는 부탁에는 "무슨 사전검열이냐"고 말을 막았다. 처음 겪는 관계망의 끈적거리는 거미줄들이 불편했다. 지난해 창간한 〈사회비평〉에 글도 써준 정 교수에게 미안했지만, 젊은 기자의 첫 번째 책 출간에 더 큰 의미를 두었다. 살아있는 권력에 머리를 조아리지 않는다기보다는 세상은 다 이런 거라는 막연한 처세술로 그이의 기를 꺾는 비겁한 나를 보이는 것이 너무 싫었기 때문이다.

1989년 연말에 〈학자와 부총리〉는 거미줄로 그네 타는 것 같은 어떤 권력의 벽을 뚫고 그렇게 늠름하게 태어났다.

11년이 지나 2000년 가을 〈동아일보〉 경제부장이 된 고승철 기자를 다시 만났다. 우연히 〈동아일보〉 편집국에 들렀다가 외부인사 영입으로 몇 달간 시끄러웠던 그 자리에 작은 거인처럼 우뚝 선 그가 너무 반가웠다. 만날 사람은 다시 만난다는 말이 틀림없었다. 그동안 〈경향신문〉 파리특파원으로 4년 가까이 체류하며 넓은 세상의 안목과 고급문화의 세례를 받고, 효성그룹의 임원으로 실물경제의 현장을 누비고, 〈한국경제신문〉 산업2부장으로 경제데스크 기초를 닦았으니 〈동아일보〉로서는 용인술을 잘 쓴 셈이다.

2007년에는 〈동아일보〉 출판국장을 맡았다며 그간의 안부를 전할 겸해서 파주 출판도시로 옮긴 출판사를 찾아왔다. 월간잡지 출판이 주종이지만, 단행본 출판도 많다며 조언을 구했다. 국장이 할 일이란 좋은 저자를 만나게 길을 터주는 것이라고 넌지시 말할 수밖에 없었는데, 사실은 출판실무를 익히기 위해 신분을 드러내지 않은 채 두세 달 '한겨레 출판교실' 야간강습을 받았다는 말도 지나가듯 꺼냈다. 고 국장은 맡은 일에 열정을 갖고 성실하게 대처하는 그런 인품이었다.

고 국장은 정년 퇴직보다 몇 년 일찍 사직하고 한 시대를 풍미한 언론인 출신 소설가 이병주를 따라 작가의 길을 걸었다. 〈은빛까마귀〉, 〈개마고원〉에 이어 그의 대표작 〈소설 서재필〉에 이르기까지 작가의 혼을 불태웠다. 〈독립신문〉을 창간한 서재필의 일대기를 그린 소설은 언론인이 공들여 쓴 한국언론사를 심도 있게 살필 수 있는 역작이라는 평가를 받았다. 그는 이즈음 장편소설들을 출간하느라 출판사를 자주 출입했다. 마침 사법고시에 합격한 아들이 일산 사법연수원에서 공부 중이어서 겸사겸사해서 이쪽 동네 나들이가 잦았다.

2008년 5월에는 스무 살도 안 된 출판사를 이 시대의 큰바위 얼굴로 웅비(雄飛)하는 데 17년 동안 3백만 부 넘는 밀리언셀러로 반석 위에 올려놓은 〈김약국의 딸들〉, 대하장편소설 〈토지〉(21권)의 작가 박경리 선생이 갑자기 타계하셨다. 7월에는 출판사가 아장아장 걸음마를 뗄 때부터 집안의 형님처럼 만기친람(萬機親覽)의 사랑을 베풀어 주던 마음속으로 의지하던 대들보인 이청준 작가도 돌아가셨다.

항상 귀한 사람들을 먼저 부르신다는 하늘의 뜻은 알다가도 모를 일이다. 초대받지 않은 상주(喪主)의 마음으로 두 분 선생들의 죽음을 길무리했는데도 가슴 한구석이 뚫린 허전한 마음을 억누르고 사는 일상이 편하지 않았다. 2011년 6월에는 아버지를 잃은 자리에 25년간 모셨던 김준엽 고려대 총장님을 잃었다. 김 총장님은 나에게는 역사의 신을 신봉하는 성채(城砦) 자체였다. 또 하나의 장정을 같이한 역정을 회고하며 슬픔을 다독이는 말상대로서 작가가 된 고승철 국장이 곁에서 마음을 많이 써주었다.

회갑 주변에는 젊은 날의 고통과 핍박을 헤쳐 나오기 위한 우회로로 선택한 출판사가 평생직업이 될 것 같은 조짐이 보였다. 개인의 의지로 시작한 출판사가 이제는 공론장(公論場)에서 의도했던 출판언론의 공적 의무도 함께해야 한다는 무언의 의무감도 도드라졌다. 그리고 포천 신북에 20만 평의 수목원을 '세상 가장 큰 책'으로 만들려는 필생의 꿈을 안고 삽질을 시작했다. 오랜 염원인 민주화의 격류가 승리한 세상에 동참하자는 권력의 유혹을 떨쳐내고 본업인 출판사를 지켜내고 싶은 마음에 또 하나의 해방구로 언제 끝날지도 모를 고통의 축제를 자청한 것인지도 모른다.

꿈꾸는 나무들, 수목원의 탄생에 대해서는 나남출판 35주년 기념으로 2015년 출판한 〈나무심는 마음—아름다운 숲 나남수목원〉에 담았다. 박석무·김민환 선생의 초대로 2012년부터 1년 반 동안 집필한 '다산칼럼'과 2014년 반년 동안의 대구 〈매일신문〉 '계산칼럼' 원고가 밑받침이 되었다. 논객으로 초대받았으니 그렇고 그런 정치현안의 글을 바라는 것 같았다. 문화의 향기는 두드러지지 않지만 오래가야 한다는 출판장이의 작은 고집으로 유쾌한 배반을 할 수밖에 없었다.

단기필마(單騎匹馬)로 창업한 지 30년이 넘는 출판사의 외로운 대

장정에 같이할 사람이 있었으면 싶었다. 큰바위 얼굴 같던 선생들이 한둘씩 별나라로 떠나자 내가 백척간두(百尺竿頭) 맨 앞에 서게 된 절대고독에 동지(同志)를 찾았다. 이제는 작가의 길을 걷는 고승철 국장에게 신문사에서 경험하지 못했을 '주필' 직함을 내세워 무도회의 초대를 권유했다. 그는 문화쿠데타를 도모하자는 창의문은 외치지 않았지만 나남출판사라는 양산박(梁山泊)의 호걸로 입성했다. 일 년 동안 '주필 겸 부사장'으로 말을 맞추고 발을 맞춰 보긴 했지만 사나이의 뜨거운 용암냄새라도 서로 맡아보려면 극적 전환이 필요할 것 같아 일주일의 무모한 여행길에 나섰다. 2013년 설날, 누구도 쉽게 찾지 않는 영하 40도를 넘나드는 혹한의 바이칼을 찾는 시베리아 횡단열차에 둘이 몸을 실었다. 우리는 무엇을 찾았던가. 그 많은 자작나무 숲의 풍광이 스치고 생명의 시원(始原)을 경험했지만 사실은 바로 동행할 사람을 찾은 셈이었다.

기차가 삶을 느리게 살라고 하지 않아도 우리는 벌써 자연의 일부가 되어 자작나무 우거진 태고의 음향 속에서 우리들의 이야기들은 시베리아의 달빛에 젖기에 충분했다. 23년 전인 1989년 그이의 마산고 선배인 서울대 환경대학원 김형국 교수와의 유럽여행 때 교감이 일어난 독일 뮌헨에서 오스트리아 빈으로 넘어가던 열차여행이 데자뷔처럼 떠올랐다. 무슨 인연들인가?

바이칼 호수에서 고승철 주필과 태고의 호연지기를 담았다.

3일간의 횡단열차가 닿은 '시베리아의 파리'라고 불리는 이르쿠츠크에서 바이칼까지는 8시간 눈길을 버스로 헤쳐 나가야 한다. 바이칼의 장엄함과 생명력을 경배해야 할 일이다. 끝 간 데 없는 꽁꽁 얼어붙은 호수 위를 자동차로 내달리며 태고의 호연지기(浩然之氣)를 가슴 가득 담는다. 바이칼의 마지막 밤에는 자작나무 숲에 쏟아 붓는 별들의 폭포를 보며 우리는 두 손을 맞잡고 우주의 신비를 겸허하게 세례받아야 했다.

2013년 3월에 한국개발원(KDI)이 기획한 "육성으로 듣는 경제기적" 편찬위원회의 〈코리안 미러클〉을 출간했다. 세계 최빈국에서 경제대국으로 도약한 한국경제의 기적을 만든 경제개발계획을 추진한 고위경제관료들의 통화개혁, 8·3조치, 수출정책, 과학기술정책 비화를 묶었다. 경제기획원, 재무부, 상공부,

한국은행을 출입한 오랜 경제부 기자 이력의 고승철 주필이 여느 기자와는 달리 축적한 적선(積善)의 결과였지 싶다. 진념, 강봉균, 윤증현 전 부총리, 윤대희 전 경제수석 등 편찬위원 여러분의 진실된 도움이 컸다. 고 주필과 경제부처에 함께 출입한 MBC 출신의 경제학박사 홍은주 교수가 주 집필자였던 점도 행운이었다.

이 장기 시리즈는 10년 동안 계속되었다. 2014년 물가안정, 기업 및 은행자율, 시장개방 정책을 다룬 〈코리안 미러클〉 ② "도전과 비상", 2015년 〈코리안 미러클〉 ③ "숨은 기적들"로 '중화학공업, 지축을 흔들다', '농촌 근대화 프로젝트, 새마을운동', '숲의 역사, 새로 쓰다' 3권이 출판되고, 2016년 〈코리안 미러클〉 ④ "외환위기의 파고를 넘어", 2019년 〈코리안 미러클〉 ⑤ "한국의 사회보험, 그 험난한 역정과 모험"과 "혁신의 벤처생태계 구축" 2권, 2020년 〈코리안 미러클〉 ⑥ "한국의 경제질서를 바꾼 개혁, 금융실명제", 2022년 〈코리안 미러클〉 ⑦ "정보화혁명, 정책에 길을 묻다"가 출판되었다. 이 시리즈 9권은 대학의 한국경제사 교과서가 되었고, 경제계에도 큰 이슈가 되었다. 일부는 외국에서 영문으로 번역 출판되었다.

2014년 그이가 '주필 겸 사장'이 되자, 창업자이자 사장이던 나는 35년 만에 회장으로 자체 승진하기도 한다.

경제발전으로 치닫는 마차의 한 축이 경제관료라면, 다른 한 축은 이를 실천한 대기업일 수밖에 없다. 〈코리안 미러클〉의 출판 중에 대기업 창업주의 기록들을 출판하려고 기획했다. 이미 1996년 한양조씨 문중 일이라며 대한항공 창업자 조중훈 회장의 회고록 〈내가 걸어온 길〉 출간의 기억도 새로웠다. 외국 유학중이던 딸아이는 아빠찬스로 몇 번 비행기 좌석 업그레이드도 받는 듯했다.

서울대 권태준 교수는 〈한국의 세기 뛰어넘기〉(나남, 2006)에서 자본가와 기업가들은 자율적 시장능력과 자본동원능력에서 정부가 계획 추진한 경제개발 사업의 규모에 비추어 보잘것이 없었으므로, 성공적 산업화와 경제성장 과정에서 '중상적(重商的) 보조자'로 개발독재체제의 명령에 따르는 부관(副官)일 수밖에 없었다고 했다. 이들은 정권과의 개인적 연줄자본주의식으로 성장했으나 산업화의 첨병(尖兵) 역할을 충실하게 수행한 업적만으로도 창업 1세대의 개인적 저돌성을 높이 평가해서 '창업자 시리즈'를 기획했다.

2014년 삼성 창업자 이병철 회장의 자서전 〈호암자전〉을 우연한 계기로 출판했다. 몇 해 전 아들이 미국 코넬대학에서 석사를 마치고 미시간대학 박사과정에 진학하던 중간에 삼성에 일

년 반 근무했던 적이 있었다. 연수 중에 1986년 출간된 한자투성이인 이 책을 읽느라 고생하던 모습을 보았다. 28년 만에 한 세대의 간극을 뛰어넘기 위해 신세대에 맞게 세로쓰기를 가로쓰기로 바꾸고 한글화하고(한자는 괄호 넣기) 글자도 키우고 사진도 컬러로 보완하여 재출간했다. 법조출입기자로 이름을 날리며 2006년 〈미국법, 오해와 이해〉를 출판했고, 외국유학 후 삼성그룹으로 자리를 옮긴 이수형 당시 전무가 〈오프 더 레코드〉를 출판할 무렵이어서 많은 도움을 받았다. 호암재단에서도 반겼으며 이재용 당시 삼성 부회장에게도 전달했다.

2015년에는 고 주필이 신문사 동료였던 허영섭 논설의원에게 집필을 의뢰해 현대그룹 창업자 정주영 회장 평전인 〈영원한 도전자 정주영 : 20세기의 신화 정주영에게서 찾는 한국의 미래〉를 출판했다. 인생 후반에 대통령에 출마하는 외도로 창업자의 열정이 바래기는 했지만 이 책이 정주영 신화를 기록한 정본이기를 희망했다.

2016년에는 1세대 벤처사업가인 미래산업 창업자 정문술 회장의 회고록 〈나는 미래를 창조한다〉를 출판했다. 국내 최초의

'벤처 대부' 정 회장은 회사 경영권을 직원들에게 물려주는 아름다운 경영의 선례를 남겼고, 한국과학기술원(KAIST)에 과학기술 발전을 위해 515억 원의 사재를 기부했다. 같은 해에 정밀공작기계 한 분야에서 세계적 기업을 이룬 화천그룹 창업자 권승관 회장의 자서전 〈기계와 함께 걸어온 외길〉을 출판했다. 전남 광주에서 해방 전후 일본인 공장을 인수하는 시대의 증언과, 6·25 전쟁에서 공장을 지켜내는 창업주의 투쟁이 어느 기록에서도 볼 수 없는 깊은 인상을 남겼다.

2018년 가을, 수 년 동안 해마다 참여하던 마라톤 대회를 앞두고 한강변에서 연습하던 고승철 주필이 자전거와 충돌로 갑자기 주저앉았다. 건강 이상이 생겼나 걱정했는데 다행히 큰일은 아니었으나 출판사를 쉬기로 했다. 7년 넘는 나와 함께한 출판 장정(長征)의 기념으로 〈고승철 시집·춘추전국시대〉를 우정의 선물로 출판했다. 고 주필은 이제 언론인, 소설가, 시인으로의 성좌를 갖게 되었다. 몸을 추스르면 장편소설 집필을 계속하겠다고 했다. 이 약속은 3년 후 장편소설 〈파피루스의 비밀〉로 결실을 맺었다.

2020년에는 소공동 롯데호텔부터 잠실 롯데월드, 123층 타워까지 설계에 참여하면서 신격호 회장을 40년 넘게 보좌한 일본 건축가 오쿠노 쇼의 〈신격호의 도전과 꿈〉을 출판했다. 국배판의 큰 책으로 설계도와 숱한 시안들과 건축사진이 많고, 신 회장의 꿈을 공간으로 현실화한 용기와 도전이 생생한 목소리로 기록되었다. 이 책을 펴낸 롯데 황각규 부회장은 창업자의 상상력과 열정이 오롯이 담긴 이 책이 건축, 도시개발, 디자인 분야 전문가를 꿈꾸는 사람들의 가슴에 큰 울림이 일기를 소망했다. 일어판도 동경에서 동시에 출판되었다.

2021년에는 출판사 일선을 떠나 창작활동에 열중하던 고승철 작가에게 앙청하여 일 년 넘게 집필한 롯데그룹 창업주 신격호 회장의 회고록 〈열정은 잠들지 않는다— 한계를 넘어 더 큰 내일로〉를 출판했다. 신 회장 탄신 100주년 기념이었다. 사업을 크게 일으키기 전 자료가 열악한 신 회장의 일본 동경의 어려운 청년시절의 묘사는 그이가 아니면 할 수 없는 일이었다. 이병주의 소설 〈관부연락선〉에 비견되는 탄탄한 구성과 없는 것을 찾는 젊은이의 지석 낭만이 어우러졌다.

이 책에서 1970년대 초 소공동 롯데호텔의 사업규모가 당시 경부고속도로 건설비와 맞먹는 대규모 투자였음을 알았고, 롯데가 오래 준비한 제철 투자사업을 포철 박태준 회장에게 흔쾌히 넘겨주었고, 재일교포 신 회장이 한국 국적을 계속 유지하며 일본에

서 사업을 성공시킨 결기에 고개를 숙였다. 잠실벌판에 세운 평생의 소망이자 집념의 결정체인 123층 롯데월드타워는 오늘도 대한민국의 랜드마크로 구름을 뚫고 빛나고 있다.

고승철 작가는 힘든 역정을 거친 이 책의 원고료의 절반이 넘는 큰 금액을 '비영리재단법인 나남'에 기부했다. 몇 년 동안 수목원 조성에 꽃과 나무를 나와 같이 심으며 땀을 쏟았던 그의 애정이었지 싶다. 준비 중인 반송밭 수목장에 존경받는 언론인을 모셨으면 좋겠다는 큰 뜻의 쾌척이었다.

2022년에는 고승철 작가가 집필한 신한은행 창업자 이희건 회장의 회고록이 출판되었다. 신한은행 창립 40주년의 기념행사의 일환이었다. 롯데 신격호 창업자가 일본 동경을 중심으로 활동했다면, 비슷한 시기 신한은행 창업자 이희건 회장은 재일교포 본거지 오사카의 코리아타운이 된 쓰루하시의 빅브라더였다. 어려운 시절 교포들의 권익향상과 자본조달을 위한 오사카흥은 설립을 주도한 리더십이 빛나고, 조국이 경제개발을 시작하자 모국투자단을 이끌고 신한은행 창립에 이르는 애국심에는 머리가 숙여졌다.

우리가 가난하던 그때는 세계로 열린 통로는 재일동포에 의지할 수밖에 없었다. 재일동포들의 성금으로 공사관, 대사관을 건축할 수 있었으며, 런던올림픽, 동경올림픽 지원이 그러했고, 올림픽공원에 세워진 석비(石碑)에 기록된 대로 서울올림픽 성금은 541억에 달했다. 그리고 이희건 회장은 12년 전 돌아가시면서 신한은행 보유지분 전체 400억 원을 출연해 '한일교류재단'을 설립하기도 했다. 또 백제인이 오사카를 찾은 역사를 해마다 재현하는 '사천왕사 왔소' 행사를 주도했다. 이 책에 실린 이 회장의 손녀가 안타까워하듯이 우리는 이분들의 피땀 어린 헌신을 너무 인색하게 평가하는 것은 아닌지 반성하게 된다.

송호근 교수 또는 작가

송호근 교수와의 아름다운 만남은 〈지식사회학〉의 출판만이 아니라 1988년 서울올림픽 무렵에 창간한 〈사회비평〉 편집위원과 발행인의 틀을 넘어 용광로 같은 열정의 격론으로 40대를 같이했다. 춘천 가는 막차시간을 몇 번씩 확인하며 없는 것을 찾는 젊은이의 열정 그대로 수많은 얘기를 나눴던 마지막 젊음의 그때가 벌써 그립다. 출판사를 차리지 않았다면 이런 뜨거운 지성의 활화산을 품은 사나이를 만나지 못했을 것이다. 송 교수와의 우정 어린 운명 같은 동행은 평생을 간다.

그가 모교로 가기 전 춘천 한림대 시절에는 박경리 선생과 친한 시인인 장모님 덕택으로 원주 나들이가 잦아진다. 내가 1993년 〈김약국의 딸들〉, 2002년 〈토지〉 출판을 하는 데에 그가 박경리 선생에게 지렛대 역할을 한 것도 유쾌한 후일담으로 공유하고 있다. 문학의 그리움으로 〈토지〉의 큰 품에서 이슬비에 옷 젖듯 소설가의 내공을 쌓은 송 교수는 원로 사회학자의 영광인 서울대 석좌교수 퇴임 전인 2017년 최초의 장편소설 〈강화도—심행일기〉, 2018년 〈다시 빛 속으로—김사랑을 찾아서〉를 출간해 장안의 화제가 되었다. 그리운 것은 그리워해야 한다. 그 젊은 날의 그리움은 사람들에게 나누어 줄 만큼 크고 귀하게 이렇게 소설이라는 훌륭한 틀에 안겨 우리에게 전달된다. 2022년 초여름에는 몇 년 동안 숙성시킨 그이의 첫 창작집인 '꽃 연작소설' 상재를 기다리고 있다.

비판적 지식인인 송 교수에게 이런 따듯한 가슴이 있었다. 1998년 1월 말, 며칠 밤을 새운 초췌한 모습으로 1천 장 넘는 원고를 가져왔다. 처음 겪는 외환위기의 폭풍 속에 언제 터질지 모르는 국가 부도의 위험이 도사린 활화산의 언저리에서 숨을 죽이고, 한 달 동안 밤잠을 설치며 써 내려간 'IMF 사태를 겪는 한 지식인의 변명'이었다. 땀 흘려 쌓아왔던 보람이 정체불명의 회오리바람에 순식간에 물거품이 되는 암담한 상실감과, 한 치 앞을 헤아릴 수 없는 무력감에 치를 떨던 시간들이었다. 송 교수가 그렇게 반갑고 고마웠다. 선택의 기회나 나의 의지와는 상관없이 국가 부도라는 총체적 파산선고의 블랙홀로 빨려 들어가는 외로운 혼돈 속에 동지를 만난 것이다. 의롭고 성실한 사회과학자의 뜨거운 숨결이 느껴졌다. 국가 침몰 사이렌에 무장해제 당한 현실의 객관적 인식과, 구제금융의 조건으로 또 하나의 미국시장으로 예속되는 절절한 안타까움에 마음이 뒤흔들

송호근 교수와의 아름다운 만남.

렸다. 앞이 캄캄한 백척간두(百尺竿頭)에서 같이 한 걸음 더 내딛기로 했다. 책 제목은 〈또 하나의 기적을 향한 짧은 시련〉으로 출판했다.

이런 의제를 설정하는 출판은 훌륭한 언론에 다름 아니다. 지식인은 언관(言官)과 사관(史官)으로서 이럴 때 횃불을 들고 앞길을 밝히며 시민들에게 희망의 메시지를 주어야 하기 때문이다. 기적을 갈구하는 이 시련은 짧지 않게 오랜 동안 한국사회를 뒤흔들었다. 안식년을 가기 위해 쌓아둔 짐 보따리 곁에서 토해낸 사자후(獅子吼)는 그때 한 달도 되지 않아 5천 부가 팔렸다. 그 인세로 IMF 사태 후 두 배나 치솟은 안식년 비행기표를 구할 수 있었다는 얘기를 듣기도 했다.

한국사회에 대한 노동사회학자 송 교수의 열정은 '우리는 어떤 길을 가야 하는가?'라는 화두로 4차 산업혁명이 도둑처럼 덮치

고 있는 산업현장을 보듬는다. 2017년 출판한 〈가 보지 않은 길—한국의 성장동력과 현대차 스토리〉가 그 시작이다. 울산: 한국의 운명을 쥐다, 현대차의 성장유전자, 기술선도: 현대차 생산방식, 풍요한 노동자, 민주노조의 무한질주, 각축하는 현장, 다양성의 시대, 함대가 간다, 신문명의 전사, 위대한 변신 등의 관점에서 분석했다. 고도화되는 기술과 단순화되는 노동의 분리를 생각하며 가 보지 않은 길을 가야 하는 한국의 대표적인 제조업인 현대차의 미래에 대한 기대와 걱정이 교차한다.

2018년에는 〈혁신의 용광로—벅찬 미래를 달구는 포스코 스토리〉를 출판했다. 4차 산업혁명을 주도할 힘과 지혜, 실천력을 포스코 작업현장에서 목격한다. 철강산업은 최첨단 기술과 빅데이터, 정보화, AI가 융합되고 실행되는 정보·지식 노동자들의 현장이다. 생산성 동맹의 조직자본은 학습, 토론, 혁신의 연합체다. 그곳에서 협력경쟁이 용광로의 뜨거운 쇳물로 뿜어져 나온다. 그들은 직장에 대한 헌신과 몰입을 넘어 타인에 대한 배려가 돋보이는 공유와 공감의 시민성 자질이 충만하다고 분석했다. 이 책은 3년이 넘어서며 5만 부를 돌파하는 베스트셀러가 된다.

2019년 포스텍 석좌교수로 자리를 옮긴 송 교수는 '융합문명연구원'을 만들고, 〈기업시민의 길—되기와 만들기〉를 집필한다. 기업시민은 '기업의 사회적 책임', '기업 공유가치' 개념을 넘어 국가와 시민사회의 요청에 응답하려는 보다 적극적인 행동개념이자 정체성 변환개념이다. 포스코의 슬로건을 '포스코와 더불어'로, 경영이념을 '기업시민'으로 설정한 것은 시대사적 의미를 갖는다. 2020년에 기업시민의 현재와 미래인 〈기업시민, 미래경영을 그리다〉를, 2021년에는 문명사적 대전환기에 ESG 시대를 앞서가는 기업시민 스토리인 〈기업시민, 미래경영의 길이 되다〉를 기획출판하여 한국 경제계에 신신한 충격을 던진다. 20여 년 전 국가 부도의 공포로 엄습했던 IMF 사태 때 〈또 하나의 기적을 향한 짧은 시련〉을 출판해 한국사회에 안타까움과 희망을 토로했던 그의 의지가 이제 창공을 가르는 대붕(大鵬)의 날개로 비상한 것에 틀림없다.

2020년 설날 무렵부터 코로나 바이러스가 유령처럼 전세계를 뒤덮는다. 처음 겪는 공포에 떠는 우리들을 그냥 방관할 사회학자 송 교수가 아니었다. 포스텍 석좌교수인 그는 젊은 학자들을 담금질하여 〈코로나ing: 우리는 어떤 뉴딜이 필요한가?〉를

출판하여 팬데믹이 강요한 문명적 전환의 큰 그림을 그렸다. 이제까지 성장일변도의 각축전과 풍요를 향한 무한의 질주로 땅을 착취했던 문명의 그늘을 지적했다. 공유지의 비극인 기후재앙과 바이러스는 일란성 쌍생아이기 때문이다. 뉴노멀로 디지털 언택트 문화의 확산, 탈세계화, 자원활용화의 제동, 위험의 불평등, 거대정보의 요청 등 문명사의 각성을 들었다. 우리는 항상 현장에서 긴장의 끈을 놓지 않고 한 발짝 미래의 풍향을 읽어내려는 창조적이고 실천적인 지식인과 함께하는 행복에 안도의 한숨을 쉰다. 송호근 교수가 바로 그 사람이다. 2021년 설날에는 17년간 〈중앙일보〉에 날카로운 필봉을 휘둘렀던 '송호근 칼럼'을 마치면서 〈송호근의 시대진단/ 정의보다 더 소중한 것〉을 출판했다. 촛불은 왜 격류가 되었나, 문재인 정권의 정신구조, 사약— 엎질러지다, 친북과 반일의 합주, 코로나와 보낸 지옥의 시간들, 정의의 강은 천천히 흐른다가 주요 내용이다. 필자는 대학강의와 사회참여, 문학창작의 바쁜 시간의 허리를 잘라낸 데드라인의 피를 토하는 결정체였겠지만, 보름 만에 한 번씩 새벽마다 송호근 칼럼의 죽비소리 같은 신선한 세례를 받았던 감동의 행복했던 시간들이었다.

아버지와 세월의 틈

1

대학생이 된 시골청년이 할 수 있는 일은 단순할 수밖에 없었다. 고등학교 이과 출신이 고려대가 좋아서 이를 맞추다보니 법학과에 입학한 것뿐이었다. 대학에 입학하자마자 가문을 일으킬 소명을 짊어진 듯 벌써 눈에 불을 켜고 사법시험 공부를 하는 친구들도 있었다. 학교 앞 하숙집도 갑갑하여 교양학부 도서실에 틀어박혀 이책 저책 닥치는 대로 읽어내는 일과, 산악반에 가입해 주말에는 우이동 도봉산 타는 일에 열심이었다. '교양' 잡지 편집을 하면서 친구들을 사귀고 한 해를 보냈다. 보통 대학생의 일상이었지 싶었다.

2학년이 되어 도서대출카드를 보고 알았다며 선배들이 찾아와 시대정신을 밝히는 더 큰 공부를 하자고 했다. 그때부터 북한산을 찾는 대신에 이념서클의 사회과학 책들 속에 빠져들었다. 1971년 10월 15일 위수령으로 박정희의 군사독재는 평범

삼대(三代)의 어떤 하루, 1987년 무렵.

한 청년을 민주화 투사의 대열에 올려놓았다. 대학 2학년을 마치지 못하고 제적되었다. 이리저리 '자유에의 도피'를 하며 원주에서는 한두 달 넝마주이 생활까지 하며 견디다가, 결국 남들과 같지 않은 유별난 3년의 최전방 군인이 되었다. 서울역과 청량리역까지의 지하철이 개통되고 육영수 여사가 피살되던 여름에 제대했다.

추수할 때까지 몇 달 동안 농사를 지으면서 처음으로 아버지와 함께했다. 초등학교를 마치고 슬하를 떠나 유학을 시작했으니 10년 넘게 아버지 없는 청소년기를 보내고서야 아버지와 처음으로 같이 해보는 귀중한 시간들이었고, 그리고 이것이 마지막이 될 줄은 몰랐다.

시골에서는 제법 부잣집이었던 1만 5천여 평의 논에서 무럭무럭 자라는 벼들 속에 파묻혀 있다 보면 어느새 해가 저물곤 했다. 한여름 뙤약볕 아래 무념무상(無念無想)의 시간들이었다. 녹색은 생명력 그 자체임을 느꼈다. 언제부터인지 해질 무렵에 아버지가 논으로 자식을 마중나오기 시작했다. 아들이 날마다 논일을 열심히 하는 것이 신기해서보다는 오랜만에 장성한 자식과 같이 있고 싶은 마음에서일 것이라고 생각했다. 법 없이도 사시는 분이 지난 몇 년 동안 이 못난 아들 때문에 정보기관의 추적에 시달리는 경험하지 않아도 좋을 마음고생을 많이 하셔서 더 늙으셨다.

당신께서 짐짓 훌쩍 커버린 아들을 어려워하시는지, 쑥스러워서 그러시는지 처음에는 눈도 맞추지 않고 이 녀석에게 해도 괜찮은 얘기인지 가늠해보며 말문을 여시는 것 같았다. 아들에게 처음 해보시는 이야기여서인지 곰살맞거나 재미 있는 이야기보다는 그때그때 생각나는 일화 중심이었다. 그때까지는 대개가 누구네 집 아들이… 하는 간접화법의 의사소통이었으나 이때부터는 아버지가 주인공인 직접화법의 이야기인 점이 가장 큰 변화였다.

일제때 북해도(사할린)에 징용갔다 살아돌아온 얘기부터 시작되었다. 해방이 되면서 그곳이 일본땅에서 소련땅이 되어 더욱 귀국이 어렵게 된 형님의 소식을 가장 안타까워 했다. 아버지가 돌아가시고 얼마 되지 않아 사할린 교포들의 모국방문이 실현되었다. 큰아버지는 생전 뵙지도 못하고 돌아가셨다지만 김포공항에서 사촌들을 찾는 일은 일도 아니었다. 처음 보자마자 바로 알아보았으니 핏줄의 위대한 상속은 일본이나 소련을 가리지 않고 그 이상을 뛰어넘기 때문이다.

아버지는 논밭을 한두 마지기 마련할 때의 이야기, 8남매 자식들 키우던 이야기 등 생각나시는 대로 시공간을 넘나들었다.

많이 외로우셨던 모양이다. 당신의 이야기를 재미있게 듣는 자식을 무척 미더워하시는 것 같았다. 아버지의 천일야화(千一夜話)는 그렇게 시작되었다. 차츰 이야기에 탄력이 붙어 과장이 보인다고 내가 추임새를 넣으면 소웃음 같은 얼굴을 하셨다.

그러나 내게 앞으로의 계획이나 대학은 마쳐야 하지 않겠느냐는 말은 애써 하지 않으셨다. 가끔 "권력은 절대 이기지 못한다. 우리 같이 농사나 짓자"는 푸념에서 곁에 잡아두고 싶은 자식이 또 떠날 수밖에 없는 것을 아쉬워하시는 것 같았다.

중국 모택동의 아버지처럼 자식에게 농사를 시키면 농부가 될 수밖에 없었고, 자식이 뜻을 세우려면 아버지를 등지고 탈출할 수밖에 없는 것이 그때의 농촌실정이었다.

뙤약볕에 자라는 벼 들판을 가로지르며 곧게 뚫린 신작로에 열병식을 하는 포플러는 가난하고 힘든 농촌생활을 잠시 잊게 하는 녹색 깃발이었다. 한여름 고단한 노동의 열기를 식히는 유일한 그늘이기도 했다. 지금 목가적 농촌풍경으로 노래하는 가로수 그늘 밑은 그때 가난에 찌든 농부들의 서러움을 외면하는 사치일 수 있다. 하루 두세 번 대처(大處)로 나가는 버스가 비포장 신작로에 일으키는 먼지는 또 다른 뭉게구름을 만들었다. 그 포플러 가로수 길은 각박한 농촌을 탈출하는 지평선 너머 새로운 세상을 꿈꾸게 하는 이정표이기도 했다.

자신의 불편함을 가슴에 묻고 다시 저 새로운 세계로 기약 없는 길을 떠나게 자식을 풀어주신 아버지가 몹시 그리운 밤이다.

2

그 나이를 꼭 직접 살아보아야 그 간극(間隙)을 메울 만큼 우리는 이지적이지 않은지도 모른다. 대부분의 촌놈들처럼 대학유학부터가 나의 서울생활이었다. 태어나서 20년 가까운 시간의 궤적이나 기억의 장소가 서울에 있을 수 없음은 물론이다. 그러다가 서울서 태어난 아들이 대학에 입학하고서야 나의 서울생활에서의 빈 공간을 채워주는 듯해 비로소 서울을 극복한 듯했다. 녀석이 재수하여 대학에 갔으니 벌써 한 해 전에 이런 생각이 들 법도 했는데 꼭 자식의 대학 입학식에 자리를 함께하고 서야 불현듯 이런 생각을 했으니 나만 그런 걸까.

이제 촌놈이라는 생각도 묽어졌다. 물론 그대 다시 고향에 돌아갈 수도 없다. 아버지 살아 생전에는 20년 동안 항상 추석이나 설 명절에는 빠짐 없이 붐비는 귀향길에 몸을 실었다. 어떤 해에는 고향까지 스무 시간이나 시달리기도 했다. 효도의 길이기도 했지만 당연한 의무나 숙명이라 생각했다. 1990년 아버지가 갑자기 돌아가시고 부터는 고향길이 차츰 시들해지기 시작했다. 잘못 쏜 화살을 찾으려 베잠방이를 젖던 향수어린 고향도 아니고, 넥타이 맨 출향인사에게 요구하는 피붙이들의 박탈감까지 배려하면서 무언가 출세의 과실을 주어야 하는 막연한 의무감도 벗어나고 싶었다. 정체성이 흔들리는 것인지 아니면, 정체성의 확인을 위해 주변의 조그마한 행복을 크게 과장해 보는 생각도 심드렁해질 나이에 들어섰는지도 모른다.

서울 생활하는 촌놈의 콤플렉스이기도 했지만, 이제는 사대문안에 집을 마련했다. 24년간의 강남 서초동 시절을 접고 성(城)안 사람이 된 것도 벌써 8년이 되었다. 정동 이화여고 건너편의 러시아공사관 터와 인접한 정동 상림원(上林苑)이 그곳으로, 덕수궁의 후원(後苑)이었던 곳이다.

1969년 서울에 처음 올라와 기숙했던 하숙집이 경희궁 터인 서울고 앞이었다. 우울한 재수생인 광화문통 아이들이 모이는 대성학원과 가까워서 이곳을 택했다. 지금처럼 신문로 길이 확장되기 전이어서 서울고와 신문로 사이 언덕에 있던 전통 기와집 몇 채 중의 하나였지 싶다. 지금은 서울역사박물관 옆의 전차가 유물로 전시된 주변이다. 내 기억의 장소들이 40년 만에 재정렬을 마친 듯해서인지 조그마한 평화가 찾아왔다.

3

나이가 몇 살인가가 사회계급의 우선순위임은 우리 사회가 갖는 특징 중의 하나일 것이다. 그 위세가 힘을 잃어가는 가부장제의 유산일 수도 있고, 효(孝)사상의 기대치가 아직은 남아 있기 때문일 것이다. 오죽 내세울 것이 없으면 나이를 권위로 내세우는지 모르지만, 그래도 이런 것이 설득력을 갖는 것이 우리네 삶의 현장이다.

그 나이를 먹기까지의 과정이 내세울 만해서는 물론 아니며, 대개 자신에게 이익이 된다고 생각할 때 꺼내드는 안타까운 낡은 무기가 나이타령임에 틀림없다.

출판사를 시작한 30대 초반의 사장은 그 의지나 하려는 일과는 관계없이 나이 때문에 전혀 생각지도 못한 인간관계에서 불편한 일을 많이 겪었다. 해서 출판사 초창기에 자주 접촉하는 저자들의 연배를 감안하여 실제 나이보다 열 살쯤 위로 내 나이를 설정하여 그에 걸맞게 생각하고 행동하려고 노력했다. 나이가 벼슬이라는 사회관행에 편승하는 쑥스러운 짓이기도 했지만, 아마도 장남이기에 갖지 못했던 형님들의 정(情)을 찾아 허기를 채우려는 안타까움이었고, 10년을 앞서 사는 가보지 않은 가까운 미래의 내 얼굴을 지금 그려보려는 마음이기도 했다. 버릇이 습관이 되고, 습관이 믿음이 되듯이 이러한 일상이 이삼십 년 계속되다 보니 열 살 정도는 겉늙은 원숙한 냄새가 몸에 익었는지, 알아서 대접하는 것 같아서 젊은 나이 때문에 겪는 불편은 많이 줄었다.

선의(善意)의 거짓말이지만 적극적으로 실제 나이를 밝히지 않으면 풍기는 모습만으로도 그렇게 정착되는 듯했다. 물론 자꾸 빠지는 머리털로 면적이 넓어지는 독두(禿頭)가 큰 역할을 했음은 물론이다. 이렇게 30년이 지나자 친구들은 나를 큰형님 같다고 은근히 어려워하는 것 같고, 10년 주변의 선배들은 학번(學番)을 묻고서는 그럴 리 없다는 듯 고개를 갸우뚱하다가도 곧 내 나이를 잊어버리고 예전처럼, 나이든 사람처럼 대하는 것이다. 나이든 사람이 나이답지 않게 일에 그렇게 열정적이냐는 탄성에 내 나이에 맞게 산다는 고백을 감추느라고 약간은 계면쩍기도 했다. 나의 빈 가슴에는 이슬비에 옷 젖듯이 이청준 작가, 오생근, 김형국 교수가 형님으로, 김중배 대기자가 큰형님으로 자리매김했다.

4

1988년 여름 서울올림픽 준비의 열기가 한창이던 무렵, 아프리카 보츠와나 대우건설 현장에서 불의의 교통사고를 당한 사랑스런 동생 상대(相大)를 묻었다. 중학교 때부터 부모 품을 떠나 유학생활을 시작으로 그이가 결혼해서 독립할 때까지 한방에서 뒹굴며 꿈을 키웠던 형제 이상의 그였다. 유난히 사랑했던 자식을 앞세운 척살(擲殺)의 충격으로 2년 후에 아버지가 돌아가셨을 때는 내 나이 40 고개를 넘기고 있었다.

삶의 무게가 그렇게 힘드셨는지 갑자기 뇌출혈로 쓰러지셔서 혼수상태에 빠졌으니 한마디 유언도 못하신 건 당연했다. 삶이 너무 허망했다. 아버지는 병원에서 집에 모셔오자 편안하게 내 품에 안겨 가쁜 숨을 몰아쉬더니 이 세상 소풍을 마치셨다. 체온이 차츰 식어가는 아버지와 아들 둘만의 절대고독의 시간을 한참 동안 같이했다.

이때부터는 새삼스럽게 실제 내 나이를 밝히기로 했다. 다음은 내 차례인데 싫기도 했고, 그까짓 쑥스러운 나이 위장이 의미가 있을 것 같지도 않았다.

대개 조문(弔問)인사는 고인의 향년(享年)을 묻고 "더 사셔도 좋았을 텐데"하고 상주를 위로한다. 아버지 향년 66세를 말하면 당신 나이가 50은 되었을 텐데, 그러면 아버지가 몇 살에 당신을 보았느냐고 되묻기도 했다. 이제는 얼렁뚱땅 넘어가지 않고 조문객이 불편해하지 않도록 이제 40이 조금 넘었다고 정확하게 내 나이를 말하면 그이들은 놀라는 듯했다. 그러나 조금

시간이 지나면 다시 50 주변의 나이로 다시 원상복귀되는 일상이 계속되었다. 그러나 나는 이 미필(未畢)적 고의(故意)의 작위적인 '세월의 틈'을 벗어난 것 같아 마음이 가벼웠다.

나이 문제만 아니었다. 조문객을 맞는 상주의 마음이 그런 건지 아버지에 대한 그리움이 북받쳤는지도 모르겠다. 아버지를 속였던 마음에 걸렸던 일도 스스럼 없이 고백하게 되었다. 초등학교밖에 나오지 않았음에도 훌륭하게 건축업 사업도 이루시고 농사도 크게 벌이고 화목한 가정을 꾸리셨던 아버지였다. 아버지의 학력이 무슨 의미가 있으련마는 철이 덜 든 나는 고등학교 생활기록부에 아버지가 한양대 토목과거나 건축과를 나왔다고 객기를 부렸다. 아버지는 나의 아버지로 그 무엇과 바꿀 수도 없는데, 당신도 모르게 거짓말을 한 것이다.

그 자리에서 한양대 이강수 교수가 속죄하는 마음으로 아버지가 못 다닌 한양대를 다녀야 효도하는 것이 아니냐고 일침을 놓았다. 불혹의 나이에 새삼스럽게 언론학 박사과정 공부를 시작한 연유이다. 마침 리영희 선생이 그 대학에 계셔서 늦깎이 대학원생의 행복한 시간을 함께할 수 있었다. 그리고 7년이 지나서야 그 박사논문을 아버지 산소에 바치면서 자식의 철없는 속된 욕망을 나무라시라고 용서를 빌었다.

5

회갑(回甲)을 넘기고부터는 세월에 대한 인식도 차츰 변해갔다.

닮고 싶은 존경하는 선배들이 살았던 삶과 비슷한 나이가 되자 그 긴장감이 느슨해지기 시작했다. 씨줄과 날줄로 얽힌 복잡한 삶의 한가운데 들어서면서 언행일치(言行一致)가 그렇게 쉽지만은 않은 일임을 깨닫기 시작했기 때문인지도 모른다.

청소년 시절부터 사숙(私淑)했던 지훈 선생에 대한 거의 맹목적인 애정도 선생이 서거한 나이 마흔 아홉을 내가 지나면서는 조금은 엷어졌다. 감동받았던 선생의 주례사 수필은 선생이 40 주변에 쓴 글이었고, 예전에는 뜻과 글에 감동하였으나 이제 다시 보면 삶의 진한 향기가 엷은 대리석 조상(彫像)을 만지는 것 같은 생각이 드는 것은 내가 나잇살을 먹어간다는 증좌일 것이다.

항상 존경했던 70을 넘긴 선배가 노욕(老欲)을 부릴 때는 그러려니 하고 웃어넘기질 못하고, 선배가 60이었을 무렵 나만큼 정직하게 살았느냐고 핀잔을 주는 무례를 범하기도 한다. 이리저리 기회를 잘 잡아서 항상 양지만 골라 일신의 영화(榮華)만 누리고 이 사회를 위한 희생이나 공헌은 찾아볼 수 없음에도 불구하고 지금까지도 기존제도의 틀에 무임승차(無賃乘車)해서 대접만 받으려는 행태가 미웠기 때문이다.

6

이제 나도 아무렇지도 않은 일에도 섭섭함을 느끼고 사소한 일에 고집을 부리는 노인병이라는 증세가 시작되는지도 모른다.

그러면 나이듦에서 무엇을 배울 것인가. 아니 역사(歷史)에서 무엇을 배울 것인가. 직접 살아보지 않았던 공간인데, 그냥 믿어야만 하는가. 또는 지금 여기서 부비며 사는 사람들의 숨결만이, 내가 아는 사람과 지금의 시간만을 그냥 역사라고 할 것인가. 그럴지도 모른다. 아니 그렇다고 생각한다.

지금, 여기에서 나의 역사 만들기는 계속되어야 한다. 그들과 함께 엮이며 인내하며 존중하면서 어머니의 자궁에서 이 세상에 내던져진 피투체(被投體)에 의미를 부여하는 것이 내 삶의 존재이유이기 때문이다.

자식들에게는 나도 빛바랜 역사가 되어가고 있음도 안다. 그것이 달빛에 물들어 신화가 되었는지, 햇빛의 주목을 받아 작은 역사가 되는지는 잘 모르겠다. 자식들도 그들 나름대로 아픔이 있고, 또 극복하고 이루겠다는 그들이 판단하고 선택한 그 무엇이 있을 것이다. 없는 것을 찾는 젊은이에게 그 없는 것이 무엇인지는 짐작만 할 뿐 자세히 모를 수도 있다. 나의 시각에서 괜찮다거나, 옳다는 생각을 말해 줄 수는 있지만 강요할 수도 없는 노릇이다.

그들은 또 다른 없는 것을 찾는 젊은이로서 그들의 역사를 그들끼리 만들고 있지 않은가.

수목원을 부모님께 바치다

2021년 3월 13일(토요일), 수목원 일을 마치고 광릉집으로 넘어오려는데 어머니가 위독하시다는 동생 혜영이의 전화를 받았다. 밤 10시 일산 행신역에서 아내와 함께 KTX를 탔다. 새벽 0시 20분 죽음을 넘나드는 적막의 광주 병원 중환자실을 찾았다. 의식이 없이 산소호흡기에 의존하는 92년 동안 소풍 왔던 지구에서 마지막 보는 얼굴이리라. 마지막 불꽃이 돌아와 유언이 있거나, 눈을 맞추며 마지막 손을 잡아보는 이별의 의식을 치르는 임종이 아니었다. 한두 번 무심코 초점 없는 눈을 뜨는 것이 전부였다. 엄중한 코로나 팬데믹의 전쟁과 같은 비상상황에서도 어머니를 뵐 자리를 만들어준 밤샘근무에 지친 앳된 간호사의 배려에 고마워해야 했다.

31년 전 뇌졸중으로 쓰러져 내 품에서 산소호흡기로 인사불성의 가쁜 숨을 몰아쉬던 아버지의 마지막 모습이 스쳤다. 강인한 의지로 버텨온 거인의 마지막은 카리스마 넘치는 아우라는 어디 간 곳 없고 다시 어린아이로 되돌아간 평화로운 모습이었다. 한 번 정신이 돌아와 무슨 말씀이라도 하실까 싶어 체온이 싸늘하게 식어지기까지 서너 시간을 품에 안고 혼잣말로 안타깝게 아버지에게 말을 거는 일 이외에는 할 수 있는 일이 아무것도 없이 임종을 맞았던 기억이다.

이제는 어머니의 손을 잡고 망연히 서 있는 일이 고작이다. 뜬금없이 중학생 때였던가 잠이 많아 '또자'라는 별명까지 있던 어머니가 꼭두새벽에 눈을 비비고 어린 자식에게 밥을 해먹이고 광주 가는 버스를 놓칠까 봐 함께 뛰던 40 초반의 씩씩했던 모습이 스친다. 이삼 년 전 어버이날이던가 철쭉이 흐드러지게 핀 전남대 부속 요양병원 뒤뜰에서 판소리 〈사랑가〉를 호기롭게 부르시던 소리도 귓가에 맴돈다. 우연히 스마트폰에 녹음된 소리공부를 오래 하신 '어머니의 목소리'를 찾은 행운에 감사하며 동생들에게 나누어 주며 어머니를 그리워하게 했다.

의사는 장례를 준비하라고 했다. 지난 9년간 요양병원에서 잠깐씩 엄습하던 치매가 중증으로 치달아 이제 자신의 의지와 상관없이 자연으로 돌아가시게 되었다. 어머니를 고통 없이 보내드리려 얼마 동안을 더 지켜보자는 말에는 체력이 완전히 소진되어 운명하시기를 기다리자는 말로 이해되었다. 자연사(自然死)의 길은 아무런 손을 쓸 수 없이 그냥 지켜보며 받아들일 수밖에 없는 무력감 속에 쓸쓸할 수밖에 없는 일인가.

동생들은 어머니를 포천 수목원에 모시자고 했다. 그리고 이번에 장흥 유치면(有治面) 대리(大里) 선산에 계신 아버지, 할아버지, 할머니도 함께 이장하자고 했다. 15년 전 남도의 상수도 취수원으로 장흥 다목적댐이 완공되면서 선산 입구가 물속에 잠겼다. 산 뒷길을 넘어 성묘해야 하는 불편은 물론이거니와 산소를 돌보는 동생들도 이제 70을 바라보는 나이가 되었으니 그 고충도 충분히 이해가 되었다. 31년 전 중복과 말복 사이 찌는 듯한 더위 속에 장흥 고향에서는 마지막이 되었던, 만장(挽章) 행렬이 길게 늘어진 아버지의 화려한 꽃상여를 메고 산길을 올랐던 그 길은 호수 속에 잠긴 지 오래되었다.

이곳 선산은 아버지가 장흥에 터를 잡으며 일제강점기에 징용 갔던 형님이 사할린에서 돌아오지 못하자 홀어머니를 모시고 평생을 오직 성실과 부지런함으로 가난을 이겨내신 10대 소년 아버지의 처절한 자신만의 고독이 승화한 성역에 다름 아니었다. 1978년 전북 고창에서 할아버지를 모셔왔다. 내가 결혼하고 첫 번째 치른 큰일이었으니 아버지는 가족을 이끌 큰며느리 맞기를 기다리셨던 모양이다.

1985년에는 5년 전에 돌아가신 할머니도 이곳으로 이장하시고 부모님을 기리는 큰 비석까지 세우셨다. 그리고 평생의 숙제를 마친 안도감을 숨기지 않으셨다. 그리고 부모님을 모신 아랫단에는 스스로 당신의 가묘(假墓)까지 대리석으로 마련했다고 흡족해 하시던 아버지의 모습에 처음에는 당황스러웠다. 가계를 이끌며 아플 시간도 없이 근면한 강인함으로 병치레야 했지만 이제 회갑을 넘었는데 유택(幽宅)을 미리 마련하시리라고는 꿈에도 생각하지 못했기 때문이다. 여기까지가 당신이 스스로 계획한 대단원의 마지막이었지 싶다. 5년 후에 아버지는 그 유택에 영면하셨다.

그리고 당신의 유택을 미리 마련하신 아버지는 8남매 자식들도 함께하고 싶어 석축으로 아랫단에 자리를 마련해 두셨다. 두세 해 뒤 서울올림픽 해에 대우건설에 다니던 36살 청춘 동생 상대(相大)가 아프리카 보츠와나 건설현장에서 교통사고 참변을 당했다. 한 해 뒤 돌아가신 아버지에게는 참척(慘慽)의 불효로 선산에 들지 못하고, 단지 고향과 이름이 같아서 선택한 경기도 장흥묘원에 묻혔다.

다음날 월요일 출판사 회의를 마치고 일찍이 아내와 함께 수목원을 찾았다. 조부모, 부모님 나무를 미리 정해 두기 위해서였다. 항상 마음속으로 준비하기는 했지만 갑자기 이렇게 조급하게 서둘러야 하는 속내는 뒤숭숭했다. 한 10년 가까이 온갖 정성을 들여 키우고 있는 25년생 3,300그루 반송 어느 한 그루인들 내게는 귀하지 않을 수가 없다. 작년 봄부터 이삼십 년 자라더라도 방해받지 않게 수간거리를 넓게 조정하고 잔디까지 입혔으며, 그 둘레는 길을 따라 주목나무로 수목담을 조성한 인수전 건너편 '시범단지' 2천 평을 다시 둘러봤다.

마침 이곳 7백 평 1백 그루의 반송밭은 작년 9월 내가 창설한 '한양 조씨 산서공파 포천종중' 수목장림으로 시청에 신고를 마친 곳이기도 했다. 우선 중앙의 널찍한 바위 곁의 앞뒤 두 그루를 선택했다. 동생들에게 사진을 보냈더니 나무가 크고 수형도 좋다고 했다. 한 번 정하면 영면하는 자리인데 정말 잘한 일인가 싶기도 했다. 어머니의 죽음이 갑자기 들이닥칠지도 모른다는 조급함에 너무 허둥대는 것이 아닌가 하는 허전함은 계속 떨칠 수 없었다.

네댓 달 전부터 우연히 마주친 잘 생긴 큰 반송이 마음에 들어 수목원에 옮겨 심고 싶어 여러 생각을 하던 일이 스쳤다. 혹시 어머니가 이 나무를 원하는 것이 아닐까. 아내도 부모님에게 드리자고 했다.

지난 늦가을 포천 내촌면 마명리 동네사람들 부부가 코로나 팬데믹으로 어수선해 전부가 모이지 못했다며 베어스타운 뒤 곁의 초롱농원에서 오랜만에 오리백숙 모임을 가졌다. 마침 70 넘어 늦게 얻은 손자(조윤원)의 탄생축하 자리가 되기도 해 기분 좋게 한턱을 크게 냈다. 손자가 잘될 것이라는 덕담에 안 넘어갈 할아버지는 없다. 40년 가까이 나무를 가꾸는 성실함이 나무 같아 보이는 초롱농원 사장에게 반송가꾸기의 팁을 얻은 것은 덤이었다.

초롱농원에 있는 40년 가까이 정성을 다해 손질된 웅장하고 귀티나는 반송 몇 그루가 자꾸 눈에 밟혔다. 3천 그루가 넘는 내 반송도 한 15년 더 키우면 저런 나무가 될 것이라고 여유를 부리다가도, 내 반송의 15년 후 모습이라는 실제의 상징목으로 삼아 지금 수목원 반송밭에 옮겨 심고 싶은 조바심을 떨쳐내기 어려웠다.

나무 구경을 빙자해 서너 달 동안 몇 차례 농원을 찾아 안면을 텄다. 농원 사장은 수목원에 찾아와서는 자기의 로망이 이것이었다며 마음껏 동지애를 드러냈다. 가끔씩 수목원을 찾아 전지작업을 해주기로 하고 거금을 들여 그 반송 두 그루를 구입했다. 한 그루는 부모님께 드리고, 한 그루는 인수전(仁壽殿) 앞에 심어 3천 그루 넘는 반송들의 10여 년 후의 모습을 상상할 상징목이 되기를 기원했다.

인수전 앞의 40년 넘은 반송의 우아한 자태.

지나간 세월은 어떤 의미 있는 것으로 기억할 뿐 지금으로 되돌릴 수 없어 안타까워한다. 지난 것은 지나간 대로 그런 의미가 있다고 노래하며 자위하는 데 그친다. 흘러간 세월은 억만금을 주고도 살 수 없다. 아버지는 생전에 가끔 할 수만 있으면 모든 것을 팔아서라도 대학 졸업장을 사고 싶다고 못 배운 한이 맺힌 푸념을 하셨다. 대학생이 된 아들에게 그런 귀한 대학시절의 청춘을 허투루 보내지 말라는 훈계이기도 했지만, 꼭 대학 졸업장이 아니라 돌이킬 수 없는 당신의 지난 세월에 대한 회한(悔恨)이었을 것이다.

수목원을 조성하면서 몸으로 체감한 것은 지난 시간을 되돌려 살 수 있는 방법이 없는 것도 아니었다. 잘 자란 나무가 지난 세월의 틈을 간접적으로 대신 메워주는 것이 아닌가 싶기 때문이다. 어느 나무라도 살아온 세월을 증언하기 마련이지만 내가 직접 심지 않은 나무면 어떤가 싶어서다. 내가 직접 겪은 시간만이 내 삶이 되는 것이 아니다. 친구들의 이야기나 문학작품을 통해 남의 삶도 공감하는 간접경험도 내 삶의 일부가 된다. 어쩌면 시장에서 매겨지는 나뭇값은 나의 잃어버린 시간을 늠름하게 대신 지켜준 그 세월을 나무의 나이테를 통해 보상받는 훌륭한 수단일 수도 있지 싶다. 이제 내 나무가 되면 그 나무가 생장한 그 시간들까지 내 것이 되는 듯하기 때문이다.

지난 2018년 4월 27일 문재인·김정은의 판문점 선언 후 전쟁의 공포를 떨쳐내는 평화의 상징으로 65년 된 반송을 판문점에 기념 식수했다. 1953년 휴전 이후 65년이 되었다는 그 시간들을 이 나무에 화체시킨 의미일 것이다.

어머니는 코마상태로 더 이상 손 쓸 수가 없어 중환자실에서 일반병실로, 다시 요양병원으로 옮겼다. 누구나 걷는 죽음에 이르는 길이 그렇다고 했다. 3월 두세 주 동안 갑자기 울릴지 모르는 핸드폰의 부음소식으로 초조하게 준비를 서두르다가 마침내 3월 30일(화요일) 초롱농원의 반송을 수목원으로 옮겼다. 워낙 큰 나무이기도 했지만 나무를 잘 살리려고 분을 크게 뜨는 바람에 크레인이 동원되는 큰 공사가 되었다.

수목원을 오르면 산중턱에 갑자기 맞닥뜨리는 개마고원처럼 펼쳐지는 반송밭 앞에 자리를 마련했다. 큰마음 먹고 그 중간에 끼어 답답해 보이던 힘들게 키운 큰 키의 가문비나무 두 그루와 주목나무도 파내 옮기고 보니 새로 생긴 확 뚫린 공간이 시원해졌다. 수십 번 머릿속에 그렸던 공간의 재배치를 위해 1백여 평 잔디를 새로 깔고 주변 환경을 정리하느라고 봄날이 어떻게 지나가는지도 몰랐다.

조부모님을 모실 나무로는 호숫가 40년 장송을 선택했다. 초봄에 10년 만에 처음으로 가지를 잘 다듬었는데 이렇게 할아버지 할머니의 나무가 될 줄은 그때는 생각도 못했다. 아들, 며느리를 가까이서 내려다보며 못 다한 얘기를 나누시며 외롭지 않게 영면하셨으면 좋겠다.

옛돌박물관 천신일 회장께서 수목원의 안녕을 기원하며 기증한 잘 생긴 키 큰 보물급 문인석 두 분도 부모님을 잘 지켜주시라는 염원으로 수목원 입구에서 반송 앞쪽으로 옮겼다. 책 박물관 뜰에 있던 조선 중기의 석등도 장명등(長明燈)의 본분대로 피안(彼岸)으로 가는 길을 밝게 비추시라고 이곳으로 옮겼다.

이제 수목원을 부모님께 바치는 의식을 위한 준비는 마친 셈이다.

6월 19일(음력 5월 10일) 어머니는 운명하셨다. 8~9년 동안 요양병원 생활을 하시다 중환자실에 실려가 마지막 실눈을 떴다가 혼수상태에 빠진 지 97일 만이었다. 코로나 팬데믹으로 나라 전체가 휘청거릴 때여서 고애자(孤哀子)가 되었다고 부고(訃告)를 내기도 쑥스러웠다. 격식을 차리지 않아도 좋을 이웃 몇 명에게만 소식을 알렸다. 그중에 어떻게 알고 찾아온 조문객들은 정말 미안하고도 고마웠다. 할머니에 이어 평생 절을 찾았던 어머니는 5~6년 전 동생 혜영이의 권유로 천주님에게 의탁하셔 '마리아'라는 이름을 얻었다. 2년 전 명동성당에서 아들을 장가보내는 혼례미사에도 혼주(婚主)로서 성당 맨 앞줄에 앉아 감회가 새로웠는데, 이번에는 상주(喪主)로서 맨 앞줄에 앉아 치른 광주 방림동 성당의 장례미사는 장엄했다. 60년 전 중학교를 다녔던 양림동 외가댁 바로 근처 성당이었다. 5·18 국립묘역 옆의 화장장은 규모와 설비가 호사스러웠다. 광주에서 포천 수목원까지 북쪽으로 달리는 영구차의 천릿길은 멀고도 멀었다.

미리 마련한 40년생 반송 밑에 부모님을 합장으로 모셨다. 모두가 공유하는 거대한 공원의 큰 나무로 돋보였지만 너무 허전하여 조그마한 오석(烏石)으로 표지석을 마련했다. 조선조 선비들은 부모상을 당하면 탈상할 때까지 3년간 시묘를 했다고 하는데, 이제는 평생을 항상 곁에 가까이 모시게 된 셈이다.

며칠 전 미국 주립대학에서 경영학 교수를 하는 아들이 방학을 맞아 손자를 데리고 잠시 귀국하여 성묘를 했다. 코로나 팬데믹으로 찾아가 보지 못하고 안타깝게 영상통화로만 보던 70 넘어 얻은 손자여선지 눈에 넣어도 아프지 않았다.

아버지, 나, 아들 3대가 함께 있는 하나밖에 남지 않은 35년 전의 흑백사진이 오늘 여기서 다시 재현된다. 세월이 그렇게 흘

아버지, 나, 아들 3대가 함께 있는 하나밖에 남지 않은 35년 전의 흑백사진이 오늘 여기서 다시 재현된다.

러 이제는 한 세대씩 자리바꿈을 하고 있다. 나와 아들 손자 그리고 며늘아기가 아내가 찍은 한 장의 사진에 담겼다.

돌도 되지 않은 기어 다니는 손자가 마치 증조할아버지 할머니에게 절하는 모습으로 비친다. 나는 물끄러미 바라만 보고 있을 수밖에 없다. 42년 전 할머니가 돌아가시던 해에 아들이 지금의 손자처럼 첫돌 주변이었던 것도 생각이 스친다.

손자를 안고 시간의 매듭들이나 핏줄의 장구한 운명을 생각해 보는 것은 나 혼자만의 감회였을까. 바람결에 날리는 깃털 같은 어떤 것이 삶이라고 생각하다가도 번뜩 스치는 찰나의 영속성에 몸을 움찔했다. 유난히 맑은 하늘에 뭉게구름이 피어오르는 한여름이었다.

(2021.7.19.)

나가자 폭풍같이, 그리고 입영

내가 나에게 한 약속을

해마다 10월이 되면 끊어진 필름처럼, 어떤 때는 너무 생생하여 또 그 자리에 주역으로 서 있는 듯한, 캠퍼스, 군인, 중앙정보부, 박정희, 군용열차, 방책선, 철모, 허기, 추위, 원시림 등이 나타난다. 분노와 좌절 속에 청운의 뜻과 소시민적 현실의 굴레가 교차하는 내출혈(內出血)을 20년 동안 앓으면서 불혹의 나이를 넘겼다.

가을이 주는 계절의 감각인 코스모스 키만큼의 공허함에서 오는 것도 아니고, 가을의 결실을 위한 봄 여름의 땀흘림이 부족한 것에서 오는 것도 아닌 이 가을만 되면 찾아오는 내출혈은 어디서 오는 것일까.

사십이불혹(四十而不惑), 나이 40이면 주위의 유혹에 흔들리지 않는다? 아니다. 불혹은 문자 그대로 읽자면 누가 유혹하지도 않는 세월이다. 해서 선택의 자유조차 없어진 지금 이 길이라도 살아남기 위해서 짐짓 의젓한 체하며 열심히 가야 하는 그런 나이테이다.

고질이 된 가을의 내출혈은, 1971년은, 스물두 살의 자서전은 그렇게 시작되었다. 4월에 대구 경북대의 전국남녀대학 토론대회에 갔다. 초행인 대구 시내 길을 동대구경찰서 사람들의 별난 환영 때문에 경북대 학우의 도움을 받아 쫓겨 달려야 했다. 김지하 선배의 다음과 같은 〈오적〉(五賊)이 불온문서로 취급당하던 시절이었다. 나는 중앙정보부에 쫓기는 와중에서도 전 해에 명동 입구의 흥사단 민족학교에서 잡았던 크고 부드럽고 따뜻한 김지하 형 손의 체온을 잊지 못한다.

> …예가 바로 狾絜(재벌), 匊獪狋猿(국회의원), 跕礏功無獂(고급공무원), 長猩(장성), 瞕猹矔(장차관)이라 이름하는, 간땡이 부어 남산만하고 목질기기 동탁배꼽 같은 천하흉폭 五賊의 소굴이렸다.…

나중에 민관식 문교장관이 우리를 제적(除籍)시키면서 '지하신문'이라고 거룩한 이름을 붙여준 주간(週刊) 〈한맥〉의 신문제작으로 여러 날 밤을 지새우곤 했다. 학교 앞은 보안을 지키기 어려워 대체로 형사들의 주목을 받지 않는 경희대 앞에서 등사기로 신문을 밀었다.

밤새 필경을 긁고, 발행부수가 자꾸 늘어나면서는, 등사원지가 흐물흐물해지면 다시 양초 불로 굳혀 등사판을 밀어 제작한

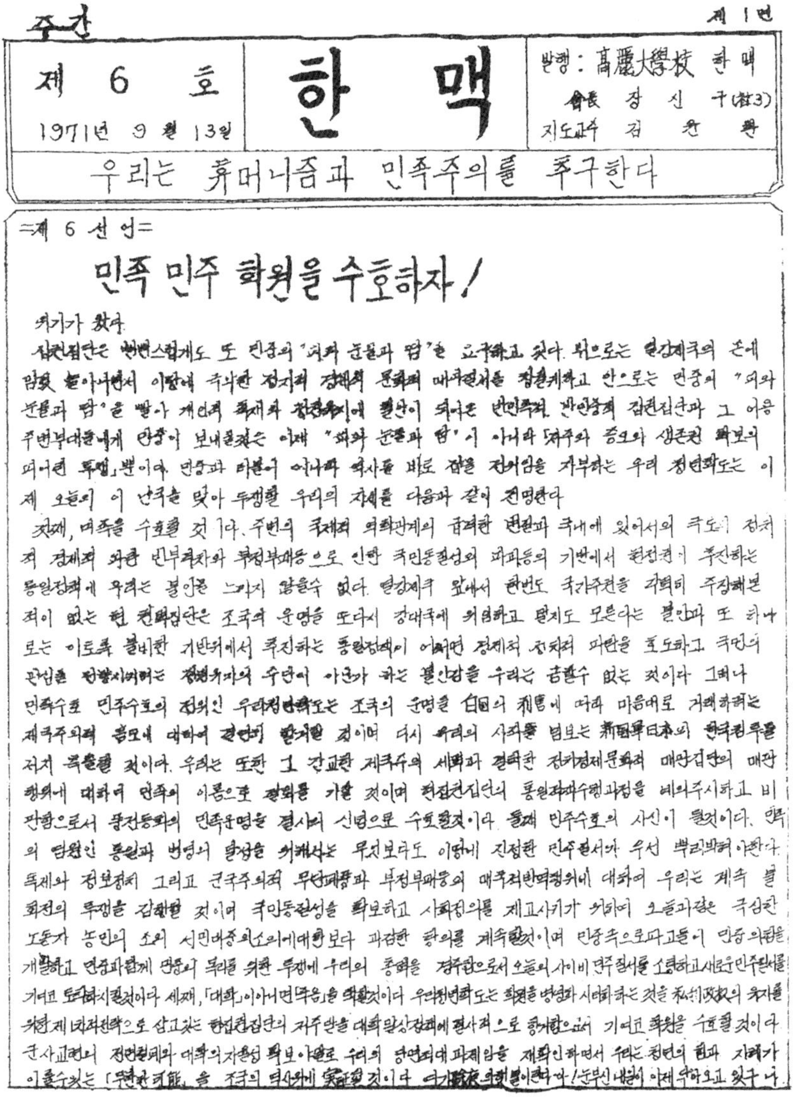
주간 제1면

제 6 호 한맥 1971년 9월 13일

발행: 高麗大學校 한맥 / 會長 장 신 구(政3) / 지도교수 김 완 환

우리는 휴머니즘과 민족주의를 추구한다

=제 6 선언=

민족 민주 학원을 수호하자!

유신체제하의 대표적인 대학내 지하신문 가운데 하나인 고려대 〈한맥〉.
지하신문은 기성언론이 시장논리에 구속되면서 스스로 사회비판 기능을
약화시키자 이에 대한 대응으로 등장하였다(자료제공: 김민환).

잉크냄새가 밴 따끈따끈한 신문을 한 아름 안고 아침 햇살이 유난히 고운 홍릉을 넘어 뛰어왔다.

등교 길의 학우들이 젊은 의지를 실천하는 그대에게 미안함을 느낀다는 시선과 함께 10원을 내고 다투어 가져갔다. 제도 언론에서는 감히 다루지 못한 기사가 넘쳤기 때문이기도 했다. 잠 못 자고 허기진 아침의 새 햇살과 나누는 즐거운 고통의 축제의 나날이라고 생각했다.

한 차례 광화문 여왕봉 다방에서 서울 법대 〈자유의 종〉의 이신범, 연세대 〈내나라〉의 김건만 형과 함께 전국대학연합신문을 내자고 얘기하던 일도 10월 15일 위수령(衛戍令) 얼마 전의 일이다.

사법부의 정통성 확립을 위한 전국 판사들의 사표파동에 이어 여름방학이 미처 끝나가기 전 광주(廣州)대단지 사건이 터진다. 지금은 호화판 분당 신시가지보다 더 서울에 가까운 대도시가 된 성남(城南)이지만, 그땐 동대문 운동장에서 털털거리는 시외버스로 먼짓길 신작로를 두 시간 남짓 달렸다. 그때 지나던 논밭 사이의 말죽거리 지방도로 주변인 지하철 양재역 건너편에 지금의 나남출판사 사옥이어서 시공간을 뛰어넘는 감회가 새롭다.

당시 개발연대에 맞춘 군사문화 전시행정의 극치로 서울시장은 청계천을 복개하면서, 청계천변의 판자촌 철거민을 집단

이주시켰다. 서울 주변에서 제일 땅값이 싸다는 이곳 불모지대(不毛地帶)에 그들을 그냥 내동댕이친 것이다. 선배들과 함께 현장조사에 나선 것은 사건이 터진 3일 후였지 싶다.

산업화의 시작은 도시빈민 노동자들의 허기와 부서져 내리는 삶을 항상 담보로 해야 하는지, 소비가 미덕이라는 조국근대화의 음덕(陰德)은 여기만은 예외였다. 나중에 소설가 윤흥길이 〈아홉 켤레의 구두로 남은 사내〉로 묘사한 광주대단지는 그때의 처절한 함성과 피냄새가 증발된 낭만적 묘사여서 씁쓸했다.

남이(南怡) 장군이 호연지기(浩然之氣)를 부리며 활을 쏘고 말을 달렸다는 전설이 서린 소나무 앞에 섰다. 청계천 주변의 인쇄공이었던 한 가장이 아내가 허기에 지쳐 실성한 나머지 갓 출산한 갓난아기를 삶아 먹었다는 얘기를 듣고 이 소나무에 목을 매 자살하였다는 동네 이장의 생생한 증언에 우리는 치를 떨었다.

〈한맥〉신문(?)에 "이런 유언비어가 돌 만큼 환경이 열악했다"고 직접 보고 들은 현장을 오히려 나름대로는 걸러서 아마추어 기자정신으로 '광주대단지 르포'를 꾸몄다. 이 기사가 북한 신문에 남한의 실상으로 과장 보도되었다는 사실은 제적당하고 나서야 알았다.

이 사건이 내가 내출혈을 시작해야 하는 제1장 제1과였다. 촛불의 촛농과 등사 잉크냄새에서 시작된 우리들의 신문에 배인 인쇄잉크 냄새의 아릿한 최면과 투지가 어느덧 나의 중추(中樞)를 지배하기 시작한 것이다.

질풍노도의 젊은 날 모습이 찍힌 유일한 사진이다.

1971년 2학기가 시작되고 얼마 되지 않아 수배령이 내려 피신길에 나섰으니 아마도 1학기 말 무더운 여름날이었지 싶다. 스물한 살의 자서전은 이렇게 시작되었다.

1979년 10·26으로 박정희 독재가 무덤으로 가고, '서울의 봄'이 필 무렵이다. 〈고대신문〉 사진기자였던 후배였든지, 또는 그때까지도 끈질기게 감시의 독기를 내품던 경찰서 정보과장이 이 사진을 내밀었던 것 같다. 이 사진이 내가 데모를 지휘하는 주동자라고 웅변하고 있다.

질풍노도의 젊은 날 등 돌려 빗겨 찍힌 나. 스물한 살의 자서전은 이렇게 시작되었다.

1971년 군부독재는 지성의 산실인 상아탑(象牙塔)을 병영화(兵營化)하기 위해 대학생에게 군사훈련[敎鍊]을 시키려 했다. 데모의 주된 이슈가 '교련반대'였다. 1천 명 넘는 학우들이 대운동장에 모여 창의문(倡義文)인 선언서 낭독과 우리가 떨쳐 일어날 수밖에 없는 웅변으로 열정을 모아 스크럼을 짜고 대오를 갖춰 '나가자 폭풍같이' 교문을 박차고 나선다. 교문 뒷 배경이 어수선한 것은 학생회관 신축공사가 마무리 될 무렵이고, 새 교문은 캠퍼스 중앙에 더 크게 새로 짓고 있었다.

태양을 향한 '장안을 뒤흔드는 젊은 호랑이'의 포효는 이렇게 하늘을 울린다. 사진의 팻말처럼 자유와 정의의 활화산인 법대가 항상 앞장 섰다. 사진 왼쪽에 '너희들 마음 내가 안다'며 제자들을 걱정하는 표정인 박재섭 학장님의 눈길도 새삼스럽다. 한두 명 어렴풋이 기억나는 20대 초 젊은 학우의 얼굴에서 맨 앞에 등돌려 빗겨 찍힌 내 얼굴을 복기해 본다.

그해 가을 하늘은 그렇게 높고 파랗기만 하였다. 덕수궁의 국화전시회에는 황국(黃菊)의 그윽한 향내로 숨 가쁜 도망자를 별유천지비인간(別有天地非人間)의 세계로 시공을 정지시킨다. 학교는 어찌되었는가.

9월 말부터의 피신생활이 만만치가 않다. 대륙의 밀사처럼 통행금지가 풀리자마자 광화문 시민회관 뒤에서 〈집현각〉 술집을 경영하던 서울 농대 이동규 선배가 준 소개장 하나를 들고 청량리에서 원주행 기차를 탄다. 원주천에서 친구 박세희와 함께 뒹굴며 넝마주이로의 이력을 쌓는다. 구리선이나 파지도 미제가 역시 비싼 것도 알았고, 다른 넝마주이처럼 저축할 것도 아니고 점심·저녁값만 벌면 되기에 악착스럽게 뛰지 않아도 되는 요령도 배웠다.

갑자기 학교가 보고 싶어 원주에서 유일한 대학인 원주 교대에 갔다가 젊은 학생들이 슬금슬금 피하는 것도 알았다. 나는 그때 대학생이 아닌 넝마주이 광주리를 멘 양아치라는 사실을 잠깐 잊고 있었기 때문이다. 나는 거지왕자인가. 영원히 거지일 수도 있다.

열심히 읽었던 콜린 윌슨의 〈아웃사이더〉와 에릭 프롬의 〈자유에의 도피〉는 내용과는 관계없이 그 제목만으로 무슨 명제처럼 이때 머릿속을 빙빙 돌며 떠나지 않는 걸까.

위수령이 내려진 10월 15일 아침, 학교 앞을 7번 버스에 앉아 지난다. 어제 밤을 명륜동 하숙방에서 재워준 성균관대 모범생인 고교동창 정용호는 일제 치하에서 독립군을 몰래 재워준 것 같은 불안감으로 한숨도 못 잔 것도 안다. 학교 정문을 옮기는 공사 중이어서 담을 쌓기 전이라 버스 안에서 학교운동장이 훤히 들여다 보인다.

영화에서나 나올 것 같은 장면이 지금 실제상황으로 진행되고 있다. 공수부대 복장의 군인들이 학우들을 개 패듯이 군홧발로 짓밟으며 뒷머리에 손깍지를 끼게 하고 중앙도서관에서, 시계탑 건물에서 줄줄이 운동장으로 적군(敵軍)의 포로처럼 긁어모아 꿇어앉히고 있다. 눈물만 삼키는 나의 왜소함에 분통이 터진다.

어떻게 구한 신문인지는 모른다. 그냥 신문이 뚫어져라 쳐다볼 뿐이다. '위수령 발동', 탐욕의 대통령 박정희 얼굴이 퍽 사진발이 잘 받았구나 싶다. 제적학생 명단 순위가 〈동아일보〉에는 내가 네 번째인데 〈중앙일보〉에는 왜 여섯 번째일까. 기역니은 순서인가? 학년 순서인가? 주모자 순서인가?를 하릴없이 셈해 보고 있는 자신을 그 가을의 햇살 속에서 발견한다.

이런 날이 몇날 며칠인가 지나갔겠지. 영원한 마음의 고향인 학교 앞엘 갈 수밖에 없었다. 더 도망다닐 회로도 꽉 막혀 있어서였겠지. 교문 앞에 늘어선 장갑차가 신기했다. 호(虎)다방에서 우연히 만난 법대 친구들이 나를 껴안고 울음을 터트린다. 우리가 수도경비사령부에서 이렇게 두드려 맞았는데 주모자인 너는 어떠했겠느냐고. 이제부터 군홧발에 채이고 야구방망이에 내 몸을 맡겨야 할 전주곡(前奏曲)을 너희들이 미리 치렀구나.

춥다. 통일화(統一靴) 속의 내 발은 제자리에 있겠지, 얼어붙어 있으므로. 그리고 나도 그대로 있을 것이다, 군복은 겨울엔 절대로 따뜻하고 여름엔 절대로 시원하므로.

그러나 춥다. 강원도 산속의 눈길을 고속도로 달리듯이 하는 군용차량의 호로 속에 휘몰아 들이치는 눈발은 참 곱기도 하구나 하면서 이렇게 넓디넓은 국토를 북상하고 있다.

평생을 함께한 영원한 친구 박의재와 함께(1972년 무렵).

몸에 맞지 않은 군복의 이등병은 더 이상 오를 곳이 없다. 더 이상 북상(北上)할 길이 없다.

방책선은 이마에 차다. 이 방책선이 3년간의 나의 벗이어야 했다. 논산 26연대, 103보, 7사단 8연대, 1대대 3중대 1소대 3번 소총수.

연대 대기병 막사에서 오생근 병장이 주신 푸르스트의 "내가 나에게 한 약속을 지키기 위하여 오늘 밤에도 가야 할 먼 길이 있다"라는 시 구절이 유일한 비빌 언덕이었다. 방책선을 붙들고 태고의 음향을 간직하며….

(71동지회, 〈자유, 너 영원한 활화산이여!〉, 1991.10.15)

장학금의 향기

50년도 넘은 중고등학교 때인가 교과서에 실린 어렴풋이 기억나는 현민 유진오 선생의 〈창랑정기〉라는 소설이 있다. 소년이 성장하여 어릴 적 뛰놀던 '창랑정'을 다시 찾아와서 느낀 생각들이었던 것 같다. 고향은 그대로인데 그리던 고향이 아니라고 낯설어 한 것은 그 자신의 키가 그만큼 커버린 것을 애써 감추었기 때문일 것이다.

이제 '창랑정'은 어디에도 찾을 수 없다. 경쟁에서 이겨야 살아남는 도시의 사냥꾼이 되어 만인에 대한 투쟁을 선언한 지 오래다. 이 삶의 역정에서 힘들 때마다 이를 견딜 수 있는 의지할 언덕이 있는 것은 행복한 일임에 틀림없다. 그것이 종교나 사상이나 이념처럼 손에 잡히지 않는 형이상학적인 무엇보다는 따듯한 체온이 감도는 사람이거나 그 집단이라면 더할 나위가 없을 것이다.

우주를 품어도 남을 것 같은 넉넉했던 어머니의 품은 왜 그리 쭈그러들어 있는지 이제는 파고들 틈이 없다. 그래서 13세기에 '팍스 몽골리안'의 대제국을 건설한 칭기즈칸의 비책처럼 혈연을 대신하는 조직과 네트워크를 창안하여 한 삶을 같이하기도 한다. 선택할 수 있는 합리성을 가진 사람들과의 만남이 그것이다.

셈을 밝히는 이해관계의 자리가 아니고 잠시라도 산사(山寺)에 들어온 것 같은 소쇄(瀟灑)함과 존재이유를 다시 확인해 보는 그런 공간이면 된다. 지훈이 노래한 '안암의 언덕에 우뚝 솟은 집' 고려대가 '마음의 고향'이 되는 것도 이러한 연유라면 나만의 생각일까.

장학금은 성적이 좋으면 받는다기보다는 공부도 잘하고 생활형편이 어려운 학생이 받는 것으로 알았다. 비교적 자식 교육열이 높은 아버지 덕분에 가난을 모르고 공부할 수 있어서 장학금은 남의 일처럼 생각했다. 그러나 제적 후 복학을 결심할 무렵, 김상협 총장께서 그동안 너무 고생이 많았다는 격려와 함께 제적 전에 납부한 등록금을 감안해서 받아 주셨으니 어떤 의미의 장학금을 받은 셈이다.

아버지에게 등록금 걱정을 안 하셔도 된다고 말씀드렸다. 박정희의 유신체제에서 꼭 대학을 다시 가야 하는가 하고 고민하던 아들을 지켜보시던 아버지는 등록금 때문인 줄 잘못 아시고 장남은 대학을 졸업시키겠다는 일념으로 학비를 다시 보내셨다.

이 별난 장학금으로 우선 학생 신분으로 분에 넘치는 큰 책상을 구입했다. 좁은 하숙방을 다 차지해서 책상 밑으로 발을 넣어야 잠을 잘 수 있었지만, 큰 책상에 앉으면 무슨 큰 공부를 하는 것 같았다. 몇십 년을 그 책상과 함께했다. 그때의 아련함인지 지금 출판사에서도 너무 큰 책상에 앉아 있는 나를 본다.

그리고 그동안 위문편지를 보내며 나를 격려했던 고려대·광주고 후배들 50여 명에게 막걸리 잔치를 벌였다. 고마움을 전하고, 맏형의 건재도 보이며 지성과 야성의 어떤 접합점을 찾자는 호연지기(浩然之氣)를 만끽하게 했다. '착한 자본'이 뒷받침이 되어 이런 자리가 반복되자 모임의 명칭을 고향의 이름을 따 '나남축제'라고 붙여 주었다. 또 다른 장학금의 향기가 계속되지 못해 이 모임은 내가 대학을 졸업하고는 시나브로 추억의 공간에만 남았다.

그러나 5년이 지나 출판사를 등록하면서는 젊은날의 열정을 되새기려 '나남'을 붙여 지금 42년이 되었다. 어떤 운명인가. 14년 전부터 20만 평 수목원을 만들면서도 이름은 자연스럽게 '나남수목원'이 되었다.

복학하고 나서는 별일 없는 하루를 보내는 것 같은 보통 대학생의 일상이 궁금했다. 몇 차례 그들 틈에 끼어 보기도 했으나 금방 심드렁해졌다. 그들이 갈 길이 따로 있고, 보통 대학생이 아니게 된 내가 갈 길은 어딜까를 다시 고민해야 했다.

1972년 10월 유신으로 헌법을 파괴한 박정희 정권은 1975년 6월에는 학생회를 군사학도호국단으로 바꿀 무렵이었다. 학생시위가 겁났는지 예전 동지 몇 사람과 성북경찰서에 예비검속되어 학도호국단 발대식이 있을 때까지 이삼 주 동안 갇혀야 했다. 이게 무슨 짓들인가 싶은 회한이 몰려들었다.

남흥우 법대 학장님과 상의해 도서관 꼭대기 층을 수리해 공부방으로 만들었다. 나중에 대학가에서 유행한 고시반 학생들 공부방의 원형인 셈이다. 윤보선 전 대통령의 사위로 박 정권과 껄끄러웠던 남 학장님도 학생들 고시공부나 시켜 법과 정의로 원수라도 갚자는 내 의견에 찬동하여 운영의 전권을 내게 맡겼다. 20~30명밖에 사용할 수 없는 한정된 공간은 아주 인기가 있었다. 등록금에 붙은 학생회비에서 하숙비 일부를 지원하기도 해서 더욱 그러했다. 한 차례 법대 학생회장격인 학도호국단장이 형사모의재판을 개최한다고 학생회비를 지원해 달라고 왔다. 이 시국에 그게 무슨 의미가 있냐고 딱 잘라 거절하고 되돌려 보내기도 했다.

공부방 방장으로서 공부 분위기를 만들고 출석을 체크해야 했으므로 나도 그들과 같이 한 자리를 차지하여 읽고 싶은 책을 고시공부하듯 읽어냈다. 조영래 변호사가 학생시위 전력으로 임관되지 못한 소문이 파다했던 시절이었다. 이 기간은 지나고 보니 사법고시보다 더 값진 책에 파묻혀 보낸 알토란 같은 시간들로 내 삶의 중요한 밑거름이 되었다. 판검사 후배들을 많이 배출하기도 했고, 그중에는 검사를 거쳐 대통령 후보까지 나선 후배도 있었다.

대학생도 학생이니 학점이 우선해야 하는 모양이다. 학교 공부도 새삼스럽게 해서 학점이 제일 좋았는지 단과대학에 한 명씩 주는 고려라이온스 동창회 장학금을 받은 것은 졸업반 때인 1976년이었다. 두 학기 전액 장학금의 큰 금액이었다. 학생시위로 제적된 복학생이 장학금을 받느냐고 몽니를 부렸던 중앙정보부 대학 주재요원의 거친 항의도 받았지만 선배들이 감싸 안아 주었다.

이 장학금의 절반 이상을 떼어내 일지사 판 〈조지훈 전집〉(전

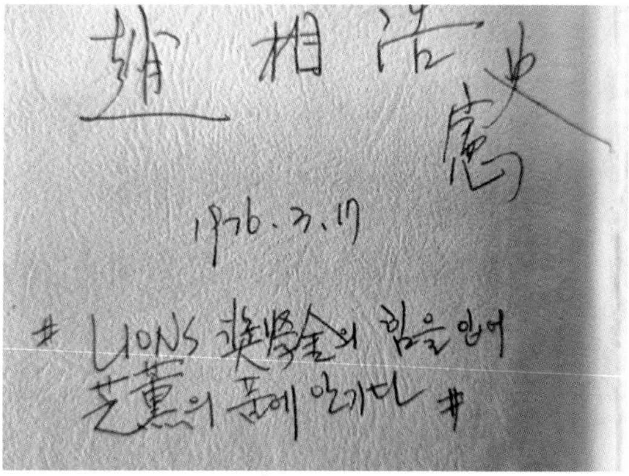

1976년 구입한 〈조지훈 전집〉의 필자 사인.

7권)을 대학생 신분으로는 상상할 수 없는 고가인 9만 8천 원에 구입했다. 이로부터 19년 뒤인 1995년에 내가 다시 증보 출판한 이 전집(전9권)이 10만 8천 원이었으니 당시의 이 책이 얼마나 값비싼 화려한 기념비적 작품인지 미루어 짐작할 수 있다.

대학 졸업 후 2001년 고려라이온스 클럽에 입회했으니 25년 만에 연어가 회귀(回歸)한 셈이다. 벌써 아들도 이 대학 경영대를 졸업할 만큼 그렇게 시간이 흐른 뒤였다. 나는 늠름하게 성장했는지 탕아가 되어 돌아왔는지 사반세기 만의 어떤 귀향(歸鄕)으로 한동안 들떠 있었다.

이제는 내가 장학금 수여자가 된 지 20년이 되었다. 얼굴도 모르는 아들보다 훨씬 젊은 후배들에게 이 사연을 들려주며, 어디서 무엇이 되어 늠름하게 만나자고 했다. 그리고 이 값진 돈을 또 얼굴 모르는 후배들에게 꼭 갚아야 하는 자연채무인 마음의 빚으로 간직하라고 당부한다.

대나무 고집 같은 제 얼굴을

고향 가는 길은 항상 정직한 길이며 지혜의 길이다. 그것은 겨울바람을 태고의 음향으로 반추해 들으며 자식을 앞세우고 눈비탈에 미끄러지면서 고개 너머 산소를 찾아가는 길이기에 더욱 그러하다.

고향은 내가 태어나 자란 자신의 원형이며 장차 아버지 곁에 내가 묻힐 곳이기도 하다. 살아가면서 어려운 일에 부딪힐 때면 백척간두(百尺竿頭)에서 진일보(進一步)하는 마음의 몸부림들도 아버지와 아버지의 아버지와 그 아버지의 산소 앞에서는 경건하게 된다. 나에게는 항상 큰바위 얼굴이었던 아버지의 늠름하신 모습은 이 산 속에 올해도 여전하실 것이다.

설날은 엄동설한의 한가운데이다. 또 한 해를 모색해야 하는 설날에는 삭풍(朔風)의 겨울 냄새가 제격이다. 겨울이 주는 계절의 감각은 살을 에는 추위와 눈보라 속에서 살아남기 위한 지혜의 삶을 구상하게 하기 때문이다.

아버지 산소 가는 길은 보리밭을 밟으며 대나무 숲을 지나 산으로 올라가는 길이다. 한겨울을 온가슴으로 푸르게 안고 있는 보리밭은 내가 다시 고향땅에 우뚝 서 있음을 신선한 충격으로 일깨워준다. 농사지을 사람이 많이 떠났다지만 그래도 이 보리로 나락 나올 때까지 한여름을 이겨냈던, 그래서 그만큼의 끈질김을 고스란히 간직한 사람들의 정성으로 듬성듬성 그 명맥을 유지하고 있다.

내가 아버지와 함께 그랬던 것처럼, 비록 도회지에서 자랐으나마 나보다 머리 하나만큼 더 커버린 아들의 넓은 등판에 미더움을 가지면서 눈밭 속의 보리밭을 한참 밟아주었다. 항상 손님처럼 고향을 찾는 것 같은 미안함을 이 눈밭 속에 붕 떠있는 보리의 뿌리를 열심히 대지에 착근(着根)시키는 것으로 대신하였는지도 모른다. 고향에도 서울에도 뿌리내리지 못하는 휑한 부끄러움이 안타깝게 보리밭에 배어났다.

보리는 백설을 뒤집어 쓴 채 그 푸름으로 한겨울을 견뎌내고 봄을 맞는다. 봄이면 으레 지지배배 하는 종다리가 꽃피는 봄을 온통 제 것인 양 짓까불어도 보리는 저 혼자 그 겨울을 파랗게 지켰기 때문에 너희들이 봄을 맞을 수 있었다고 자랑하거나 교만을 부리지 않는다. 어느 날 꽃샘추위라도 한번 오면 지난 긴 겨울 어디서 웅크리며 추위를 피했을지 모를 사람은 봄을 손에 쥐여주어도 춘래불사춘(春來不似春)이라고 더욱 몸을 사리거나, 한편으로는 갑자기 떨쳐 일어나 봄이 멀지 않았으니 조금만 견더내자고 선각자 행세를 한다.

그러나 이미 봄을 예비하고 있는 보리는 내 고향 사람들처럼 안으로 영글어 가는 의지를 불태우며 그냥 미소만 띨 뿐이다. 1백 년 전 이 들판을 뒤흔들었던 동학농민 혁명군들의 들불이 아직도 내연(內燃)하고 있기 때문일 것이다.

선산이 있는 동네는 우리 고향 어디에서나 볼 수 있는 대나무 숲으로 둘러싸여 있다. 3~4년 전 남해안을 휩쓴 솔잎혹파리로 소나무들이 많이 죽어서인지 대나무 숲의 푸름이 더욱 돋보인다.

우리 고향 사람들은 대나무의 고집을 타고난 것 같다. 대나무는 굽힐 줄 모르기에 꺾이게 마련으로 태어난 것이다. 바위마저 비바람에 날리고 닦여 본래의 모습을 잃고 비바람이 원하는 모습을 닮아 가는데 유독 대나무만이 홀로 청청하다. 폭풍우가 제아무리 위력을 부려도 대나무는 폭풍우 걷힌 뒤의 찬란한 태양을 믿고 있기 때문이다. 그리고 새봄 다시 푸른 대나무밭을 만들어 나갈 죽순(竹筍)의 건강한 숨소리를 예감한다. 간혹 너무나 억센 폭풍우의 강요에 견디다 못해 꺾일지라도 뿌리의 강인한 생명력은 대지를 보듬고 다시 살아남는 것이다.

나무도 아닌 것이, 풀도 아닌 것이 하고 평소에 놀림을 받기도 하고, 속이 비었다고 빈정거림을 받기도 하지만 대나무는 오히려 자기의 본성에만 충실하다. 대나무는 대나무로 태어난 운명까지 기뻐하고 대나무로 살다가 대나무로 죽어가길 바란다. 대나무는 소나무를 부러워하지도 않고 갈대를 깔보지도 않는다.

금년에 보리가 필 무렵이면 30여 년 만에 직접 우리 손으로 뽑는 지방행정부 선거의 열기로 뜨거운 여름이 앞당겨질 것이다. 가장 고향을 사랑하는 지도자가 가장 세계적인 인물임은 두말할 나위가 없다. 이제는 선거 때나 되어야 한번 '유권자 여러분'으로 들러리 서는 일을 되풀이해서는 안된다.

우리 고향은 이미 1백년 전에 동학농민혁명의 집강소(執綱所)를 통해서 지방자치를 실천한 지역이다. 우리가 만들어 나갈 우리 고향의 행정부와 의회는 보리밭과 같은 넓고 뜨거운 가슴과 대쪽 같은 심성을 가진 사람들만의 공동체가 되어야 한다.

우리의 새 지방정부는 또 하나 닮은꼴의 작은 서울만들기라는 어리석음을 저질러서는 안된다. 이것은 역사의 가르침을 망각하고 역사의 신을 배반하는 일이기 때문이다. 이제까지 폭풍우 속에서 가슴앓이만 하던 마음의 상투를 풀고 우리의 맨얼굴을 자신 있게 내세워야 한다.

아버지를 뒤로하고 산을 내려오는 길모퉁이에서 꿩이 눈 속을 박차고 하늘로 날아오른다. 어디를 향하는 힘찬 비상(飛翔)인지 속세의 상념들로는 헤아릴 수 없지만 그 궤적을 뒤따르다가 파랗게 얼어붙은 겨울 하늘에 눈이 시었다.

(〈광주일보〉, 1995. 2. 9.)

〈나남신서〉 1번, 《희망의 철학》

처음은 언제나 힘겹다. 미래에 대한 불안과 호기심이 클수록 더 한다. 시작을 지시하는 시공의 좌표는 항상 방향성에 대한 고민과 불면의 나날로, 시작이 앞으로의 행보를 규정할 것이라는 사실을 인식할 때에 오는 막막한 두려움 따위로 떠다닌다.

1979년 5월, 박정희 군부체제 비판의 한 우회로로 출판저널리즘을 선택한 청년에게도 처음은 그러했다. 게다가 당시는 군부가 참과 거짓, 선과 악, 미와 추까지도 규정하던 암울한 시대였다. 무엇을 출판할 것인가.

미지의 세계로 들어섰다는 사실에 흥분과 두려움을 느끼며 1년가량 방향성을 고민하던 그에게 우연히 다가온 책이 버트런드 러셀의 〈우리에게 희망은 있는가?〉(원제, *New Hopes for a Changing World*)였다. 영어권에서 1951년에 출간된 이 책을 이극찬 당시 연세대 교수가 번역한 원고를 절친한 친구인 〈중앙일보〉 출판국 이광표 기자가 조 사장에게 건네주었다.

앞을 내다보기 힘든 정치상황에서 제목부터 강한 호소력을 지녔다. 미래지향적 영어 제목과 달리 번역 제목에서는 자괴감이 느껴져 안타깝지만, '갈피를 잡지 못할 오늘의 상황'이라는 제1장의 제목까지 꼭 한국과 조 사장 본인을 두고 하는 말 같았다. 하지만 러셀이 건드린 분야는 환경에서 인구·전쟁·기근·에너지까지 실로 다양했다.

이 책으로 인해 정권의 탄압을 받지는 않았으나 곧이어 일어난 광주민주화운동이 무력 진압되는 것을 지켜보면서 조 사장은 신군부 정권에 대한 희망을 놓아버렸다. 첫 책도 독자들의 관심을 끌지 못하고 긴 잠에 빠지는 듯했다.

그런데 뜻밖에도 1년이 더 지나서 작은 희망의 불씨가 보였다. 조 사장과는 일면식도 없던 이화여대의 소흥렬 교수가 이 책을 교양과목의 교재로 선정했던 것이다. 한꺼번에 4천 부나 팔려 나갔으니, 꼭 횡재한 느낌이었다. 이때 생긴 조 사장의 철학이 '좋은 책은 언젠가는 빛을 본다'는 것이었다. 그제야 부제였던 〈희망의 철학〉을 제목으로 올리고 판형을 신국판으로 바꿔 〈나남신서〉 '1호'를 붙였다.

어떻게 감사의 뜻을 표시해야 되는 줄도 모르던 청년은 시골 촌부로부터 받은 동양화 소품 한 점을 들고 반포의 소 교수 댁을 찾았다. 그런데 선생 댁은 부인인 숙명여대 이영희 교수가 국보위 참여를 거부하였다고 들이닥친 신군부 사람들의 구둣

발이 어지럽게 널려 있었고, 부인께서는 몸져누워 있어 손님을 집 안에 들이기 곤란한 상황이었다.

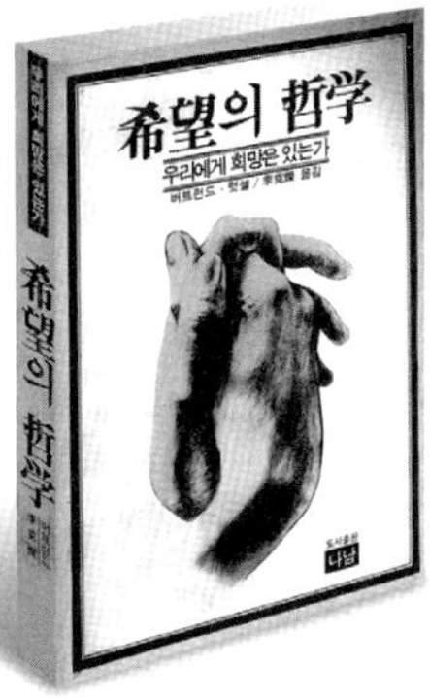

이런 와중에 '일부러 찾아왔으니 간단히 차나 한 잔 하자'면서 시작된 선생과의 대화는, 책과 시국에 대한 이야기는 얼마 가지 못하고 엉뚱하게도 조 사장이 가져간 동양화 이야기로 빠졌다. 선생은 동양화를 보는 안목을 갖추고 계셨고, 중국화와 한국화를 비교하며 오랜 시간 말씀하셨다.

선생의 환대를 뒤로하고 댁을 나서는데 출판하는 일이 이 사회에 보람을 줄 수도 있다는 뜻 모를 가슴 뿌듯함을 느꼈다고 한다. 흐드러지게 폈던 목련이 봄비에 낙화(落花)하던 날이었다고 한다.

〈희망의 철학〉에서 러셀이 역설한 '이성에의 신뢰'를 저버려서는 안 될 것이다, 정의는 끝내 승리할 것이다, 좋은 책은 팔릴 것이고, 좋은 책을 만들 것이다, 나남에게도 희망이 있다는 생각이 오늘날의 그를 있게 한지도 모른다. 이후로도 소흥렬 선생은 그에게 부단한 격려로 건강한 출판인으로 자리매김하게 했다고 자랑스러워한다.

이어 E. H. 카의 〈러시아 혁명〉과 미키 키요시의 〈철학입문〉 등이 나왔는데, 조 사장은 번역물에 치중한 이유에 대해 "저자로 모실 인물들을 많이 알지 못해서도 그랬지만, 당시에는 민족주의 등을 이야기해 줄 용기를 가진 사람이 드물기도 했다"고 설명했다.

그렇게 쌓아올린 〈나남신서〉가 997번까지 기획되어 있다.

1971년에 학생운동으로 제적된 180여 명 중 정치인 유인태, 환경운동가 최열, 언론인 변용식·장성효 등 "7·1 동지회" 90여 명은 지금도 가끔 모여 술잔을 기울이며 그때를 추억하고 살아가는 이야기를 나눈다.

조 사장은 "'책이 사람을 만든다'는 말은 독서인이 아닌 책 생산자에게도 그대로 들어맞는다"며, "사회 상규(常規)와 맞지 않는 책을 낸다거나 건방지다는 비난을 들을지라도 20여 년 전 그때 그 열정 그대로 남고 싶다"고 말했다.

(〈중앙일보〉, 2003. 8. 16. 정명진 기자)

출판하는 마음

누가 영속되는 시간의 허리를 붙잡아 토막을 내고 의미를 부여했는지는 모르지만, 새해 새아침이 주는 계절의 감각은 항상 이마가 시리도록 새롭다. 자신에게 한 약속을 지키기 위하여 오늘 밤에도 가야 할 먼 길이 있는 사람에게는 새해 새아침이 주는 꿈과 바람이 그 희망의 길로 가게 하는 견인차(牽引車) 역할을 해서 더욱 좋다.

출판문화를, 한 사회가 사회를 성립하는 데 없어서는 안 될 환경감시와 문화전달 기능과 여론형성의 효과를 갖는 사회 커뮤니케이션의 큰 줄기에 접목시켜 보면 출판인이 갖는 자긍심이 조금은 돋보여도 좋겠다.

흔히들 출판사를 등록하는 일이 가장 쉬우며, 책의 기획·제작이 어려운 일이라 하나, 책을 판매하는 일은 더욱 어려운 일이고, 더더욱 힘든 일은 출판사가 그 출판사로서 견디어내는 일이라고 말한다. 그것이 이루고자 하는 격조를 한 세대 두 세대 계속 지켜나가는 일은 더욱 어려운 일임에 틀림없다.

'문화와 경영'이라는 야누스의 두 얼굴을 한 가슴에 껴안고 가슴앓이하기가 그리 쉬운 일만은 아니어서일 것이다. 글을 읽고 글을 쓰다 신물이 나면 퉁소를 불고, 생솔가지 타는 내음, 낙엽 타는 내음에 묻혔다가, 꽃피는 소리, 비바람 냄새에 마음을 닦고 살아가고픈 소롯한 꿈인 선비의식과, 단돈 십 원을 보고 천 리 물길을 가야 하는 치열한 자본주의의 상업성을 함께 가져야 하는 출판문화의 내재적인 속성이 그것이다.

출판이라는 문화속성과 출판사를 경영해야 하는 이윤추구의 기업적 속성을 어떻게 상호 보완시켜 나가느냐에 따라 좋은 책의 출판을 통해 문화창조의 일익을 담당해야 하는 출판문화의 본질에 수렴해 나갈 수 있기 때문이다.

철학에서 쓰는 용어를 빌린다면, 각각의 서로 다른 모순이 어떤 현상 안에 함께 존재한다고 할 때, 서로 다른 모순이 상호보완적 관계에 이를 때 모순해결의 실마리가 잡힌다고 하는 '비적대적 모순'을 어떤 방법으로 슬기롭게 헤쳐나가야 하는가는, 이제 문제제기의 단계를 넘어 오늘의 출판문화가 직면하고 있는 현안문제이다.

그것은 자본주의 기업의 성격을 깨뜨리지 않으면서, 좀더 좋은 책을 만든다는 출판의 본질을 변증법적으로 상호 융합해야 하는 작업이기 때문에 여기에 오늘의 출판인들의 고통이 존재한다. 그 고통은 막대한 물량의 비디오, 시청각 메커니즘과 대결하는 가운데 더욱 적극적인 대응양식을 창출하려는 노력을 수반하기 때문이다.

출판문화는 뉴미디어 테크놀로지의 발달로 지금 대중문화를 이끌고 있는 텔레비전과 신문, 방송의 대량메시지 전달방식과는 그 궤를 달리한다. 그것은 시간과 공간에 제약을 받는 활자매체의 내재적 한계 자체를 장점으로 승화시켜 그 사회를 건전한 사회로 이끌어나갈 가치덕목을 텔레비전, 방송보다는 영구한 기록성으로 그리고 신문매체보다는 차분하게 생각할 수 있는 사고영역의 광역화와 심층화로 이들 뉴미디어가 담당하지 못하는 부분에 자리 잡아야 할 것이다.

종래 출판문화는 매스 커뮤니케이션의 발달과정에서 전통적 활자매체를 통한 문화전달자로서의 기능에 머물렀다. 이제는 미래지향적인 문화권 형성이라는, 그 사회가 지향해 나가야 할 고급문화의 창출을 위한 기획, 판단을 하지 않으면 살아남지 못하게 되는 사회조건의 성숙을 이런 데서 찾아야 하리라고 본다.

이러한 맥락을 짚어보면 고급문화 창출을 위한 출판 문화인들의 자세는 바로세워질 수 있을지 모른다. 그것은 다양한 사회계층의 공감대에 수렴하는 공통윤리와, 쉽게만 살려고 드는 요즘 만연하는 이기적인 소시민의식을 간파하고 이들에게 희망과 사람다운 삶의 모습을 그려줄 수 있는 책이어야 한다.

이러한 책을 저술할 수 있는 치열하게 살아가는 저자, 이러한 저자를 발굴·지원하여 동반자가 되어 책을 제작하는 출판사, 더욱 바라기는 이러한 뜻이 모여 정성스럽게 출간된 책을 읽어주는 우리의 독자, 이들의 결합이 고급한 출판문화를 창출시키는 지름길일 것이다.

이러한 바람이 결코 출판문화에만 국한되는 일은 아니지만 모두 사람이 하는 일이면서도 사람, 사람들, 좋은 사람들이 그렇게 쉽게만 찾아지는 일은 아닐지도 모른다. 세상 모든 일이 뜻만 바로 세웠다고 그렇게 쉽게 이루어지지 않듯이.

벌써 20년이 넘은 일이지만 대학 1학년 때인가 읽었던 콜린 윌슨의 〈아웃사이더〉에서 이해했던 뜻을 여기에 옮겨 본다.

뒷짐 진 채 파리한 얼굴로 방관만 하는 사람이 아닌 오늘의 불합리한 사회체제를 합리적으로 극복하여 오늘을 바탕으로 환골탈태(換骨奪胎)한, 한 걸음 더 나아가 건전한 사회를 꿈꾸고 실천하며 사는 사람이 아웃사이더이다.

역사의 올바른 진행방향을 통찰하여 반 발자국쯤 앞선 사고와 실천을 하여야지, 자칫 한두 발자국이라도 더 앞서면 '미친 놈' 취급을 받기 마련이다. 왜냐하면 사람들은 이성적으로는 옳은 길인 줄 알면서도 우선은 세속의 그들 틀을 깨트리는 것에 불편을 느끼기 때문일 것이다.

오늘밖에 보지 못하는 사람들에겐 아웃사이더일 수밖에 없는 적극적이고 능동적인 진정한 의미의 아웃사이더로서 혁명을 논하거나, 바른 길, 바른 삶을 헤쳐 나가길 열심히 얘기하던 사람들의 가는 길을 콜린 윌슨은 두 가지 유형으로 보여주고 있다.

출판사 초창기, 1987년 무렵.

대부분의 사람들은 예전 소시민의식을 그렇게도 질타하던 그 소시민 대열의 선봉에 서서 소시민의 이익을 보호하는 데 앞장 선다. 내일의 정신적 풍요 속에 살기를 선택하기보다는 오늘 등 따습고 배부르면 된다고 당연한 듯 오늘을 열심히 사는 척하게 된다.

다른 유형으로는 처음에 가졌던 진정한 아웃사이더로서 오늘과 내일을 조화하며 내일을 위한 반석을 오늘에서 구하려 몸부림친다. 대부분의 많은 소시민의식을 가진 사람들에게서는 '미친 놈'이라 불리는 적은 숫자의 사람들이다. 어떤 학자는 이들을 '창조적 소수'라고도 부르며 이들이 역사의 방향을 올바르게 제시하고 실천하는 사람들이라고 한다.

이들은 자기 일을 열심히 사는 생을 누릴 뿐 남들의 질시에도 오불관언(吾不關焉)하며, 또 남들에게 자기 뜻을 강요하지도 않으며 이해해 주지 않는다고 미워하지도 않는다. 자신을 알아주지 않는다고 하늘을 원망하지도 않는다. 다만 하학(下學)이 상달(上達)이면 하늘이 알 것이다 라는 신념으로 산다.

사회 여러 분야에서 콜린 윌슨의 〈아웃사이더〉처럼 이렇게 자기분야에 미친 사람들이 있어왔기에 오늘의 사회발전을 이룰 수 있었다. 그리고 앞으로의 역사발전에도 항상 정의가 이길 것이라는 역사의 신(神)을 믿는 희망을 가질 수 있다.

출판문화라고 해서 여기의 범주에서 빠지는 것은 물론 아니다. 오히려 출판의 사상성이나 기록성으로 해서 결코 내세우거나 다른 욕심을 부릴 수도 없는 역사의 행간에 흐를 수밖에 없는 출판문화의 큰 뜻을 이루려면 원고지 칸을 읽고 활자와 함께 미쳐 춤출 사람이 더욱 절실하게 기대되는 분야인지도 모른다.

새해 새아침이라고 한다. 항상 역사의 행간에라도 흐를 수 있도록 뜨거운 가슴과 초록빛 마음으로 열심히 살아야겠다.

(〈예향〉(藝鄕), 1985년 1월호)

[후기] 잠시 소나기를 피한다는 생각으로 움막 같은 출판사를 세워 방황하던 무렵이었다. 1980년 광주(光州)민주화운동을 살육하는 만행으로 시작된 신군부의 군사독재는 암울한 시대를 더욱 깊은 골짜기로 밀어 넣고 있었다. 김중배 대기자의 명칼럼 〈하늘이여 땅이여 사람들이여〉로 위안 받던 어둠의 터널 속에서 난(蘭)향기 같은 여리디 여린 희망을 보여주는 잡지에서 원고 청탁을 받았다.

우리 고향의 다른 이름이 남도의 예향(藝鄕)이다. 〈광주일보〉에서 발행하는 월간지 이름을 이렇게 지은 것도 비극을 승화시키려는 속 깊은 몸부림으로 읽혀선지 더욱 짠했다. 문화는, 예술은 칼을 이긴다. 다만 많은 시간을 인내해야 할 뿐이다.

여드름투성이의 고교시절, 언론인이 되자고 같이 꿈꾸었던 단짝 친구 서영진(徐榮振)이 그 신문사에 있어서 생전 처음으로 세상에 내 얼굴을 드러내게 했을 것이다. 그는 호남 언론인의 신화였던 아버지를 이어 그 신문사의 편집국장, 주필을 부자(父子)가 역임하는 한국 언론사에 보기 드문 역사를 만들었다.

출판의 뜻을 세운 아마추어의 객기(客氣)를 부린 글이 30년이 넘는 직업이 되리라고는 그때는 짐작도 못했다. 하수상한 세월에 등을 떠밀려 그렇게 되었겠지만, 이것을 운명이라고 불러도 할 말은 없다.

나에게 아름다운 보물들

아끼는 물건에는 자신만이 갖는 사연이 있기 마련이다. 나에게도 첫 번째 손가락을 꼽는 보물은 1993년 부여(扶餘) 능산리에서 발굴된 백제(百濟) 금동용봉(金銅龍鳳) 봉래산(蓬萊山) 향로(香爐)로 64센티미터 실물대 모형이다. 유리상자에 반듯이 모셔 수호천사처럼 나를 지켰다. 백제의 향기를 껴안을 욕심으로 당시에 거금이 들기도 했지만 워낙 어렵게 구해서인지 각별한 정이 가는 보물 1호이다.

망중한(忙中閑)의 시간을 이 7세기의 향로를 보고 지내다 보면 향로를 받치고 있는 하늘로 솟구치는 듯한 용틀임과 향로 꼭지의 봉황과 뚜껑에 조각된 원앙, 악사, 신선들의 모습은 선계(仙界)에 들어온 듯하다. 이 봉황의 모습은 신비하기도 하고 상서(祥瑞)로운 기운을 발휘하는 듯싶어 〈조지훈 전집〉을 만들면서 여러 곳에 컷으로 사용하기도 했다.

둘째로는 인생훈(人生訓)으로 내가 받은 이희봉(李熙鳳) 선생님의 글씨와 단하(丹霞) 김영두(金永斗) 선생님의 글씨, 그리고 강암(剛菴) 송성용(宋成鏞) 선생의 풍죽(風竹)과 목촌(牧村) 예춘호(芮春浩) 선생의 글씨가 있다. 모두 사람이 사람답게 사는 길을 말씀하시는 어른들의 글로 나의 성장과정에 찬란한 북극성(北極星)의 빛이 되어 주었다. 내가 이 글씨들과 얽혀있는 인연들은 다음과 같다.

백제 금동용봉 봉래산 향로.

하늘이 나를 알아줄 텐데

1977년 10월 2일 결혼했다. 그때는 10월 1일이 국군의 날로 법정공휴일이었으니 10월 3일 개천절의 연휴 사이에 낀 날이다. 내 결혼식을 위해 연휴 중간에 서울에서 신부집인 대구까지 오게 했으니 친구들에게는 미안한 일임에는 틀림없었으나, 그때 우리 모두는 가정에 얽매이지 않은 젊은 그들이기도 했다. 주례는 친족상속법의 대가인 법대 스승이신 이희봉 선생님이 맡으셨다.

예식시간이 한 시간이 지나가는데도 혼주인 아버지가 오시지 않았다. 처가 식구들이 동요하는 듯하고, 예식장 사람들도 인내의 한계를 넘어서는 듯했다. 대구로 오고 계신 것은 틀림없는데 그때는 핸드폰이 있는 것도 아니고 어디까지 오시는지 확인할 방법이 없어 애를 태웠다. 장남 혼사인데 이런 일을 당했으니 자존심 강한 아버지는 얼마나 애를 끓고 계신 건가. 주례인 이희봉 선생님이 혼주가 참석하지 못한 혼인을 치르기로 결단을 내렸다.

아버지는 대구 며느리를 맞기 위해 버스를 대절하여 동네 어른들과 먼 길을 나섰다. 광주-대구 고속도로가 있던 시절이 아니었다. 광주에서 대전을 거쳐 다시 대구로 오는 고속도로를 택하지 않고 지름길로 전라도에서 경상도를 질러오는 국도를 번갈아 탔다고 한다. 오던 길에 가벼운 교통사고가 나서 제일 친한 친구인 박의재(朴義在) 의학박사를 뒤처리 겸 볼모로 현장에 남기고 신작로 길을 달렸던 모양이다.

아버지가 예식장에 도착하신 것은 사정사정해서 두세 차례 순번을 바꾸어 치른 예식이 끝나고도 한 시간이나 지나서였다. 얼마나 허탈하셨을까. 같이 온 동네사람들에 대한 체면도 그렇거니와 처음 와 보시는 대구까지 달려왔는데도 결혼식을 지켜보시지 못하였으니 말이다.

또 한 번 불효를 저질렀다. 아버지가 화내시는 것도 지쳐 갈 무렵 이희봉 선생이 주례를 잘못한 죄를 어르신께 용서를 구한다면서 무릎을 꿇는 게 아닌가. 아, 스승님 죄송합니다.

촌부 앞에 자식의 스승이 무릎을 꿇자 아버지가 더 황망해 어쩔 줄 몰라 하셨다. 이 신식 결혼식은 그렇다 치고 일단 신혼여행을 다녀와 고향에서 다시 전통혼례를 올리기로 약속하고 아버지의 자존심을 누그러뜨렸다. 아내와 장인어른은 풍습도 다른 우리 동네에서 또 한 번 전통혼례식을 치른다고 마음고생이 많았음은 물론이다.

신행을 다녀와 인사를 드리러 주례 선생님을 찾았을 때 나에게 준 선물이 이 글이다. 처음으로 받아보는 내 이름자(趙相浩 君)가 박힌 글이었다. 선생님의 아호가 범오산인(凡烏散人) 임도 이때 알았다.

그렇게 곤욕을 치른 유별난 혼인의 주례 선생님에 대한 고마운 마음에서가 아니라, 내 삶의 영원한 스승님으로 모셔야겠다는 생각이 마음에 와 닿았다. 1년에 몇 번씩 성북동 선생님 댁을 찾아뵈며 가르침을 받았다. 사모님께서는 젊은 새댁을 따로 불러 서울 딸깍발이의 내훈(內訓)을 하시는 것 같았다. 부부에 대한 이 아름다운 교육은 선생님이 병마에 쓰러지시기 전까지 10여 년 넘게 계속되었지 싶다.

不怨天 不尤人 下學而上達 知我者 天乎

나를 알아주지 않는다고 "하늘을 원망하지 말며 사람을 탓하

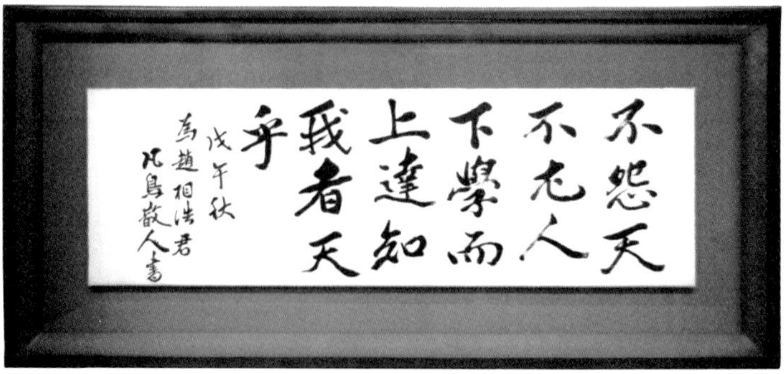

고대 법대 이희봉 선생님께서 결혼선물로 주신 글. 처음으로 받아보는 내 이름자가 쓰인 글이다.

지 말라. 다만 아래로 배워서 위로 통달하니 나를 알아주는 것은 하늘인가 보다!"라는 뜻으로 읽었다.

〈논어〉 헌문(憲文)편 37장의 말씀으로 "나를 알아주는 이가 없구나"라는 공자의 한탄에 제자 자공(子貢)이 "어찌하여 선생님을 알아주는 이가 없습니까"하고 묻자, 공자의 답변이 위와 같았다(子曰 莫我知也夫인저 子貢曰 何爲其莫知子也잇고 子曰 不怨天하며 不尤人이오 下學而上達하노니 知我者는 其天乎인저).

신혼의 작은 살림집에서부터 이 큰 뜻의 액자를 모셔왔다. 건방진 생각이 들거나 주변의 같잖다고 생각되는 일에 좌절할 때마다 인생훈(人生訓)으로 삼았다. 결국은 하늘이 알아줄 텐데 조급하게 뭔가 이루려고 안달하거나, 조금 이루었다고 교만하지 않으며 뜻을 이루려는 노력을 호시우행(虎視牛行) 우보만리(牛步萬里)의 그 걸음으로 계속하여야 한다는 추동력이 그것이다.

'하늘이여, 땅이여, 사람들이여!'라고 외치고 싶을 때가 많았고, 누구에게 기댈 곳도 없는 어려운 시절이었는지 하학이상달(下學而上達)이라는 표현이 희망의 북극성처럼 긴 세월을 버티게 해준 것 같다. 10여 년 전 결혼 30주년 기념의 가장 큰 일로는 이 액자를 깨끗하게 다시 표구하여 사무실 복판에 걸어 놓는 일이었다. 그때 스승님의 그 모습이 생생하고, 이 글의 뜻이 더욱 새로워 보였다.

화려호(華麗豪)한 책

1981년 7월 고려대 정치외교학과의 단하(丹霞) 김영두(金永斗) 선생 퇴임기념논문집 〈丹霞散文論拾集〉 출간기념으로 받은 선생의 친필이다.

奈南出版趙相浩 印刊此集華麗豪
深謝且祝法學士 高大緣分如是乎

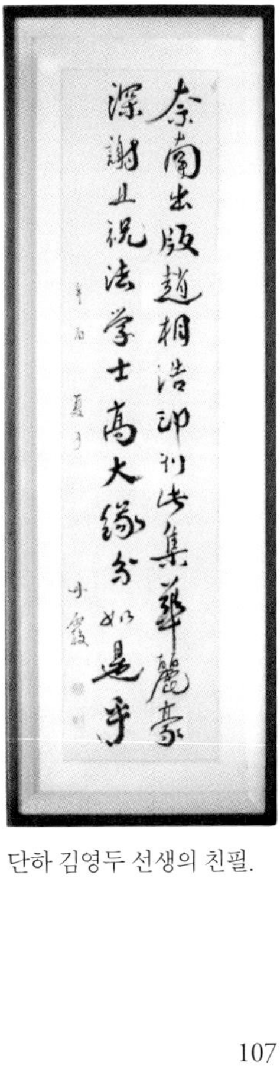

단하 김영두 선생의 친필.

이렇게 책을 화려하고 호방하게 출판해 주어 매우 감사하고, 더욱 기쁜 것은 나는 정치과 교수인데 법학과 출신인 당신이 이 책을 출판해 주니 고려대의 연분이 이러한 것인가 싶어 기쁘다, 라는 뜻이다.

편집직원도 따로 없던 출판사 초창기의 앞뒤도 가리지 못한 시절, 김중위 선배의 강권으로 한자투성이의 대작(大作)을 소화해야 했다. 두세 달을 밤새워 교정보면서 내가 이 책을 꼭 만들어야 하는가 하면서도 나를 믿고 맡겨준 선배들의 기대를 저버리지 않겠다고 다시 일어서곤 했다. 이 책을 만들면서 출판사 창립 신고식을 톡톡히 치른 셈이다. 출판이 사람과 사람과의 특수관계인 업(業)이라는 사실에 눈뜨기 시작했다.

김영두 선생은 강의를 직접 들은 적은 없지만, 하얀 고무신을 신고 캠퍼스를 활보하는 도인풍의 모습으로 기억에 남는다. 불교학생회 지도교수로서 설악산 하계등반 때 조난사고로 여러 명의 학생이 목숨을 잃고 비통해 했던 기사도 생각난다.

선생님의 글씨는 과작이기도 했지만 지금 보아도 너무 좋다. '붉은 빛의 안개'라는 호 '단하'(丹霞)는 얼마나 아름다운가. 해뜰 무렵의 해가 솟아오르기 전에 물든 붉은 안개인지, 해질 무렵의 그것인지는 모르겠다. 그때 주신 선생의 선시(禪詩) 여러 편도 함께 표구해 두고 감상했지만 출판사에 들른 선배들에게 모두 빼앗기고, 이 글씨만 30년 가까이 보관하고 있다. 내 이름자가 박힌 글이어서 곁멋에 흐른 선배들의 마수(魔手)에서 살아남은 셈이다.

출판사의 주력상품이 언론학과 사회과학이었기에 나를 국

문학과나 신문방송학과 출신인 줄 알았더니 법학과 출신이구먼, 하는 필자들의 의아함도 이 글씨 때문에 알려졌다.

한시의 운(韻)을 맞추기 위해 출판사 이름을 '奈南'으로 쓴 것이 특이하다. 선생께서는 한글인 회사 상호를 자의적으로 한문으로 쓴 것을 미안해하면서 뜻풀이를 해주셨다. 어조사 '奈'는 나폴레옹(奈翁) 같은 불굴의 용기를 뜻하며, '南'은 남쪽 기름진 들녘의 뜻이니 회사로서 비즈니스도 잘 되라는 의미라고 하여 고맙게 받아들였다.

강암(剛菴) 선생의 풍죽(風竹)

2009년 정년퇴직한 고대 국문학과 송하춘 선배의 창작집 〈은장도와 트럼펫〉(작가론: 忍苦의 무르익음과 바람기의 노래—김화영)을 출판한 것은 1987년이었으니 벌써 35년 전의 일이다. 송 선배는 책이 나오고 한참이 지났는데 아버지에게서 받았다며 불쑥 이 글씨를 내밀며 계면쩍게 고마움을 전했다. 강암(剛菴) 송성용(宋成鏞) 선생의 풍죽(風竹)이 그것이다.

抱節不爲霜雪改 成林終與鳳凰期

셰익스피어와 인도를 바꿀 수 없다는 말이 전해지듯, 전주의 강암 선생은 그 무엇과도 바꿀 수 없는 호남의 존귀한 존재인

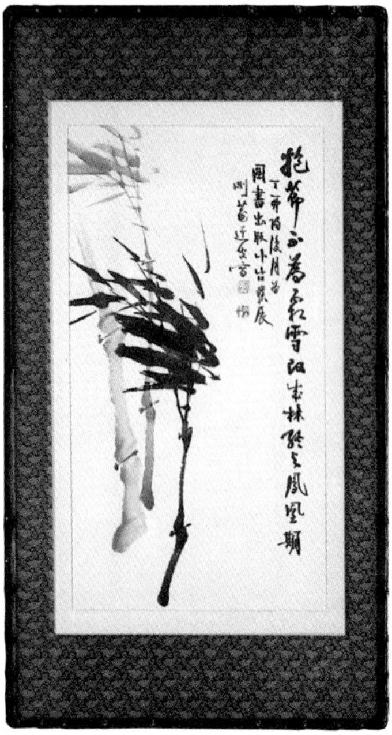

강암 송성용 선생의 풍죽.

지를 내가 모를 때였다. 항상 지나치면서 '그 글씨 참 좋다'고 했던 호남고속도로 전주 입구의 '湖南第一門'이라는 8차선 위의 누각에 걸린 커다란 현판도 강암 선생의 작품이었다.

그저 아버지의 애틋한 정으로만 알고 받았더니 고대 김화영 교수가 이를 보고 그렇게 부러워했다. 전주까지 찾아가 친구의 아버지에게 큰절을 올리고 어렵게 풍죽(風竹) 그림만을 받고도 감격했는데, 당신은 강암 선생의 풍죽 그림에 글씨까지 받았지 않았느냐고 했다. 내가 받은 강암 선생의 글과 그림만이 아니라 그 뜻이 예사롭지 않음을 느꼈다. 어느덧 나의 보물 2호가 되어 있었다.

그리고 생전의 강암 선생에게서 한 자 한 자 공들여 받아 예술작품으로 출판한 불이출판사의 〈강암 천자문서(千字文書)〉를 어렵게 구해 머리맡에 놓고 강암체(剛菴體)를 닮고 싶어 붓글씨 공부를 20년 넘게 했다. 그러나 아직 먼발치에도 미치지 못한 것은 물론 그 그림자도 밟지 못한 것 같다. 이러한 인연으로 인사동

경매시장에 나오는 강암 선생의 풍죽 작품을 여러 점 구입하게 되었다.

화제(畵題)는 “포절불위상설개(抱節不爲霜雪改) 성림종여봉황기(成林終與鳳凰期)”로 중국 당(唐)나라 시인 나업(羅業)이 대나무를 찬미한 〈竹〉이라는 칠언절구의 일부이다.

강암 선생은 아마도 이 글을 ‘출판계에 어떠한 어려움이 있어도 처음 품었던 대나무 같은 곧은 절개를 영원히 변치 말고, 대업을 이루었다 해도 거기에 안주하지 말고 그 이상을 향해 나아가라’는 뜻에서 풍죽(風竹) 그림과 함께 이 화제를 쓰셨을 것이다.

특히 이 글을 본 많은 사람들이 대가(大家)의 화제에 ‘나남’출판의 상호가 한글 ‘나남’ 그대로 적힌 점은 매우 이례적이라며 연구대상이라고 했지만, 나는 선생께서 한자로 작명을 못 해서도 아닐 것이지만, 젊은 출판장이의 고집을 그대로 존중해 주신 대가다움의 큰 뜻으로 받아들였다.

이 글씨를 해독하는 데는 10여 년이 걸렸다. 오가는 수많은 선배들에게 내 방에 걸린 이 글씨를 자랑하면서 이 글의 의미를 알려고 했지만 우물우물 넘어가 답답하기는 마찬가지였다. 선생 생전에 여쭈어 봐야 하겠다고 마음먹기도 했지만 쑥스럽기도 해서 차일피일하다 기회를 놓치고 말았다.

그러다 전혀 엉뚱한 곳에서 해답을 찾았다. 〈주역〉 공부도

한 2년 같이 했던 제4회 〈지훈국학상〉 수상자인 이형성 박사가 원전을 찾고 풀이까지 해주었다. 〈조선왕조실록〉만 그런 줄 알고 감탄한 것이 엊그제 같은데, 중국에서도 고전인 당송(唐宋)의 명시가 이미 원전 그대로 컴퓨터에 데이터베이스화되어 있는 것도 처음 알았다. 내 딴에는 하도 어렵게 찾은 자료라서 그 전문을 옮기면 다음과 같다.

翠葉分細細枝 淸陰猶未上堦墀
蕙蘭雖許相依日 桃李還應笑後時
抱節不爲霜雪改 成林終與鳳凰期
渭濱若更徵賢相 好作漁竿繫釣絲

푸른 댓잎 조금 분명하지만 줄기는 가늘고 가늘어
서늘한 그늘 여전히 섬돌에 오르지 못하네
혜초 난초 비록 의지할 만하다 허여한들
복숭 오얏나무 여전히 후시절 비웃네
절개 고이 품어 서리 눈발에도 변치 않고
푸른 숲 이루어 끝내 봉황으로 기약하네
위수 물가에서 다시 어진 재상을 구한다면
낚싯대로 잘 만들어 낚싯줄을 매리

군자 혹은 대장부의 삶이란

출판사 회의실을 전집 편집위원실로 바꾸어 몇 개월의 사투 끝에 전 12권의 방대한 〈白凡 金九全集〉을 출판하고 한숨 돌리던 1999년 여름이었다. 김중배 대기자가 서울대 언론학과에 출강하시던 무렵이어서 서초동 양재역 앞 출판사에 들렀다가 '한국사회과학연구소' 이전 문제로 운을 떼었다. 연구소 이사인 박영호, 이일영 한신대 교수가 자리를 함께했다.

나는 흔쾌히 목촌(牧村) 예춘호(芮春浩) 선생이 이미 10년째 이끌어 오던 '한국사회과학연구소'에 우리 사무실 한켠을 그냥 사용하시라고 내드렸다. 편집국 곁의 독립된 10평 남짓의 공간이기에 서로 방해될 것도 없었고, 연구소의 활발한 창조능력도 우리 출판사가 배울 수 있을 것 같았다.

예춘호 선생은 박정희의 3선 개헌을 반대해 고초를 겪고, 민주화에 앞장 선 지조와 신의의 정치인으로만 알았는데, 오랜 기간 사재를 털어 학술연구소를 운영하며 학술지 〈동향과 전망〉을 발행하고, '영도(影島)육영회'를 설립하여 장학사업을 꾸준히 펼치고 계셨다. 한 지붕 아래서 가끔씩 뵐 때마다 소리 소문 없이 사회발전에 기여하시는 어른의 모습에 감동을 받았다.

2002년 여름, 출판사가 증축공사를 시작하면서 3년 동안의 강 같은 평화였던 밀월이 끝나고 한국사회과학연구소가 이사가게 되었다. 목촌 선생은 그동안의 후의에 감사하다며 장엄하게 국파산하재(國破山河在)로 시작하는 두보(杜甫)의 시 〈춘망〉(春望)을 선물하셨다. 선생은 벌써 보기 드문 명필로 소문이 나셔서 선생의 글을 받으려면 얼마를 기다려야 하는지 모른다고 했다.

이 글씨를 그냥 받아야 하는지 모를 만큼 영광스러운 일이어서 거듭 감사드렸다. 그런데 선생은 아마도 '조(趙)지훈'보다는 '조(曺)봉암'을 깊이 기억하셨는지 나의 성을 달리 쓰시고 만 것이다. 미안하다고 하시면서 글씨를 회수하시는 어른에게 오히려 내가 민망하여 몸 둘 바를 몰랐다.

2009년 가을, 이 연구소의 이사 재취임을 나에게 부탁하면서 연구원 편에 아래와 같은 '趙相浩 先生에게'라는 말씀과 함께 두 편의 글씨를 다시 보내셨다. 나는 까맣게 잊고 있었는데 이를 기억하시는 어른의 보살핌이 황송하기 그지없었다. 80을 넘기셨는데도 건필은 여전하신 듯싶다. 그리고 따로 편지에 이 글의 독음과 해석을 친절하게 일러주시기도 했다.

마침 서재를 정리할 기회가 있어 방 한가운데에 이 글씨를 붙여 항상 어른의 뜻을 높이 새기고 있다. 까마득하게 먼 이상향일 수도 있지만 군자(君子)거나 혹은 대장부의 웅혼한 기상이 오늘도 내 이마에 차다.

• 진묵(震墨)대사(大師) 시(詩)

天衾地席山爲枕

月燭雲屛海作樽

大醉居然伋起舞

却嫌長袖掛崑崙

하늘은 이불, 땅은 자리,

산을 베개 삼고

달은 촛불, 구름은 병풍,

바다는 술통이라

크게 취하여 춤을 추나니

긴 옷소매가 곤륜산에 걸릴까 걱정이로다

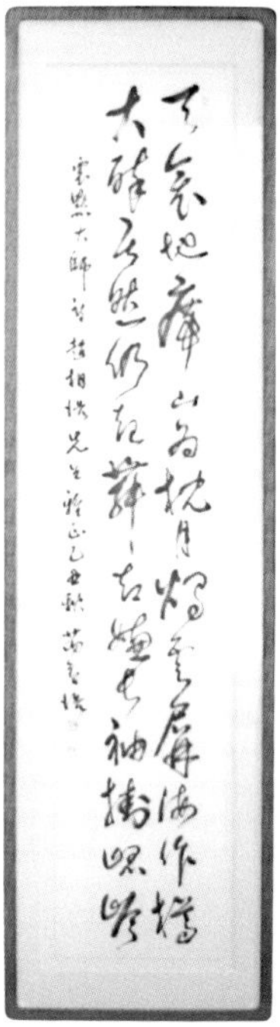

• 李白 詩句

醉來臥空山　天地卽衾枕

浮雲遊子意　落日故人情

취해서 돌아와 빈산에 누워보니, 천지 즉 이불이고 베개로다

뜬 구름은 노는 자의 뜻이요, 지는 해는 고인의 정이로다

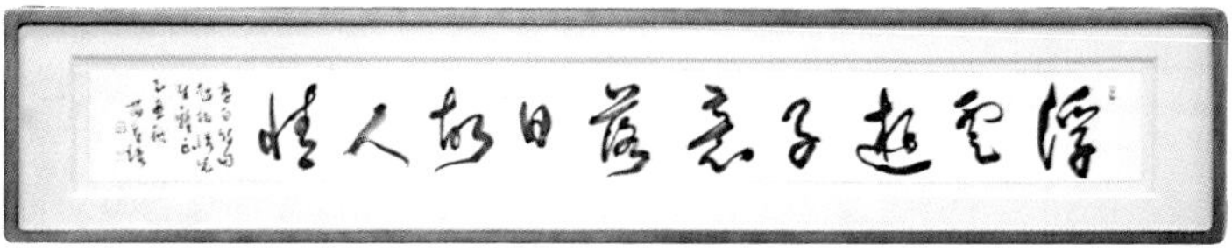

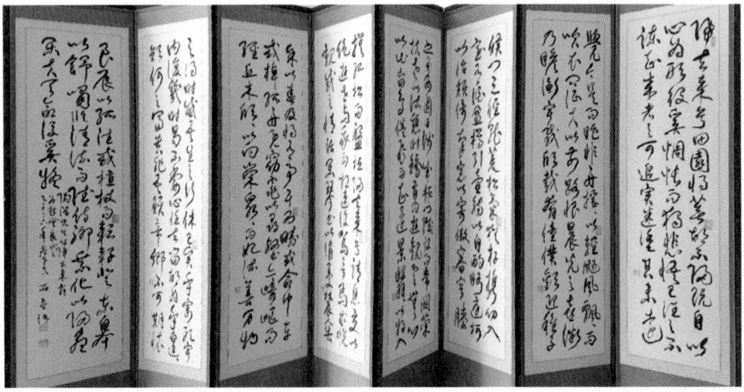

예춘호 선생께서 써주신 〈귀거래사〉.

2016년 12월, 예춘호 선생께서 〈중앙일보〉 이억순(李憶淳) 선배 편에 8폭 병풍 글을 보내셨다. 며칠 전 나남수목원을 찾았던 이 선배가 예 선생에게 수목원을 자랑했던 모양이다. 구순의 선생께서 산(山)사람이 되어가는 나에게 도연명(陶淵明)의 〈귀거래사〉(歸去來辭) 전문을 주신 것이다. 어쩌면 선생에게서 아버지의 정을 느끼는지도 몰랐다. 인사동에서 식사를 하시고 용인으로 가신다며 지하철을 타러 가시는 지팡이를 짚은 선생의 약간 어깨가 구부러진 뒷모습이 잊히지 않는다. 그 넓은 땅에 나무를 심는다니 장한 일이라고 격려하시면서도 꼭 어린 묘목을 심어 키우라고 당부하신다. 큰 나무는 돈이 많이 들어 곧 지치기 쉬움을 경계하셨고, 오랜 기간 묘목을 키워내는 조바심을 견디라는 옳으신 말씀이셨다.

전원생활 꿈꾸는 사람들이 구두선(口頭禪)처럼 입에 올리는 도연명의 〈귀거래사〉(歸去來辭)를 끝까지 읽은 사람이 몇이나

예춘호 선생께서 써주신 인수전 현판.

될까. 구순의 예 선생이 짬이 날 때마다 한 자 한 자 썼다는 초서체(草書體)의 꿈꾸는 듯한 웅혼한 필치의 〈귀거래사〉를 표구해 수목원 사무실에 간직하고 있다. 이제는 글을 주신 예 선생의 뜻을 새기고 내 의지를 절차탁마(切磋琢磨)하기 위해서 한 자 한 자 따라 쓰기 위해 한동안 붓을 잡기도 했다.

예춘호 선생은 2019년 여름 노구를 이끌고 사모님과 막내아들의 부축을 받으며 그렇게 보고 싶다고 여러 차례 말씀하신 수목원을 찾으셨다. 처음이자 마지막 발길이셨다. 인수전(仁壽殿) 정자에서 삽상한 바람을 맞으며, 나도 이런 수목원을 꿈꾸었다고 당신 일처럼 좋아하신다. 30년 전 은평구 기자촌 진관사 주변에 묘목을 심었던 백송 밭에서 40그루를 선뜻 내주셔 수목원 양지 녘에 선생님 얼굴을 보듯 모셨다.

인수전 현판이 딱따구리가 쪼아 뭉개진 모습에 허허 웃으시더니, 다음 해에 글씨를 보내주셨다. 갑자기 돌아가시기 한두 달 전의 일이다. 추사 김정희가 봉은사 판전(板殿) 현판을 마지막 글씨(七十一果病中作)로 남겼다는 감동과 같은 전율이 스쳤다. 인수전을 찾을 때마다 이 현판에서 마지막 10여 년 그렇게도 많은 정을 주셨던 예 선생의 물씬 풍기는 육친 같은 숨결에 젖는 것은 나만이 갖는 행복이다.

'아는 것만큼 본다'는 죽비소리로 일상에 가위눌렸던 우리를 문화유산 답사의 광야로 개안(開眼)시킨 유홍준 형이 목월(木月)의 〈청노루〉 글씨와 그림을 주었다. 느릅나무 속잎 피어나는 봄날, 환경재단 이사회에서 서류 뒷장에 즉흥적으로 그려낸 작품은 이중섭의 은박지 뒷면 그림이 겹쳐진다. 내가 지훈(芝薰)을 기리는 '지훈상'을 20년째 운영하는 뜻을 응원하는 우정의 표시이지 싶다. 수목원에서 청노루처럼 살라고 하면 그렇게 살아갈 일이다.

김준엽 총장님과 함께한 또 하나의 장정

1986년 총장님의 회고록, 〈장정〉(長征) 1,2권인 〈나의 광복군 시절〉 출간을 준비하면서부터 명륜동 총장님 댁 출입을 시작하였다. 정월 초하루 세배를 하고 나선 아래층 식당에서 정갈스런 떡국모임이 20년 동안 계속되었다. 한승주, 이상우, 최정호, 지청, 서진영 교수가 기억에 새롭고, 최상룡 교수 부부는 붙박이였고 나는 말석을 지켰다. 총장님이 미수(米壽)를 맞이한 2008년부터는 세배 받는 일도 힘에 부치신지 중단되고 말아 여간 섭섭한 것이 아니다.

세배 풍속도도 국무총리를 계속 고사할 무렵에는 정치 주변 사람들이 많았지만 제자들은 꾸준하게 총장님의 건강을 살피고 덕담(德談)을 받아가는 아름다운 풍경이 계속되었다. 내 자식도 함께 세배를 올리며 할아버지의 정을 느끼게 하였는데 고등학교에 진학하자 따라나서기를 쭈뼛거려 아내와 함께할 수밖에 없었다.

광복군 국내 정진(挺進)대원 노능서, 김준엽, 장준하(1945. 8. 20).

1987년 8월 15일 발행한 〈나의 광복군 시절〉부터 시작하여 총장님을 모시고 15년을 책으로 함께한 대장정을 2001년 11월, 〈김준엽 현대사— 장정(長征)〉 5권 〈다시 대륙으로〉로 마쳤다. 내가 지은 '다시 대륙으로'라는 책 제목을 총장님이 좋아하셨다. 김대중 정부의 햇볕정책으로 경의선 복원이 손에 잡힐 듯했던 때였다. 다시 대륙으로의 꿈을 되새기시는 것은 아니었을까.

큰 산맥 앞에 서면 아무것도 보이지 않는다고 한다. 거인(巨人)의 한 자락이라도 올바르게 이해했는지는 모르지만 나는

〈장정〉 5권 각 권의 부제였던 〈나의 광복군 시절①②〉, 〈나의 대학총장 시절〉을 지나 〈나의 무직 시절〉에 총장님을 모시게 되는 행운을 안았다. 이 어른과 함께한 것이 우리 시대 모두에게 축복이기도 했지만, 내가 출판장이가 되지 않았더라면 어른을 직접 모실 꿈도 꾸지 못했었을 것이기 때문이다.

〈나의 광복군 시절〉을 출간하고 3년 후 아버지를 갑자기 여의었다. 실의에 빠지지 않고, 없는 것을 찾아 지금까지 거칠 것 없이 진군할 수 있었던 용기는 고비 고비마다 이젠 아버지를 대신한 총장님의 가르침에 따른 것임을 이제라도 고백해야 한다. 총장님이 아버지를 잃은 나의 텅 빈 공간을 대신 채운 육친의 정이 얼마나 묻어났길래, 어떤 모임에서 GS 허창수 회장은 내가 사위 맞느냐고 농담을 하여 박장대소한 일도 있다.

25년의 군부독재가 그 막을 내리려던 1986년 무렵은 한국사회의 정체성이 흔들리던 혼돈의 시기이기도 했다. 답답한 전환기에 무력감에 짓눌려 역사의 신의 존재라도 찾고 싶었던 때였다. 총장님의 사학과 애제자였던 윤무한 선배가 원고를 어렵게 얻어 〈월간 경향〉에 선보인 이 시대의 마지막 광복군(光復軍)인 총장님의 〈나의 광복군 시절〉이 눈에 번쩍 띄었다. 이 회고록을 고대 사회학과 임희섭 교수의 추천으로 내가 출판하게 되었다. 그때까지 일면식이 없었던 총장님은 "제자가 운영하는 출판사이니 안심하고 맡길 수 있다"고 하셨다고 한다.

《장정》의 원고 검토 장면(1986년).

전 고려대 총장이자 사회과학원 이사장인 김준엽 선생과 선생의 저서인 《長征》(1987년).
《장정》은 15년이 지나서야 전 5권이 완간되었다.

항상 그 나름의 최선을 다해 출판한다고 자부했지만, 역사의 한 페이지에 동참하는 일인 만큼 '오자(誤字)와 싸우자'는 마음으로 지명·인명의 한문교정이나 문장을 가다듬는 일만이 아니라 중국, 일본의 현대사 공부도 새롭게 해야 했다.

책제목은 모택동의 대장정(大長征)에 버금가는 의미를 부여하기 위해서 〈김준엽 현대사—장정〉이라고 붙였다. 이 책은 5만 부 넘게 팔려나가 출판사 초기에 재정적 초석을 세우기도 했지만, 의미 있는 것은 나남출판사가 10년도 되지 않아 총장님 책 출판만으로도 단숨에 격조 있는 출판명가로 우뚝 서게 했다. 더욱 중요한 것은 분단의 굴레에 주눅 들었던 젊은이들에게 광활한 대륙을 말달리며 항일무장투쟁(抗日武裝鬪爭)하던 선구자의 모습을 보여주었음에 자부심을 가졌다.

1990년 여름에 총장님의 칠순을 기리는 조촐한 자리를 명동 퍼시픽호텔 일식당 아서원에서 마련해 드렸다. 〈나의 광복군 시절〉이 한참 낙양의 지가를 올리던 무렵이었다. 초대인사는 총장님이 부르신 동지 양호민 한림대 교수뿐이었고 다른 분은 내게 일임하셨다.

낯가리기가 심한 총장님의 눈치를 살피다가 이 사회를 대표할 수 있는 두 분을 모셨다. 우선 '하늘이여 땅이여 사람들이여'로 당대의 명칼럼을 쓰는 대기자 〈동아일보〉 김중배 편집국장과 1960년대 초 〈사상계〉 기자였던 이청준 선생을 모셔 말씀을 나누게 했다. 경외하는 김중배 대기자와는 당대의 시국담을 진지하게 나누셨다. 30여 년 전 〈사상계〉 부주간이셨던 총장님은 대학을 갓 졸업한 그때의 젊은 기자 이청준을 기억하고 너무도 반갑게 맞았다. 술이 돌고 흥취가 나시는지 양호민 교수와 어깨동무를 하시고 독립군가를 소리쳐 부르며 즐거운 시간을 같이 했다.

총장님의 회고록은 2001년 전 5권이 완간될 때까지 제목처럼 15년 동안 장정(長征)의 길을 걸어야 했다. 이 책으로 항일의병운동, 광복군 무장투쟁 등 20세기 초반의 한국현대사에 관한 저술들이 집중되고 1999년 〈백범전집〉(전12권)까지 제작함으로써 의연한 길을 걸었던 우리 시대 역사의 신들과 도반으로 함께하는 영광도 같이했다.

총장님을 모시고 책의 장정(長征)길을 따라 가면서 우리 현대사를 어떻게 보아야 하며, 어떤 삶을 살아야 하는가를 배우게 되었다. 한번은 한복을 품위 있게 차려입은 할아버지가 출판사로 찾아왔다. 항일(抗日)운동사에 기록된 부친의 성함을 묘비에서 탁본을 해 와서 그대로 고쳐달라고 했다. 유격대(遊擊隊)와 유격대(游擊隊)의 차이만큼이나 같은 뜻의 한자였다. 기록의 무서움, 갑자기 역사의 현장에 있는 듯했다. 항일독립군 인사에 나열된 여러 사람들의 명단에 낀 이름 석 자 하나하나가 그렇게 크게 보이기 시작했다. 그것은 삶의 전부이기도 하고, 자랑스러운 가문의 상징이기도 하기 때문이다.

총장님께서 해방정국의 격동기에 백범(白凡)을 따라 귀국하여 정치일선에 서지 않고, 독립운동사를 연구하는 역사학자의 길을 걸은 깊은 뜻을 짐작할 만했다.

임시정부 독립운동가들은 누구인가. 일제(日帝)의 침략으로 국권회복을 위해 중국에서 풍찬노숙(風餐露宿)하며 말달리던 그들이다. 조국에 남았던 가족과 집안은 이민족인 일제 점령군과 일신의 영화를 위해 부화뇌동(附和雷同)하는 같은 민족에게 얼마나 시달렸던가. 그 후손들은 이러한 핍박 속에서 제도교육은커녕 우선 살아남기에 급급할 수밖에 없었을 것이다. 6·25전쟁을 겪고 분단된 이 땅에 불어닥친 산업화와 이데올로기 전쟁이 만든 체계는 광복(光復)의 열사(烈士)들을 잠시 묻어두어도 괜찮은 것처럼 잊고 살았다. 보상을 바라고 광복의 투쟁에 앞장 선 것은 아니지만, 광복된 조국이 그분들에게 한 대접은 무엇인지?

이러한 생각은 조지훈의 〈한국민족운동사〉를 단행본으로 출간하여 지훈 선생의 정신을 우리 출판사에 모시기 시작했고, 이어 1996년 10월에는 〈조지훈 전집〉 전 9권을, 2001년 5월에는 〈지훈상〉을 제정하는 것으로 나아갔다.

총장님은 민족정기를 바로 세우기 위해 1987년 〈한국독립운동사〉의 편찬을 주도했다. 그리고 각고의 노력으로 민주화 이후의 헌법 개정안 전문에 "우리 대한민국은 3·1 운동으로 건립된 대한민국 임시정부의 법통과 불의에 항거한 4·19 민주이념을 계승하고…"라고 명기하여 대한민국이 임시정부의 법통을 계승한다는 점을 분명하게 밝혔다. 임정(臨政) 수립 68년, 광복 42년 만의 감격적인 일이었다.

총장님은 국교 수립 이전부터 어렵게 중국을 방문하기 시작하여 상해(上海)와 중경(重慶)에 있던 임시정부 청사(廳舍)를 찾아내 복구하는 데 앞장섰고, 중국 공동묘지에 묻혀 있던 임정요인 다섯 분(박은식·신규식·노백린·김인전·안국태)의 유해를 모셔와 국립묘지에 안장시킨 주역이셨다. 나라를 되찾고 50년이 지나서야 조국의 품에 안기신 애국선열들에게는 부끄러운 일이었지만 이 일도 총장님의 민족혼(民族魂)이 아니었다면 더 늦어졌거나 잊혔을지도 모른다.

1990년 6월에는 총장님의 논설집 〈역사의 신(神)〉을 출간하여 "현실에 살지 말고 역사에 살아라. 역사의 신을 믿으라. 정의와 선(善)과 진리는 반드시 승리한다"는 교훈을 받았다. 이 '역사의 신'은 우리에게 오늘을 보고 살지 말고, 역사를 보면서 살라고 말한다. 진리와 정의와 선은 잠시 역사의 반동에 휘둘리기도 하지만 결국 승리한다는 것을 역사는 보여주기 때문이다. 그리고 역사는 우리의 생각보다 훨씬 더 빠른 속도로 역동(力動)하는지도 모른다.

10여 년 넘게 젊은 그들과 대화하기 위해 대학, 대학원에 출강하면서 '언론사상사' 강의에서 항상 처음에 언론자유의 기원으로 삼는 1644년 밀턴의 〈아레오파지티카〉를 같이 읽는다. 사상의 열린 자유시장인 공론장(公論場)에서 거짓과 진실이 다투게 하면 반드시 진리가 승리할 것이라는 밀턴의 자동조절원리도 이 '역사의 신'과 같은 의미일 것이다.

〈나의 광복군 시절〉은 1991년 12월 일본에서 〈長征 — 조선인 학도병의 기록〉으로, 1995년 7월에는 중국에서 〈我的長征〉으로 번역 출판되었다.

1995년 3월에는 김구(金九) 주석의 비서실장이자 총장님의 장인이신 민필호 선생의 〈석린 민필호전〉(石麟 閔弼鎬傳)을 출판하였다. 역사의 소용돌이 속에서 기나긴 광복투쟁의 결실을 맺은 임시정부 사람들이 귀국하는 힘든 과정은 이 책이 아니었으면 자칫 역사에 묻혔을지도 모른다는 생각을 했다.

1997년 8월에는 중국에서의 한국학 연구를 본격적으로 펼치는 총장님의 의미 있는 또 하나의 장정(長征)과정을 소개한 〈나와 중국〉을 출판했다. 2003년 4월에는 총장님의 3대에 걸친 항일 독립군 가문의 중국과의 인연과 항일운동을 그린 〈신규식(申圭植)·민필호(閔弼鎬)와 한중(韓中)관계〉를 출판했다.

선생님은 고려대 총장을 마치고서도 20여 년간을 학자의 본분을 잃지 않으려고 학술활동에 몰두하시고 국가발전에 기여하기 위해 중국과의 친선에 최선을 다하셨다. 북경대를 비롯해 중국 명문대학 10여 곳에 심적 물적 지원을 아끼지 않고 한국연구소를 설립하고, 중국에서의 '한국학 대회'인 '한국전통문화국제학술회의'를 해마다 현지에서 개최하셨다.

1995년 10월 북경대에서 열린 제 1회 대회 때는 나도 동참하는 기회를 주셨고, 그때 〈장정〉 중국어판 (〈我的長征〉)의 출판기념회가 열렸던 웅장한 대회장에서는 북경대 총장, 북경시장과 함께 맨 앞자리에 출판사 사장을 앉혀 주시는 영광을 누리기도 했다. 반도의 울타리를 벗어나지 못하는 답답한 젊은이에게 대륙의 광활한 문화에 눈을 뜨라는 엄친(嚴親)과 같은 어버이의 가르침으로 받아들여야 했던 감동의 배려였다.

1995년 북경에서 김준엽 총장의 〈長征〉 중국어 번역판 〈我的長征 — 韓國學兵在中國抗日鬪爭記錄〉 출판기념회에서 중국 동방출판사 사장과 함께.

대학시절 총장님께 강의를 직접 들을 기회는 없었다. 그때 총장님은 1957년 아세아문제연구소를 설립하여 소장으로 일하셨다. 우리들은 이 연구소가 대학 전체와 맞먹는 예산 규모로 공산권연구 등 세계 석학들이 운집해 있는 신비한 신화 속의 주인공으로만 알고 있었다. 많은 한국사회의 엘리트들이 이 연구소를 거쳐갔다. 총장님이 일찍이 해외 두뇌들을 이 연구소로 불러 모았던 큰 업적의 결과이기도 했다.

총장을 맡기 전까지 25년 동안 세계적인 연구소로 성장시켰던 아세아문제연구소의 성취는 이후 총장님이 전두환 신군부의 탄압으로 물러나신 뒤 1988년 말에 설립하신 사회과학원으로 계승된다.

일본군을 탈출하여 중경 임시정부의 품에 안기기까지 '돌베개'를 베며 장정을 함께한 장준하 선생과 함께 〈사상계〉를 냈던 총장님은 사회과학원을 창립하면서 첫 번째 사업으로 〈계간 사상〉을 창간하셨다. 나는 편집·제작을 맡아 15년 동안 뒷받침해 드렸다.

총장님은 항상 "일은 사람이 하고, 사람은 유능해야만 큰일을 할 수 있으며, 유능한 사람이라도 함께 모여 협력해야만 더욱 큰일을 할 수 있다"고 말씀하시고 평생을 실천하셨다.

〈계간 사상〉 창간호.

힘들게 축조한 거대한 '지적 저수지'의 주인이 아닌 관리인으로만 자임하거나, 지성의 열풍지대의 '간이역 역장'의 초연함을 보여주신 것으로 나는 나름대로 받아들였다. 총장님의 거대한 사람들의 숲은 그 높이와 깊이와 넓이를 감량할 수 없었다. 〈사상계〉와 아세아문제연구소와 고려대와 사회과학원의 사람들이 그 숲을 이루며 부분의 합이 전체보다도 훨씬 크게 사상의 저수지를 채운 것이다.

현대사의 숨길을 같이 느끼며 진리가 승리한다는 역사의 신을 믿기 시작했고, 총리를 고사(固辭)하면서 지켜냈던 자존의 고집 뒤에는 조선조 봉건유습인 관존민비(官尊民卑)의 악습타파를 당신 몸으로 실천하신 뜻이 숨어 있다. 민간 섹터에도 늠름한 사람들이 각 분야에 많아질 때 이 사회가 더 건강해지지 않겠는가.

냄비에 물 끓듯 하는 얄팍한 언론들은 그 좋은 재상(宰相) 자리를 고사하느냐고 안타까운 듯하면서도 계제가 되면 별 이해관계도 없이 큰 어른을 올렸다 내팽개쳐 버리기도 한다. 그들만의 이해와 잣대로 어른의 그릇을 감량하려는 어릿광대짓임에 틀림없다. 군자불기(君子不器)의 뜻을 조금이라도 헤아렸으면 좋았겠다. 그러면서도 이 사회에 어른이 없다고 개탄하는 이중의식 구조가 오히려 안타깝다.

한 삶이 일회용으로 치부되지 않는 의연함을 보여주는 어른을 얄팍한 이해에 쉽게 움직여 주지 않는다고 냉소한다. 그 어른을 담을 그릇이 되지 않음을 모르는, 몇 년도 못 가 언급할 가치도 없는 소인배들의 뻔뻔함이 주류인 듯하다. 그들의 역사라는 관제(官制) 공훈록의 기록에는 이들이 화려하게 장식함은 물론이다.

해서 족보(族譜)가 쿤타 킨테의 뿌리라면, 생사일자와 벼슬 관직만 기록된 박제된 기록만이라는 사실도 다시 짚어보아야 할 것이다. 몇 대조가 영의정 판서를 했다는 기록만 달달 외워 선반 위의 자랑거리로 삼을 것이 아니라 그가 공직을 언제, 얼마 동안, 사회를 위해 무슨 일을 했는지를 기록하고 자랑해야 한다. 지금도 떳떳할 수 있는 기록이면 더욱 좋겠다.

2008년은 총장님의 미수(米壽)셨다. 생일잔치는 물론이고 기념잔치를 꺼려하는 성격 때문이시기도 했지만 이번에도 두 권의 책 〈역사의 신[續]〉, 〈나와 중국[續]〉의 출간으로 대신하셨다. 여전히 담배와 술을 즐기시며 건강을 유지하고 계셨다. 기억력도 굉장히 비상하셨다. 차(茶)를 상복하시고 짧은 낮잠을 일상화하시는 것도 건강에 도움이 되시는 것 같지만 총장님은 젊은 날의 광복군 시절에 다듬어진 체력 덕을 보고 있다고 파안대소(破顔大笑)하셨다.

얼마 전에 99세로 타계한 총장님의 오랜 친구였던 중국 북경대학의 계선림(季羨林) 교수가 병상에서 보낸 축시(祝詩)를 자랑하셨다.

어찌 미수에만 머물꼬?(何止於米)

다수까지 기약하노라(相期以茶)

미수(米壽)는 '미'(米)를 분해하면 여든 여덟(八十八)이 되기 때문에 88세를 가리키며, 다수(茶壽)는 '미'(米)에 '스물 입'(廿)이 더해졌기에 88세에 20세를 더한 108세를 가리킨다. 이 말뜻대로 나도 총장님이 다수(茶壽)하시길 빌었다.

이 무렵 심장 주변의 이상으로 심혈관 확장수술을 하셨다. 수술 경과도 좋으셨지만 주변에 조그마한 변화도 있었다. 당연한 일이지만 담배를 끊으셨고, 가벼운 점퍼차림과 편한 운동화를 신

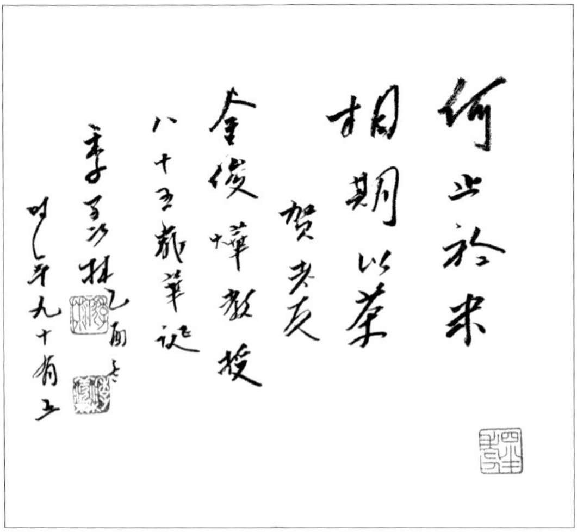

유명한 북경대의 계선림 교수가 저자의 85세 생일에 보내준 축하문.

으신 모습이 이제까지 한 번도 의관에 흩트림이 없었던 단아한 정장차림을 대신했다. 이미 3년 전 서울역 앞 대우재단빌딩에서 총장님 댁과 가까운 명륜동으로 옮긴 사회과학원 사무실을 오가며, 책을 읽고, 제자들의 성장을 확인하기도 하시면서 학의 날갯짓처럼 구름 위의 산책을 하셨다. 좋아하시는 중식 일식을 대접하는 일도 그리 많지 못했다. 한두 해의 이런 여유도 신에게 감사해야 했는지도 모른다. 총장님의 몸에는 이미 큰 병이 들어와 있었다.

마지막 가시는 여정까지도 광복군의 군사작전처럼 치밀하게 디자인하신 듯 보였다. 영면을 앞두시고도 그저 일상의 나날처럼 보름 동안 보고 싶은 사람들을 하나하나 고대 안암병원으로 불러 덕담을 하시며 그 인연을 다시 확인하고 웃으시는 투혼을 보여주셨다. 언제 호랑이가 떼 지어 다니더냐며 당신 혼자서 외로운 광야를 질주하던 호랑이처럼 죽음의 고통이나 공포까지도 초월하시는 자기통제를 자유자재로 하셨다. 이 힘의 원천은 무엇이었을까.

그렇게 우리시대의 거인(巨人)께서는 한 시대의 서러움과 환희를 안고 깊은 잠에 드셨다. 우리 총장님은 광복된 조국이 통일되지 못한 것이 못내 아쉬워 한국혼(韓國魂)의 거대한 학 한 마리가 되어 지금도 고향인 압록강변 강계 위를 날고 있을지도 모른다.

다음은 총장님의 조사를 고려대 동창회 〈교우회보〉(2011년 6월 12일)에서 찾아 그대로 덧붙인다.

역사의 신이 되신 김준엽 총장님.

입원하신 지 열흘째라 하셨다. 폐에 물이 차고 산소호흡기에 의존하셨지만 기억도 또렷하시고 유머로 위로하면 예의 파안대소 대신에 인자한 미소를 보이셨다. 가끔씩은 거인의 깊은 잠에 빠져드시는 것 같았다. 병원치료 모두를 거부하시고 당신의 의지 하나로 90 노구를 다스리며 또 하나의 고독한 장정(長征)을 계속하셨다.

아내와 함께한 병문안에는 두 손을 꼭 잡고 고마웠다고 자꾸 말씀하셔 참았던 눈물을 주체하지 못했다. 오히려 지난 사반세기 동안 〈장정〉 전5권을 출판하면서 저희들이 어른을 모시게 되어 얼마나 영광스러운지 모르는데도 말이다.

현충일이 낀 연휴 동안 이 시대의 큰 어른을, 한 시대가 이렇게 가는가 하는 풀리지 않는 허망한 생각에 치를 떨었다. 몸을 혹사시켜 무념무상해 보려고 광릉 집 농원의 잡초를 뽑아보지만 손은 여전히 허공을 헤맨다. 금년엔 돌림병이 있었는지 이때쯤 수확하던 매실도 결실이 거의 없다. 눈꽃 속에서도 꽃을 피워내는 매화의 절개가 큰어른의 상실을 미리 읽고 있었는지도 모른다.

일본 유학생이던 청년은 학병(學兵)으로 중국 땅에 내몰린다. 고향인 압록강변 강계(江界)에서 독립군의 거친 말발굽 소리의 신화와 함께 성장했는데, 아무리 세상이 하수상하다고 해도 제국주의 일본 병정으로 살 수는 없는 일이다. 학병 탈출 제1호로 중경(重慶)의 임시정부를 찾아 중국대륙 절반을 관통해야 하는 6천 리 장정의 길에 나선다.

장준하 동지와 돌베개를 같이 베며 후손에게 부끄러운 조상이 되지 말자고 수없이 다짐한다. 생사를 넘나드는 천신만고의 장정 끝에 조국광복 무장투쟁의 요람인 김구 주석의 품에 안긴 것은 정의와 진리와 선(善)은 반드시 승리한다는 역사의 신에 대한 굳은 신념 때문이었다.

조국이 광복되자 광복군(光復軍)은 개선장군처럼 서울에 입성해도 좋았다. 풍찬노숙의 투쟁에 대한 보상이라기보다도 다시는 이민족(異民族)에게 나라를 빼앗기지 않는 부국강병의 새나라 건설에 매진해야 할 자랑스러운 원동력이 그들이었기 때문이다. 그러나 우리 스승님은 입신양명의 화려한 유혹보다는 아무도 돌보지 않는 원초적인 역사를 바로 세우기 위해 중국에 남아 공부를 더 하겠다는 일생일대의 고독한 선택을 한다. 일제(日帝) 36년간 중국에서 조국광복에 헌신한 선열들의 기록을 청사(靑史)에 남겨야 역사의 수레바퀴가 올곧게 전진할 수 있다는 신념이 그것이다.

그렇게도 꿈꾸던 우리 정부가 수립되었음에도 불구하고 그

장례식 고대병원에서. 영정을 든 장손 김현국, 맨뒤 장남 김홍규, 오른쪽이 필자.

들은 압축성장 잔치와 권력욕과 부정부패에 사욕을 채우기 위해 하이에나처럼 이전투구할 뿐이다. 스승님은 그들이 어디서 왔는가 하는 음수사원(飮水思源)의 도량이 없음도 탓하지 않았다. 평생을 남들이 알아주기를 바라지 않고 오직 역사의 신을 믿고 스스로 실천하신 것이다. 이제 생각하면 어떤 의미에서 우리 스승님이 바로 하나의 진정한 정부(政府)였다.

관존민비(官尊民卑)의 악습을 타파하는 길은 민간에 훌륭한 사람이 많아지면 해결할 수 있다는 스승님의 굳은 신념과 일관된 실천은 얄팍한 권력의 부나비들이 쉽게 범접할 수 없는 스스로 쌓아 올린 고고하고 우뚝 솟은 성채(城砦)였다. 아니 그 성채는 아는 이만 아는 마음에 아로 새겨진 웅장하고 하늘을 찌를 듯한 의기로 뭉쳐진 의병(義兵) 총사령부인지도 모른다.

6·10 민주항쟁의 그 날짜에, 그 의병 총사령관께서 영원한 안식을 위해 대전 국립묘지 애국지사 묘역에 묻히는 국장(國葬)을 치렀다.

총장님, 스승님, 피는 나누지 못했습니다만 아버님!

저희는 어떡하라고 그렇게 홀연히 떠나셨습니까. 하늘을 우러르며 땅을 치는 통곡의 눈물을 그치고 어른의 큰뜻을 이어 나갈 수 있게 단호하게 마음을 다잡는 일이 어른을 보내드리는 일인 줄 알겠습니다만, 벌써 가슴이 미어지도록 보고 싶습니다.

대륙의 말달리던 광복군의 살아 숨 쉬는 역사의 신으로 항상 우리 곁을 지켜주십시오. 우리의 등불이나 봉화가 아닌 활화산(活火山)으로 바른 길을 인도해 주시고 못난 짓을 할 때에는 추상같은 회초리로 꾸짖어 주십시오.

우리 총장님, 스승님, 그리고 아버님!

조상호 머리 숙임.

이청준 선생과 〈비화밀교〉

이청준 선생이 돌아가셨다. 2008년 7월 31일이 그날이다. 중복(中伏) 이틀 지난 삼복 더위 중에 편안하게 〈당신들의 천국〉에 그 대작가가 직접 입성한 것이다. 폐암 발병을 알고 죽음을 디자인한 지 1년 만의 일이다.

영결식장에서 사모(남경자)—은지 어머님을 우리는 그렇게 불렀다—께서 전한 마지막 모습들은 이러했다. 1년 전 어느 날 아침, 침대에서 선생께서는 손을 꽉 잡으시더니 "여보, 놀라지 말게. 몸이 무중력상태인 것처럼 붕 떠있네. 어지럽고 중심을 잡을 수 없구먼"이라고 했다.

일은 그렇게 시작되었다. 처음에는, 나도 어지럼증을 경험한 적이 있었지만, 일상의 피로가 겹쳐 뇌신경과 연결된 귀 속의 달팽이관이 말라붙어 중심을 잡지 못하는 줄 알았다 한다. 병원의 정밀검사 결과 폐를 뒤덮고 있는 암의 종양들이 전이되어 이미 뇌세포의 여기저기에서 발견되었다 한다.

목포의 김현 시비 앞에서(1989년).

수술하려 해도 집도할 수도 없는 상황이었다. 일주일에 두 번 받는 견디기 어려운 항암치료는 몇 달 하다 관두었다. 하루는 항암치료를 받고, 그 다음날은 후유증에 시달리고, 그 다음날 하루만이 그런 대로의 일상이었으나, 또 그 다음날부터는 다시 치료를 반복해야 하는 생불여사(生不如死)의 삶을 되풀이하는 것이었으니 말이다.

선생은 임권택 감독과 별난 우정을 나누었다. 선생의 베스트셀러 〈서편제〉, 〈축제〉에 이은 〈천년학〉의 영상미학에 시나리오까지 떠맡으면서 독자들과의 교감이 영화라는 훌륭한 매체로도 가능하다는 새로운 매력에 빠져들었다. 눈먼 소녀의 예술혼(藝術魂)이 남도소리의 득음(得音)을 통하여 선학동(仙鶴洞)의 신화를 완성하고 싶었을 수도 있다.

그러나 그이의 〈눈길〉에 나오는 90을 넘긴 어머니의 장수를 믿기도 했지만, 열정을 불태워야 하는 풍찬노숙의 영화판에서 가끔씩 이는 밭은기침을 너무 가볍게 생각했는지도 모른다.

그렇게 임은 갔다.

다른 직업없이 오로지 소설 쓰는 일 하나만이 선생의 전부였다. 난숙기의 자본주의체제에 사는 우리는 이를 경외(敬畏)하는 마음으로 '전업작가'라고 부른다. 그러나 선생이 직업을 가졌던 현장을 확인했던 일이 있었다. 〈사상계〉 기자가 선생의 첫 직업이었다.

1990년 여름 김준엽 전 고려대 총장님의 칠순을 기리는 조출한 자리를 가졌다. 내가 출판했던 〈장정—나의 광복군 시절〉이 한참 낙양의 지가를 올리던 무렵, 양호민 한림대 교수와 〈동아일보〉 김중배 편집국장과 함께 〈사상계〉 기자였던 이청준 선생을 모셔 말씀을 나누게 했다. 30여년 전 사상계 부주간이셨던 총장님은 대학을 갓 졸업한 그때의 젊은 기자 이청준을 기억하고 너무도 반갑게 맞이하며 즐거운 시간을 같이했던 적이 있다.

출판을 시작하는 이들이 꿈꾸는 것은 유명작가의 소설을 출간하는 것이다. 네트워크 사회인지라 학연, 지연 등 모든 연줄을 동원해서 그 작가와 접촉하려고 애쓴다. 출판사 이미지를 세우려는 미래의 투자도 생각하겠지만, 기실은 보증수표 같은 영업상 이득이 더 큰 것은 물론이다.

한편으로는 저자도 어려운 무명시절을 극복하고 유명작가가 되는 순간부터 뿌리치기 어려운 의리를 앞세우는 이 인연에 시달리지 않을 수 없다. 그러나 이 지위까지 올라섰으니 이제는 전통있는 유명출판사에서 책을 내서 같은 출판사의 비슷한 일류 저자와 어깨를 나란히 하는 성취감도 가지면서 튼튼한 마케팅 조직에 실려 수입도 보장받고 싶은 마음도 당연할 것이다.

출판사는 저자 덕을 보고 싶고, 저자는 출판사의 덕을 보고 싶은 인지상정을 나무랄 수는 없는 일이다. 해서 신생출판사가 유명작가의 글을 출판하는 일은 이래저래 거의 불가능한 일임에 틀림없다.

이 선생과는 고향이 같다. 둘다 고향에서 초등학교를 졸업한 출향인사임에는 틀림없지만, 고향 얘기에 데면데면하는 나에 비해 그이는 소설 속에서라도 항상 고향과 함께 숨 쉬었다.

나는 장흥읍이고, 그이는 읍에서 남쪽으로 70여 리 떨어진 바닷가 대덕면 회진(會鎭)이다. 이 충무공이 백의종군하면서 1597년 명량해전을 앞두고 선조에게 올린 장계(狀啓)에서, "아직도 12척이나 남았다"(尙有十二)고 몸을 추스르며 일어나 임진왜란을 승리로 이끈 시발점의 포구가 바로 이곳이다. 이곳은 7년 전쟁을 치르기 위한 수많은 전함을 건조하는 데 필요한 목재를 충당하기에 충분한 산림이 우거졌던 곳이기도 하다.

하기는 역사의 아이러니이기도 하겠지만 이곳은 또다시

200년 전 고려 후기에는 원나라 쿠빌라이가 일본 원정을 위해 고려·몽골 연합군의 전함 600척을 강제로 건조시킨 곳이기도 하다. 숲만 우거진 것이 아니라 대규모 선박 건조를 위한 수많은 장인(匠人)과 예인(藝人)들이 이곳에 함께했을 것이다. 그이나 나도 거친 바다를 넘어 이상향을 꿈꾸었던 어느 장인의 먼 후예는 아니었을까 하는 생각도 해본다.

출판을 시작하자 친구들이 "왜 고향 선배인 이청준 작가를 찾아가 책을 부탁하지 않느냐"고 아주 명쾌한 듯한 모범답안을 알려주었다. 마음이야 그러고 싶었지만 10년 차이의 그이를 직접 한 번도 뵌 적이 없었다. 쑥스럽게 불쑥 나타나 고향 후배가 출판사를 차렸으니 잘 팔리는 당신 소설을 내 출판사에 달라고 할 수는 없는 일이어서 그냥 웃고 넘기고 말았다. 그러나 사실은 나는 그이의 삶의 일부를 이미 간접 경험한 적은 있다.

1969년 대학입시를 앞둔 재수생 시절, 연세대로 빠지는 신촌역 아래 굴다리 주변 하숙집이 우연히 그이의 고교동창 집이었다. 그이도 이 집에서 하숙한 적이 있다며 자잘한 추억담을 미리 들을 수 있었다. 이 무렵 집필한 그이의 〈소문의 벽〉에서 묘사한 우리 하숙집 위쪽에 있는 이대 앞 다방의 풍경이 리얼했던 것도 이런 연유 때문인 것으로 이해했다.

실제로 그이를 처음 만난 것은 출판사를 시작하고 5년이 지난 1984년이었다. 오생근 형이 〈나남문학선〉을 야심차게 기획하여

홍성원, 이제하, 황동규, 서정인문학선을 펴낼 무렵, 〈이청준 문학선—황홀한 실종〉을 출판하면서부터이다. 형식논리의 절차만을 따진다면 문학평론가 오생근이 유명작가 이청준을 이제 큰 출판의 뜻을 품은 젊은 출판사 사장에게 소개한 것이 된다.

주변의 눈을 의식해야 하는 자리가 아닌데도 한동안 그이는 나와의 만남에 항상 오 선생이 소개한 사람인 것을 재차 확인시켜 나를 어리둥절하게 하기도 했다. 그이와는 그렇게 서먹서먹하게 작가와 출판사 사장 그 이상도 이하도 아닌 쑥스러운 관계로 시작되었다.

부끄러움을 많이 타는 사람이라고도 했다. 글은 제일이지만 말은 어눌하다고도 했다. 고향 이야기나 어머니 이야기를 너무 많이 소설에 등장시킨다고도 했다.

직장생활에 얽매이지 않고 글만 쓰는 전업작가여서 엄청 자유스러운 줄 알았다. 그러나 차츰 사귀면서 알게 된 것이지만 그이는 작은 아파트 안에서 매일 바로 옆방인 집필실로 출퇴근을 하였다. 자신이 세운 질서를 지키기 위해 자신을 통제하는 엄격함이었다.

글쓰기의 어려움과 시대정신에 대한 고민도 차츰 묻어나왔다. 그이는 외동딸만 두어서인지 내 아들 지훈이를 당신 자식처럼 예뻐했다. 여름 휴가철이면 두 가족이 산천을 찾기도 하고, 진도까지의 남도기행을 함께 하기도 했다. 조금씩 이야기의 넓이와 깊이가 확대되고 정갈스런 남도 사투리가 끼어들기 시작했다. 잠시 교수를 역임했던 한양대 국문학과 연구실에 그이의 이삿짐을 날라주기도 하며 갑자기 자유혼인 작가가 교수가 되어 쑥스러워하는 그이를 놀리기도 했다.

초등학교까지 마친 내 고향 땅이 바닷가와 그렇게 가까웠다는 사실도 그이가 새삼 깨우쳐 주어 알기도 했다. 돌이켜 보면 나는 오로지 광주, 서울로 향한 행군에만 몰두했기 때문이었겠지만, 선천적으로 내 몸에 바다냄새가 그렇게 태어나면서부터 진하게 배어 있었는데도 그때까지 잊었던 것이다. 어린 시절 철마다 먹었던 해물들이 나이테에 켜켜히 쌓였던 것도 그때 떠올랐다. 그 이후로는 고향을 물으면 나는 정신적으로 다시 되찾은 남도 바닷가라고 자랑스럽게 말하곤 했다.

성장과정이 달랐던 나에게는 심했겠지만 사람과 사회에 대한 그이의 경계심도 조금은 이해할 것 같았다. 그이는 박학다식했고, 달변이었으며, 사람에 대한 폭넓은 이해와 사회현상에 대한 탁견(卓見)을 자주 드러냈고, 외아들의 고독을 극복하는 방법도 심층이 깊었다. 그러다 곧장 '앞바다'와 '먼바다'의 차이를 고민하며 젖은 옷을 입은 채로 몸으로 말려야 하는 소설가의 성(城)에 숨기도 했다.

그때의 화두는 1980년 5월의 광주문제였다. 지긋지긋한 박정희 정권 때의 전라도 천대가 이제는 전두환의 광주 '사태'로 우리의 목을 죄고 있었다. 그 치열한 현장에는 부재(不在)했던 이른바 속세의 성공한 넥타이를 맨 출향인사의 목을 말이다.

광주는 신군부(新軍部)의 총칼 앞에서 숨 죽이며 잔인한 계절을 살아야 하는, '폭도'라고 이름 붙여진 사람들의 고향이어야 했기 때문이다. 시대의 어둠을 온몸으로 껴안고 죽음을 넘어야 했다. 광주 '민주화운동'이라는 아름다운 이름은 양민을 학살한 군부 '폭도' 정권이 무너진 7년이 더 지난 나중의 일이다.

우리 고향은 대개 60년 주기로 민중저항의 활화산(活火山)이 타올랐다. 상대가 왕조였거나, 식민지배자였거나, 군부독재였거나의 차이일 뿐이다. 그리고 항상 직접적인 고난을 당해야 하고 계란으로 바위치기의 저항인 듯이 보였지만, 길게 보면 그 불씨는 횃불로 타올라 이 나라의 밝은 빛이 되었다.

우선 19세기 말의 동학농민혁명이 그것이다. 왕조의 탐관오리가 전라도 고부지역에서만 유별났을까. 중세의 암울한 장막은 조선반도 전체를 뒤덮고 있었음은 말할 필요도 없다. 탐관오리의 학정(虐政)에 시달리기는 전국 어디나 매일반인데 여기서만 동학농민군의 미완의 혁명이 일어났기 때문일 터이다.

1920년대 말 일제식민지 지배하에 자유의 혼을 부르짖던 광주학생운동에 대한 폭풍우도 그렇다. 기세등등한 일제 남학생들의 조선인 여학생에 대한 행패가 나주에서 광주 가는 통학열차 칸에서만 자행되었을까. 제물포에서 서울 가는 기차칸이나 삼랑진에서 부산가는 기차칸에서는 아무 일도 없었을까. 그러나 학생봉기는 광주에서 일어난다.

또 60년 가까이 흐른 1980년에는 박정희의 군사독재가 종말을 고하고 고귀하게 쟁취한 민주화의 열풍에 찬물을 끼얹은 신군부에 대한 저항이 광주에서 일어났다. 민주화가 이 지역만의 문제였을까. 부산은, 마산은, 서울역은, 광화문은 '서울의 봄'의 주체가 아니었는가 말이다. 광주에만 유독 피바람의 폭풍우가 몰아쳤다. 역사의 뒷구멍을 들여다보는 것 같은 모르는 일임에 틀림없지만 죽음을 넘어, 시대의 어둠을 넘는 사람들은 항상 고향 사람들이었다.

정초(正初)면 새 희망을 꿈꾼다. 지난 어려움을 떨쳐내고 앞으로는 좋은 일만이 있기를 희구하는 것이다. 못된 권력에 가위눌려 질식할 것 같은 광주에서 숨 쉴 만한 공간을 본능적으로 찾는다. 엄동설한의 밤길을 헤치고 섣달 그믐날 밤에 무등산에 올라 입석대(立石臺) 앞의 널따랗게 펼쳐진 억새밭에 불을 놓는 의식이 그것이다.

세찬 겨울바람에 실린 이 불길은 끝없이 질주한다. 이 불길에 한 맺힌 마음을 실려보내기도 하고, 용서해 보자고 미움을 용해시켜 보려고도 하고, 그리고 살아남은 사람들이 찾아야 할 희망을 조심스럽게 키워보기도 하는 것이다. 억눌렸던 마음을 고함소리로 대신해도 좋았고, 새 희망의 환호작약도 이 불길이 짝하여서 좋았다.

무등산 정상 부근의 차가운 겨울바람도 계엄군의 칼날이 아니어서 견딜 만하고, 서로 이름은 모르지만 목숨을 걸고 항쟁에 참여했던 동지의식만으로도 이 억새밭의 불길보다 더 뜨거운 또 다른 불기둥이 서로의 마음속에 타오르고 있음을 안다. 이것으로 해원(解冤)이 다 되지는 않겠지만 또 한 해 열심히 살고 내년 정초에 또 보자는 눈짓을 나누며 이 의식을 끝낸다.

이 이야기를 그이에게 들려주었다. 금년에는 이 제의(祭儀)에 동참하러 선달 그믐밤의 무등산 산행을 권유하기도 했다. 그는 연말이 다가오기도 전에 〈비화밀교(秘火密教)〉라는 중편소설 원고를 보여주었다. 아! 소설이라는 장치는 얼마나 예술적인 커뮤니케이션 수단인가. 그것은 무등산의 비밀스러운 불꽃 밀교의식에 관한 내용을 훌륭히 담고 있었다. 소재를 주었던 나는 소설 속에 향토사학자 '조승호'의 모습으로 그려졌다.

그는 서울에서 지식인 작가로 연명하면서 항쟁에 참여하지는 못했지만 그 고향 사람들에 대한 뜨거운 애정과 예의를 이 소설을 통해서 보여주면서 자신을 짓눌렀던 공포와 부끄러움을 불태워버리는 씻김굿으로 승화시켰다.

그 시절에는 광주항쟁을 이런 우회적인 수법이라도 발표하는 것은 매우 용기 있는 저항이었다. 그리고 이 소설에서는 보이지 않는 힘과 힘의 질서에 대한 끈질긴 저항과 함께 화해와 용서의 제안도 조심스럽게 드러냈다. 1985년에 내가 출판한 이 책은 다음 해 〈대한민국문학상〉을 수상했다.

이어서 산문집 〈말없음표의 속말들〉을 출간하고서는 그이에게 전작장편을 부탁했다. 1989년 봄에야 〈자유의 문〉 신작원고를 받고 출판을 준비할 수 있었다.

그 무렵 〈동아일보〉 논설위원으로 추상같은 칼럼으로 장안을 흔들던 김중배 선배가 출판국장으로 있던 여의도의 〈신동아〉에 자주 들렀다. 그런데 황석영 씨가 갑자기 평양에 들어가 그의 연재소설이 펑크나 김종심 부장이 애를 태웠다. 이 잡지는 이청준의 출세작이라 할 수 있는 소록도 이야기 〈당신들의 천국〉이 인기리에 연재(1974년 4월호~1975년 12월호)되었던 인연이 있었다.

이런 사정을 이 선생과 상의해 따끈따끈한 신작장편으로 시장에 내놓으려던 인쇄 직전의 이 소설을 〈신동아〉에 집중 분재하도록 했다. 내가 양보함으로써 여러 사람이 편하게 되었다. 망외(望外)의 상당한 원고료를 전해 드리던 날 계면쩍어 하던 그이의 모습이 생각난다. 우정 출연한 〈신동아〉 연재를 마치고 11월에야 단행본으로 출판되었다. 〈자유의 문〉은 "숨음과 드러냄 사이의 어둠속 어딘가에 있을지 모르는 바늘구멍만 한 사랑이라는 통로를" 우리에게 보여주었다는 좋은 평가를 받았으나 시장에서는 그리 팔리지 않았다.

이 무렵 삼복 더위 중에 아버지가 갑자기 돌아가셨다. 아버지가 뇌졸중으로 쓰러지셨다는 어머니의 다급한 말을 듣고 고향에 갔다가 결국에는 임종까지 지켰다. 선산에 모시고 서울로 와서야 이청준 선생이 서초동 출판사에 직원들을 진두지휘하여 분향소를 마련하고 나 대신 조문객을 받았음을 알았다.

황망 중에 처음 겪는 상사(喪事)를 나 혼자 감당하기에 정신이 없었는데 3일장 내내 그이는 궂은일을 자청해 내 대신 상주 노릇을 하신 것이다. 고마운 것은 말할 것도 없었고 사람 사는 일이 이런 것인가 하는 미안한 마음의 빚을 안게 되었다.

이 빚만이 아니었다. 그 5년 전에도 아들이 초등학교에 입학할 무렵에는 손수 앞장서서 개포동 아파트를 구해 준 일도 있다. 일찍이 잠실운동장 앞의 아파트에 살던 그이는 처음 시작해 보는 나의 강남시절을 집안 형처럼 하나하나 인도해 주었다.

그이가 사람사는 세상에 대해 눈을 뜨게 하지 않았더라면 나는 서대문 문화촌 근처의 삶을 맴돌았을 것이고, 질풍노도(疾風怒濤)의 강남 서초동 시대는 생각하지도 못했을 것이다.

그리고 또 20년이 지나면 나는 그이의 고향 회진 진목리 마을

회관 앞 그이의 영결식장에서 눈물을 훔치고 있어야 했다. 오로지 그이 하나만을 위하여 대한민국 대표 소설가의 아내로 한평생을 헌신한 사모의 탈진한 통곡이 가슴을 후볐다. 딸애 완희의 친구인 어린 은지를 이 거친 세상에 유일한 혈육으로 남기고 그이는 그 뜨거운 여름의 열기 속으로 갔다.

아! 그때 회진만의 갯바람이 있었는지도 모른다. 아니 선학동 나그네가 가는 길에 학 몇 마리가 그이를 모시고 승천을 위한 비상(飛翔)을 했는지도 모른다.

엊그제는 그이의 1주기 추모식에 아내와 함께 다녀왔다. 일찍이 그이가 고향집 뒷켠에 모신 어머니의 품에 고즈넉하게 묻혔다. 묘지 주변의 잔디는 제법 푸르렀으나 아직 묘비도 준비되지 못해 여기가 그이의 안식처인지 쉽게 알지 못하게 했다. 묘지 뒤편에는 흉물스러운 축사가 증축되어 그이의 고즈넉한 안

장흥 회진 진목리의 노제. 왼쪽부터 한승원, 문순태, 필자, 두 사람 건너 은지, 사모님.

식을 훼방 놓고 있었다.

이런 몰상식한 탐욕의 화신들을 고향 사람들이라고 그렇게 그리워하고 죽어서도 찾아왔느냐고 그이에게 묻고 싶었다. 좋은 친구들로 추모사업회도 구성되었고 육탈(肉脫)이라도 하시면 우리의 성지(聖地)를 다시 찾아서 어머님과 함께 이장하자고 사모를 위로할 수밖에 없었다.

고맙게도 그이가 말년에 10여 년 애정을 쏟았던 순천대학 문예창작과 학생들을 문순태 형이 이끌고 와 쓸쓸함을 벗어나게 했다. 문 선배의 추모사는 선학(仙鶴)을 강림하게 만드는 듯했다. 그 아름다운 자태로.

글을 남길 수 있는 사람은 항상 그리움 이상으로 우리 곁에 남을 수 있다. 출판사를 시작하고 처음으로 도서목록을 만들면서 선언문처럼 나에게 주었던 이 선생의 글 '자기높임을 위한 독서의 권리'를 몇 번이고 또 읽으며 자세를 가다듬어 본다.

(2009. 8)

박경리 선생과 〈토지〉

원주 가는 길은 멀었다. 단구동 선생 댁을 가기에는 2차선 영동 고속도로에서 문막 인터체인지를 빠져나와 국도를 타는 길이 빠르다. 1993년 봄, 아내와 함께 〈김약국의 딸들〉 새 책도 보여 드리고 인세도 드릴 겸 처음 인사드리러 길을 나섰다. 이후 항상 아내와 함께하는 원주 가는 길은 원주시 단구동에서 흥업면 매지리 토지문화관까지 이어지면서 15년을 넘는 장정으로 계속된다.

선생의 외동따님 김영주 누나—우리는 김지하 형을 옆에서 지켜낸 그이를 이렇게 불렀다—를 편하게 뵌 것은 1991년 김지하 형이 서울 목동아파트에서 요양하며 몸을 추스르던 무렵 병문안 갔을 때였다. 그이는 이미 절판된 고려 불교의 탱화를 연구한 책을 수정 증보하고 싶은데, 어렵게 구한 탱화 컬러사진이 많이 들어간 전문서적이라서 출판하기가 쉽지 않다고 조심스럽게 속내를 비쳤다.

나는 이 연구서적의 가치를 따져 보기 전에 먼저 그이의 책을 출판해 주는 일 자체가 이 사회가 마땅히 해야 할 아주 작은 예의라고 생각했다. 그것은 우리가 암울했던 1970, 80년대의 불볕 사막을 건널 수 있도록 타는 목마름으로 지켜냈던 김지하 형을 누구보다도 가장 핍진(逼眞)하게 뒷받침했던 그이였기 때문이다. 아내 이상의 동지로서 그리고 핍박받는 아버지를 둔 형제의 어머니로서 고난의 이 행군에 가장 큰 짐을 지고 늠름하게 장정(長征)한 그이에게 이 사회가 진 빚을 조금이라도 갚는 일이기도 했다.

그리고 다행스럽게 나는 중견출판사 사장이 되어 있었다. 1992년 여름에 출판된 〈신기론으로 본 한국미술사〉가 그 책이며, 매스컴 전문출판사에서 갑자기 미술사 책이 나온 연유였다. 이 책은 5년 뒤 일본에 있는 고려 탱화자료를 더 찾아내고 조선시대 미술사를 보완하여 〈한국미술사〉로 거듭나게 된다.

〈김약국의 딸들〉

이 무렵이었지 싶다. 사회과학 원고더미에 묻혀 사투를 벌이던 어느 날 갑자기 누나가 어머니의 뜻이라며 〈김약국의 딸들〉 출판을 권하는 전화를 했다. 어머니, 아! 〈토지〉의 작가 그 박경리 선생이구나. 외동따님의 책을 그렇게 호화스럽게 출판해 준 사위의 후배에 대한 고마움의 표시라고 했다. 30년 전 베스트셀러였는데 방송국에서 드라마로 제작한다며 오늘 계약했다고 했다. 방송이 되면 다시 화제가 되지 않겠느냐고 벌써 출판사들이 출판계약을 하자고 모여든다고 했다.

뵙지도 못했지만 어른의 고마운 뜻을 그대로 받아들여 1993년 1월에 이 책을 출판하였다. 이렇게 선생이 돌아가실 때까지 15년의 씨줄과 날줄이 얽힌 찬란한 원주 여행은 그렇게 시작되었다.

1971년 가을, 박정희 독재가 기승을 부리던 무렵 나는 학생운동의 주동자로 도망자 신세였다. 선배의 도움으로 검거를 피해 청량리역에서 출발하는 밤기차로 원주에 실려와 원주천변 넝마주이의 삶을 한 달 넘게 했던 적이 있었다. 당시에는 자유로부터의 도피였다고 자위했지만, 이제는 책장수로 삶의 방편으로 원주를 찾는다.

아! 원주. 무슨 인연이 이러한가.

그때의 관행처럼 출판계약서가 있었던 것도 아니었다. 그저 말보다 더 큰 약속이 어디 있는가. 그러나 그렇게 실천하려고 노력해도 언행일치(言行一致)가 그렇게 쉬운 일이 아님은 물론이다. '나남출판사는 모든 책에 인지를 붙이지 않는다'는 사실도 확인시켜 드렸다. 인지를 붙여 확인하지 않으면 출판사가 판매부수를 속이지 않겠느냐는 불신의 시선이 못마땅했다. 인지 첨부를 고집하는 저자의 책은 잘 팔린다는 책이라도 출판하지 않은 지도 제법 되었다.

직업으로서의 출판을 강조하기보다는 나의 작은 자존심이기도 했다. 출판이야 직업이겠지만 그렇다고 그 과정의 부딪치는 사람들과 삶의 무게를 잃어서는 안 되기 때문이다. 겪어보지 않은 미지의 세계에 대한 두려움 때문만은 아니겠지만 앞날의 희망 속에 전력을 투구하며 같이 고민하고 의미를 찾기에도 힘이 부치는데, 상호간에 사람에 대한 신뢰도 없는 저자와 출판사와의 관계를 맺기 싫었다.

출판을 시작하고 몇 년 동안 소설책에 인지 붙이는 문제로 겪은 불쾌한 기억 때문만은 아니겠지만, 인간 신뢰에 대한 내 자존심을 무너뜨리면서까지 그 잘난 장사를 하고 싶지는 않았다.

〈토지〉가 장안의 인기를 차지하던 때였는데, 인지(印紙) 첨부 문제로 출판사와 저자가 불편한 관계가 되어 출판이 중단되어 있었다. 〈태백산맥〉의 경우는 법정에서 그 인지의 진위를 가리는 소송이 한참이었다. 인지에 붉은 도장을 찍는 행위가 자신의 작품에 낙관(落款) 찍는 기분의 선비의 품위 있는 전통이었던 적도 있었다. 이제는 이 행위가 작가의 재산을 확인하는 재산권의 표시로 정착된 것이다. 인지가 그런 유가증권이 되었다면 반품되어 폐기될 책에 붙어있던 인지를 새 책에 다시 붙여 사용한 것이 적법한가가 쟁점이었다. 물론 출판사가 승소하였는데 들끓었던 취재과정과는 달리 그것은 뉴스가 되지 못했다. 소송까지 가야 하는가 하는 자정(自淨)능력을 잃은 우리 사회의 열은 문화 중심이 안타까웠다.

이 사례는 출판사가 갖는 문화의 열정과 지식산업 종사자의 엄격한 자기검열이 인정받지 못했다는 것이고, 착한 상인이 갖는 기본적인 상도덕(商道德)조차 주목하지 않은 사회 통념의 투영이었다. 정신적 가치의 문화가 돈으로 바뀌는 과정의 주체가 누구인가 하는 혼란스러움과 함께 출판의 사회적 지위가 이 정도인가를 고민하던 때였다.

그 무렵 누나는 조심스럽게 출판이 중단된 어머니의 〈토지〉 출판 의향이 있느냐고 물었다. 인지 문제로 대작가와 출판사의 관계가 많이 불편했던 저간의 사정은 김중배 〈동아일보〉 편집국장에게 선생이 보낸 문건을 보아서 이미 알고 있었다.

〈문화일보〉에 마지막 제5부가 인기리에 연재되었는데, 그때마다 뒤를 따라 단행본으로 출간되었다. 우리 시대의 가장 탁월한 대하장편소설로 평가되는 〈토지〉는 그 다음다음 해인 1994년 8월 대장정의 거대한 마침표를 찍는다.

물론 저자인 박경리 선생이 결정할 문제이지만 누나의 제의는 가슴이 터질 듯 뛰놀게 하기에 충분했다. 창립 12년 만에 대한민국 대표소설의 출판사가 된다는 생각만으로도 벌써 절반의 성공을 넘어서는 것이 아닌가. 유명 무명의 출판사가 이 행운을 거머쥐기 위해 치열하게 다툼을 벌였다.

오생근 형과 이 제안을 숙의했다. 형의 생각으로는 우리 출판사가 아직 여물지 못해서 이 큰 작품을 품기에는 부족하다고 했다. 감당하기 어려운 큰 감투를 쓰고 '나남출판사'가 '토지출판사'로 휘둘려 출판의 초심이 흔들려도 좋겠느냐는 위협성 충고 때문만이 아니었다.

정말 아쉽지만 아직은 부족한 자신의 역량을 되짚어 보는 좋은 기회로 삼아야 했다. 도광양회(韜光養晦) 유소작위(有所作爲)의 마음으로 자신에게 더욱 엄격해야 했다.

고마운 누나의 제안을 마음으로만 받고 마침 문학평론가가 사장인 솔출판사의 〈토지〉 출판에 행운을 빌었다. 나중에 또 〈토지〉 출판에 어려움이 있을 때는 내가 뒷감당을 하겠다고 누나에게 약속드렸다. 꼭 10년이 지나자 이 아름다운 약속은 현실이 되었다.

베스트셀러가 될 대어를 낚았다는 생각은 전혀 해보지도 않았고, 다만 선생의 고마운 뜻을 받들어 출간한 〈김약국의 딸들〉은 쉽게 팔리지 않았다. 〈토지〉의 작가 박경리의 장편소설이라는 명망만으로는 너무 오래된 소설이라거나, 읽을 사람은 다 읽었다라는 속설을 뒤집기에는 시간이 필요했다. 그러나 〈토지〉 제 1부에 그려진 서희가 간도에 가기 전까지의 소설적 구성은 이 책에서 그 원형을 보는 듯해 기뻤다. 통영 현지에서 들은 하동댁의 고단한 가족사가 이 소설에 고스란히 녹아 있는 점에서 더욱 그런 생각이 들었다.

오히려 이 책 표지와 본문 디자인을 자청해서 맡아 이제까지의 책 디자인 형식을 창조적으로 파괴한 꿈 많은 처녀 디자이너 정유심에게 미안해지기 시작했다. 그이는 이 책에 감각적인 실험을 혼신의 열정으로 시도했다. 내가 갖는 애정 때문만이 아니겠지만 20년이 지난 지금 보아도 참신한 표지디자인은 그이의 대표적인 출세작이 되었다.

소설내용 어디에도 없는 표지에 그린 나비 한 마리도 그렇다. 장자(莊子)의 무위와 무용을 말하는 호접몽(胡蝶夢)을 표현하고 싶었던 것일까. 그이는 선생의 하관식 때 전라도 함평 사람들이 통영까지 먼 길을 찾아와 선생의 영생을 그리며 나비를 함께 날렸던 예감을 벌써 그때 했던 것일까 하는 전율을 느꼈다.

그이는 이 나라 대표 디자이너가 된 지금도 나남출판사의 '한국연구재단 명저번역총서' 100권을 3년 동안 디자인을 맡아 고생을 자초하고, 중국의 명저 〈홍루몽〉 전6권에 화사한 날개를 달아 출판의 격을 높여주는 우정을 보여주고 있다.

〈김약국의 딸들〉이 저자서문이 없는 책이 되어서 그 대신에 '작가론'을 길게 붙이고 싶었다. 문학평론가의 글을 싣는 것이 관행이었으나 이보다는 파격적으로 대작가의 큰 모습을 정답게 그려줄 필자를 찾았다. 1989년 가을, 베를린 장벽이 무너지는 통일의 현장을 단둘이 다녀오면서 유럽의 방랑자로 세상의 눈을 뜨게 해준 서울대 환경대학원 김형국 사회학 박사의 유려한 긴 글 "변방에서 진실을 기리는 작가 박경리"가 그것이다.

마산 사람인 그이는 동양의 나폴리라는 선생의 고향인 통영의 바다와 삶들을 그렇게 사랑했고, 선생이 강인한 생명에 대한 사랑으로 원주 사람이 되는 과정을 육친의 정으로 기록했다.

학계에서 사람 관계를 맺는 데에 까다롭기로 소문난 그이는 산적 같은 나를 어떤 점에서 다정하게 보았나 보다. 집안의 큰 형님처럼 출판의 이모저모뿐만이 아니라 사람이 사람답게 살아야 하는 지혜를 항상 챙겨주었다. 20년 동안 한국미래학회의 지주이자 교육학의 태두인 정범모 총장의 〈미래의 선택〉, 〈인간의 자아실현〉, 권태준 선생의 〈한국의 세기 뛰어넘기〉, 김수학 선생의 〈이팝나무 꽃그늘〉, 녹색성장위원회의 〈녹색성장 바로 알기〉 등 많은 책들이 그이와의 우정의 산물들이다.

2008년 5월, 박경리 선생이 한산도가 바라보이는 통영 바닷가에 묻히던 날에도 그이와 함께 마지막 가시는 길을 함께했음은 물론이다. 그리고 또 14년이 지난 2022년 6월에는 그이가 3년 동안 공들여 쓴 대작 〈박경리 이야기〉를 상재한다. 이미 그이는 장욱진, 김종학 화가의 예술세계를 정성스레 그려내기도 했다.

소리없는 베스트셀러 〈김약국의 딸들〉

〈김약국의 딸들〉이 진가를 발휘하는 데는 그렇게 긴 시간이 걸리지 않았다. 1993년 7월 말까지 8만 부가 팔려 "30년 만의 인기부활"이라는 〈동아일보〉 문화면의 톱뉴스가 되었다.

> "비련의 늪에서 몸부림치는 한국 여인들의 한과 사랑!",
>
> "토지의 작가 박경리가 통영의 고운 바닷빛, 노오란 유자, 붉은 동백꽃을 배경으로 민족적 정서를 그려낸다.
>
> 불륜을 의심받은 여인의 자결… 통영의 밤바다 바람 속에서는 김약국의 다섯 딸들의 숙명적 사랑과 배신, 죽음, 그리고 처절한 삶의 몸부림이 넘실댄다.
>
> 삼베처럼 질긴 한의 씨줄과 설움의 날줄은 비극의 천으로 김약국의 다섯 딸들을 옭아매는데….."

위와 같은 신문광고 카피 때문만은 아닐 것이다. 소설의 문장과 구성이 탄탄해서 과거에 쓰여진 글이라고 믿어지지 않을 정도로 현대 독자들에게 친근감을 주었던 것 같다. 그리고 문학소녀시절 이 작품을 읽었던 독자들이 이제 어머니가 되어 다시 딸들에게 권하는 등 대를 잇는 독서로 뿌리내렸기 때문인 것 같다. 독후감 모집 캠페인의 결과물로 펴낸 〈나남문학〉의 주된 내용이 그러하기도 했다.

그해 뜨거운 여름의 끝자락, 이제는 공원으로 바뀐 넓디넓은 여의도 아스팔트 광장에는 약사와 한의사들이 진료영역을 놓고 여러 날 열띤 대규모 집회의 공방을 벌였다. 우리의 주인공 '김약국'은 조선조 하급관리인 관(官)약국의 의원으로서 약사와 한의사 어느 편도 아니었다.

그런데 알다가도 모를 일은 치열한 약사와 한의사의 쟁투가 텔레비전 뉴스에 보도되면서 이 책은 날개 돋친 듯이 팔렸다. 어느 편에서나 김약국의 딸들을 편들어야 할지 모르지만 예기치 않은 기대 속에 이 소설책이 조그마한 상징이 된 것은 틀림없었다. 연말을 넘기면서는 30만 부를 돌파하기 시작했다.

인세를 전달하러 한두 달에 한 번쯤 가던 원주행의 발길은 더욱 잦아졌다. 단구동 집에서 선생과 식사를 같이하는 횟수가 늘기 시작하고, 텃밭의 채소들과도 친숙해지면서 작품집필 때문에 사람을 몹시 가린다는 선생의 유별난 말상대가 되어 있는 나를 발견한다.

자신의 성(城)을 지키기 위해 자초한 외로움이라고 하나 그 외로움은 외로움이 아니었겠는가. 항상 아내와 동행하였으므로 처음에는 여인네들의 화제로 시작되었다가 집필 25년의 대장정이 끝나가는 〈토지〉 이야기와 독서 이야기, 일본 일본사람들, 지배계층의 못난 짓들, 그리고 생명, 환경 이야기들로 이어졌다.

저녁 늦게 서울로 돌아오는 길은 매번 선생과의 대화가 고즈넉한 산사(山寺)의 노승과 나눈 듯한 어떤 화두가 되어 내 키가 조금씩 자라고 있는 듯한 느낌을 주는 행복한 시간이 계속된다.

또 인세를 가져왔느냐?하며 반기면서도 이것이 〈토지〉 인세였으면 좋겠다는 말을 항상 하셨다. 선생의 대표작 〈토지〉가 예상했던 것보다 많이 팔리지 않고 오히려 옛날 책 〈김약국의 딸들〉이 자꾸 팔리는 것을 아쉬워했다.

항상 서너 시간의 대화에 담배 향기가 빠질 수는 없다. 선생은 애연가였다. 할머니의 심심초의 수준이 그것이다. 자연스럽게 담뱃불을 붙여드리며 나도 담배를 물기 시작했다. 혹시나 자식 같은 녀석의 맞담배질이 불편하시다면 그렇게 긴 시간을 말상대해 드릴 수 없음을 선생도 알고서 양해하는 것 같았다.

팔자가 센 〈토지〉를 출판했던 이제까지의 출판사들과 껄끄러웠던 경험을 자주 말씀하셨다. 나는 선생의 편을 들어 추임새를 넣지 않아 '지독한 사람이구먼…'이라는 눈 흘김도 받았다. 동업자에 대한 예의에서가 아니라 내 직업인 출판의 사회적 지위를 담보하고 싶었고, 이런 얘기에 익숙하다 보면 주체가 바뀌어 나도 언젠가는 이 〈토지〉의 출판사 사장들처럼 험담의 주인공이 될지도 모른다는 생각 때문이었다.

〈김약국의 딸들〉은 출간 2년 만에 40만 부를 넘긴다. 새로운 고민이 생겼다. 이 책 재판이 거듭되면서 출판을 통해 세상을 보는 눈이 시건방져졌음을 깨달았다. 회사 직원들만이 아니고 나도 그러했다. 이젠 아예 윤전기에 걸어 원가를 절약한 대량생산으로 재판을 찍어내려는 검토도 하고 있었다.

이대로 밀어붙인다면 1백만 부 돌파도 가능하지 않겠느냐고 들떠 있는 분위기에 작심하고 찬물을 끼얹어야 했다. 신문광고를 중단하고 자발적인 주문에 응하는 것은 당연하지만, 일부러 하는 이 책의 마케팅은 중단하고 그 힘으로 우리 출판사의 본래 영역인 인문 사회과학 책의 영업에 매진하자고 직원들을 설득했다.

의미가 크다지만 항상 춥고 배고프기 마련인 사회과학 출판사가 베스트셀러를 만들려고만 한다면 이렇게 할 수 있다는 것을 보여준 것만으로도 큰 성과였다. 가보지 않는 길에 대한 동경이나 콤플렉스를 이제 접고 내가 선택한 길을 흔들리지 않고 늠름하게 갈 수 있는 자신감의 확인만으로도 충분했기 때문이다.

그리고 정작 베스트셀러를 출간하고도 거의가 3~4년을 넘기지 못하고 문을 닫는 이 동네 풍속도를 타산지석(他山之石)으로 삼아야 했기 때문이다. 다행스러웠던 것은 창업 10여 년이 지나 베스트셀러가 터졌기 때문에 그동안 전국 서점에 깔렸던 사회과학 책들의 미수금을 이 책의 수익만큼이나 회수하였음은 나만이 갖는 숨겨진 기쁨이었다.

〈김약국의 딸들〉은 1997년 대입 수능고사 문제에 출제되기도 하면서 날개 돋친 듯 팔렸다. 〈토지〉의 도입부가 고교 교과서에 수록되어 예견된 일이기도 하였다. 그러나 가까이서 선생으로부터 항상 어머니와 같은 사랑을 받았던 출제위원이 된 교수들의 작은 예의표시였는지도 모른다. 이 책의 밀리언셀러의 꿈은 그렇게 보채지 않았어도 〈토지〉와 동행하면서 10년이 더 지나면서 성불(成佛)하듯 이루어졌다.

시중의 베스트셀러 출판은 하자고 들자면 이렇게 할 수 있다는 경험이 중요했다. 좌고우면(左顧右眄)하지 않고 출판언론의 의미를 찾기에 골몰하는 나의 길을 늠름하게 갈 수 있게 된 것이다.

1994년 8월 15일에는 〈토지〉가 완성된다. 그해 가을에는 〈문화일보〉 사주였던 정주영 현대그룹 회장이 노구의 몸을 이끌고 단구동 뜰에서 〈토지〉 완간 축하마당을 열어주었던 기억도 새롭다. 나남출판사 직원 모두와 함께 그 자리에 참석하여 축하드렸다.

〈토지〉 출판의 운명

그동안 도시개발에 밀려 철거될 뻔했던 단구동 집필실과 텃밭은 김형국 교수의 활약으로 원주시의 '토지문학공원'으로 조성되어 벌써 역사의 공간이 된다. 이제는 다시 '박경리 문학공원'의 이름으로 자리를 잡았다. 선생은 단구동 집의 보상금과 함께 훨씬 많은 당신의 개인재산을 출연해서 설립한 토지문화관과

1998년 5월, 원주 오봉산 자락 토지문화관 개관기념식에서 김지하 시인과 함께.

사저가 1998년 5월에 완공되었다. 연세대 원주 캠퍼스를 지나 제천 넘어가기 전의 왼편 오봉산 자락의 명당자리였다.

IMF 외환위기로 국가가 누란의 위기였던 그 무렵 김대중 대통령 내외가 토지문화관 개관식에 참석하여 감옥에서 읽었던 〈토지〉의 월선과 용이의 '여한이 없는 사랑'을 회고하며 선생을 격려했다.

2001년 여름, 박경리 선생은 대장정을 마친 〈토지〉의 출판을 마음을 정하지 못한 채 3년이 흘렀다. 1998년 솔출판사에서 출판권을 반납함으로써 출판이 중단되자, 시중에서 이 책을 구하기도 어려웠다.

출판과정에 무언가 작가와 출판사 사이에 불편한 일들이 있었는지 모른다. 이 책 집필을 위해 당신이 가진 모든 것을 다 쏟

원주시 매지리 토지문화관 자택에서 박경리 선생과 함께(2001년).

아부어 가면서 4반세기의 대장정을 마친 터라 허탈한 진공상태였는지도 모른다. 선생은 나남판 〈토지〉를 내면서 서문에서 다음과 같은 불편했던 심정을 드러냈다.

> 솔직히 말해서 그동안 나는 〈토지〉로부터 도망치고 있었다. 생각하는 것도 말하는 것도 지겨웠고 부담스런 짐을 부리고 싶었다.
>
> 그해, 그러니까 토지를 끝낸 1994년 8월 15일, 그때도 나는 해방감, 성취감을 느끼지 못했다. 그냥 멍청히 앉아 있었다. 방향조차 잡을 수 없었고 막막했던 길 위에서, 폭풍이 몰고 간 세월이 끔찍하여 그랬을까. 생각해 보면 〈토지〉의 운명도 기구했다. 25년 동안 여러 지면을 전전했고 4부까지 출간되었으나 3년 동안 출판정지, 절필한 일이 있었다. 완간이 된 뒤에도 출판계약이 끝나면서 3년간 책을 내지 않고 절판상태를 애써 외면했다. 작품

이 나간 이상 독자에게는 읽을 권리가 있고 이미 작가 손에서 떠난 거라며, 꾸지람을 하는 사람도 있었다.

그러나 구세대에 속하고 편협한 나로서는 문학작품이 자본주의 원리에 따라 생산되고 소비되는 오늘의 추세는 견디기 어려운 것이었다. 상인(商人)과 작가의 차이는 무엇이며 기술자와 작가는 어떻게 다른 것인가. 차이가 없다면 결국 문학은 죽어갈 수밖에 없다. 의미를 상실한 문학, 맹목적으로 존재할 수밖에 없는 삶, 우리는 지금 그런 시대에 살고 있다.

이제 책이 다시 나가게 되니 마음은 석연찮다. 자기연민이랄까, 자조적(自嘲的)이며 투항한 패잔병 같은 비애를 느낀다. 나는 왜 작가가 되었을까.

선생은 〈토지〉의 운명이라고 했다. 그로부터 도망치고 싶다고도 했다. 3년의 공백기간 동안 숱한 출판사가 〈토지〉 출판을 위해 토지문화관의 문을 두드렸을 것이다. 그때마다 선생은 위와 같은 연유로 문고리를 다잡았을 것이다. “작품이 나간 이상 독자에게는 읽을 권리가 있고 이미 작가 손에서 떠난 것”이라는 설득도 지쳐갈 무렵이었다. 무엇이 자연스러운 것인지는 몰라도 정말 자연스럽게 나남출판사가 선택되는 것 같았다.

10년 전 〈김약국의 딸들〉을 출판할 때보다 대작가가 깃을 내릴 만한 문학의 숲이 많이 울창해져 있었다. 1996년에는 청소년 시절부터 사숙(私淑)했던 조지훈 선생의 전집 9권을 출판하였다. 2001년에는 지훈 선생의 고결한 뜻을 계승하여 전통과 창조, 지식과 행동의 균형을 항상 새롭게 성취하기 위하여 〈지훈문학상〉, 〈지훈학술상〉을 제정하여 운영하고 있었다. 또한 계간 〈사회비평〉과 〈포에지〉가 왕성하게 발간되었고, 하버마스와 미셸 푸코의 번역책이 독자들에게 신선한 충격을 줄 무렵이었다.

이제는 〈토지〉를 출판하더라도 '나남출판사'가 '토지출판사'가 되지 않고 나남출판사 그대로일 수 있겠다는 자신감도 있었다.

출판동네에 하나밖에 없는 대학 후배가 또 일을 저지른다는 문예출판사 전병석 사장의 걱정스런 응원 속에 여름 내내 〈토지〉에 관한 문학평론들을 모두 찾아내 혼자서 공부해야 했다. 워낙 큰 산이면 앞에 버티고 선 산이 보이지 않는다고 했다. 큰 산을 품으려면 먼저 자신이 더 큰 산이 되려는 공부를 해야 하는지도 모른다. 나에게는 〈토지〉가 그랬다.

멀리서라도 산 정상을 보고 싶고 산기슭이 어떤지도 알고 싶어 솔출판사에서 완간된 〈토지〉를 3번쯤 독파하며 출간을 준비하고 있을 때, 나남에서 이 책을 출판한다는 보도가 나오기 시작했다. "〈토지〉 애독자인 조 대표가 이 소설을 내기 위해 오랫동안 공을 들였다는 게 출판계의 후문이다"라는 기사에서 그동안 선생과는 직접 토지 출판에 대해 한마디도 안 했는데 주위 사람들에게는 그렇게 비쳤나 보다. 여느 분야처럼 말 많은 출판동네의 인심이 시기 질투하지 않고 이를 받아들이는 것 같아

다행스럽게 생각했다.

〈사회비평〉을 창간할 때부터 수많은 이야기로 밤을 새우며 우정을 키웠던 송호근 교수가 장모되시는 추은희 시인과 함께 춘천에서 원주를 넘나들며 선생의 말동무가 되어주며 나남출판사 편을 들었던 것도 나중에 알았다. 토지문화재단 이사까지 맡아가며 토지문화관 건립에 큰 힘을 보탠 김형국 교수의 나남지지는 말할 나위도 없었을 것이다.

〈토지〉가 나남에서 다시 출간된다는 언론보도가 있고 나서 출판사는 의외의 방문객들로 붐볐다. 자칭 타칭의 문학평론가 교수들로 모두 박경리 문학과 〈토지〉 연구자들이라고 했고, 표지디자인의 고수들도 끼어 있었다.

대한민국 대표작품의 출판을 축하한다는 말은 건성인 듯 들렸고, 자신들이 이 분야의 최고 권위임을 자랑할 겸 나에게 그들의 위상을 새삼스럽게 인식시켜 주려는 모습이었다. 법대 출신인 만큼 문학동네를 잘 모를 것이니 자신들의 도움이 있어야 할 것이라는 암시도 주었다. 몇달 전부터 샅샅이 찾아 읽었던 그들의 〈토지〉 문학평론이 함량미달이라고 생각하는 나에게는 상당히 불편한 시간들이었다. 더욱이 실망한 것은 그들이 직업으로 삼는 문학평론인데 〈토지〉를 끝까지 전부 읽었다는 사람을 쉽게 찾을 수 없는 일이었다.

여느 사회에나 부초처럼 먹이를 찾아 떠도는 군상들이 있기 마련이다. 그들의 박제(剝製)된 지성인이라는 모습에서 마가렛 미첼의 〈바람과 함께 사라지다〉 마지막 장면처럼 공들여 가꾼 파란 초원에 몰려드는 메뚜기 떼들의 공습을 견뎌야 했다.

2001년 10월, 출판 계약서에는 "을(나남출판사)은 본 저작물의 한국문학 및 문화사적 의의를 깊이 인식하여 가능한 한 품위 있는 서적의 제작과 유통을 하여야 하며…"라는 문구를 자청해서 명문화하면서 그렇게 하겠다고 스스로를 다짐했다. 계약 당사자는 선생의 본명인 '박금이'(朴今伊)가 표시되었고, 입회인으로 최유찬 연세대 교수가 서명했다.

이 나라 최고의 대하소설의 대작가에 걸맞는 예우를 하기로 했다. 5년간 선인세로 그동안 〈김약국의 딸들〉의 판매수익을 전부 내놓기로 마음먹었다. 어차피 선생이 나에게 베풀어 준 호의에 대한 보답이며, 그럼에도 불구하고 나는 또 국민소설 〈토지〉를 발간하는 것이 아닌가. 그러나 선생도 혼신의 생애를 바친 〈토지〉이지만 시장에서 잘 팔릴지는 모르겠다며, 철부지 자식을 바라보는 어머니의 마음으로 거액을 투자한 나를 오히려 걱정스러워 했다.

그러나 이런 형식의 계약이 이제까지처럼 인지 첨부문제 때문에 겪는 불편함이나 사람의 신뢰에 대한 시험보다는 훨씬 속 시원한 결론이 되었다. 내가 힘들더라도 그 짐을 지고 헤쳐 나갈 때 사람들은 박수를 보낸다기보다는 질시의 대상에서 잠시 제

〈토지〉 출판 계약을 마치고 토지문화관 앞에서(2001년).

외시켜 주는 악어의 눈물만큼의 아량을 보인다는 우리네 풍속의 사람관계를 익히 알고 있었기 때문이다. 그리고 이런 결단으로 대작가의 권위를 지킬 수 있고, 출판사 사장이나 편집자의 도덕성이나 자존심에 상처 날 일이 별로 없을 것이기 때문이다.

양장본 〈토지〉의 품위

우선 이 책을 양장본으로 결정했다. 번역책인 톨스토이전집까지도 이미 하드커버로 권위 있게 출판되지 않았는가. 정말 그러고 싶었다. 우리 문학에 대해 가볍게 생각하는 경박함에 유쾌한 배반을 하고 싶었고, 실질에 걸맞는 내용을 담을 수 있는 그릇이었으면 싶었다.

형식을 파괴해서라도 척박한 출판시장에 돋보이는 이 책의 권위를 살려주고 싶었다. 우리도 이런 책을 가질 수 있다는 상상 속의 고급독자가 미소 짓는 모습도 그려보았다.

21권의 소설책을 무선제책 반양장의 정가를 붙여 양장본으로 출간하는 것을 반대하는 영업팀의 불만에는 오불관언(吾不關焉)하고 귀를 막았다. 많이 읽히고 싶은 마음에 우선은 책값이라도 쌌으면 싶었다. 이때 정한 책값을 10년 동안 변하지 않고 견딘 것은 이러한 우직함의 표현이었다.

결과론적인 자부이기는 하지만, 이 책의 성공을 반면교사(反面教師)로 삼아 국내 창작물들이 그 그릇에 담긴 실질 내용과는 별개로 우리 주변에 많은 양장본이 유행처럼 출현했음도 사실이다.

표지디자인과 본문디자인도 걱정이었다. 출판동네의 관행을 답습하고 싶지 않은 마음뿐이었다. 국민대 조형대학 윤호섭 교수를 찾았다. 벌써 25년 전에 '대우(大宇)달력'을 디자인하여 참신한 바람을 일으켰던 그이가 〈광고정보〉를 디자인하면서 서로 알게 되었다. 그 무렵 그린디자인을 추구하면서 〈Everyday Earthday〉 기획전으로 일본 동경까지 진출하는 등 삶과 예술을 일치시키는 데 여념 없는 독보적인 영역의 개척자였다. 책 디자인은 해본 적이 없으며 더구나 박경리 선생 같은 대가의 책 디자인은 할 수 없다고 손사래쳤지만 윤 교수가 이 일을 해내야 한다고 떼를 쓸 수밖에 없었다.

이 책의 디자인을 부탁하고 한 달이 지나 속 타는 마음으로 대학 연구실을 찾았다. 그이의 국민대 시각디자인과 연구실까지 가는 50미터의 양쪽 복도는 온통 〈토지〉 표지디자인의 시안들로 도배된 터널을 이루어 나에게는 감동 그 자체였다. 가지가지 아이디어가, 타이포가, 형형색깔로 군무(群舞)하는 또 하나의 장쾌한 설치예술 같았다. 그이의 열정에 가슴이 뭉클했다. 열정적으로 사는 모습 그대로의 그이에게 처음 해보는 책 디자

인을 무리하게 부탁한 일이 오히려 미안했다.

그이의 책상에는 이미지를 찾기 위해 지난 한 달 동안 박 선생의 작품비평을 찾아내 모두 독파한 자료가 쌓여 있었다. 인문학자를 능가하는 성실성과, 그분의 책을 디자인한 것이 영광이라고 겸손해 하는 마음에 고개를 숙여야 했다. 그렇게 하여 기둥 서까래와 비슷한 토지의 타이포그래픽을 완성했다.

표지 디자인뿐만이 아니라 각 장마다 세세하게 컷을 수십 개 그려주기도 했다. 마지막에는 그 비싼 일정을 희생하면서까지 직접 인쇄소에 가서 컬러인쇄를 감독하여 그이가 만족할 만한 색효과를 찾을 때까지 인쇄소를 들볶기도 했다. 책의 디자인도 이렇게 할 수 있다는 새로운 경지를 보여주면서 21권의 〈토지〉 디자인은 또 하나의 격조있는 명품이 되었다.

처음부터 책 디자인 값을 정한 것은 아니었지만 1억 원을 드려도 아깝지 않다고 마음먹었다. 하지만 그이는 오히려 수줍게 손사래를 치며 우정의 산물이지 어떻게 작품의 값을 매길 수 있겠느냐고 했다. 이 빚을 어떻게 갚을 것인가가 내게는 너무 어려운 문제였다. 윤호섭 교수의 작품활동을 돕겠다고 나서도 그이는 그냥 염화시중(拈華示衆)의 미소만 보냈다.

해마다 그이가 디자인한 작품, '토지달력'을 제작 배포한 것이 벌써 8년이 되었다. 디자인의 전과정에서 환경적이고 쌍방적인 디자인 방법을 채택하여 달력 사용자가 최종적으로 디자인을 완성하는 직접 당사자가 되게 했다. 365일 달력을 보는 사람들의 마음에 녹색공감을 전할 수 있는 시각메시지를 전달하려는 목적이었기 때문이다. 이제 알 만한 사람은 다 아는 '토지달력'은 그 창의성 하나만으로도 광주 비엔날레에 출품되어 찬사를 받았고, 장안의 인기를 끌어 지금은 이 달력을 받겠다는 대기자가 매년 3천 명을 넘는다.

본문 교정이 문제였다. 〈토지〉의 원본은 솔출판사의 책이 그 원고일 수밖에 없었으므로, 시간을 벌기 위해 그 데이터를 구입하고자 했으나 출판사의 자존심으로 팔지 않겠다는 임양묵 사장의 아름다운 고집을 존중하기로 했다. 사람들의 관계에 시달렸던 고뇌의 흔적이리라 짐작했다.

해서 200자 원고지 28,500장의 장대한 대하소설을 새 책으로 처음 완간하는 데는 첫 글자부터 입력을 시작해야 했고, 교정을 다시 보아야 하는 고난의 행군이 시작되었다.

기존 책을 스캐닝할 수 있는 새로운 테크놀로지의 대발명을 믿다가 낭패를 보기도 했다. 순도 80%의 정확도라는 숫자의 마술은 한 페이지 860자에 오자(誤字)가 20자에 가까웠다. 어떤 단락은 아예 글자를 그림으로 인식하기도 했다. 처음부터 한 자 한 자 입력하는 수작업의 난타를 할 수밖에 없었다.

순도 99.999%라면 완벽에 가깝다고 보지만, 이 수치는 570만 자인 이 책의 경우 한 권당 270개의 오자가 나는 결과이다. 해서 순99.99999%라야 한 권당 두세 자의 오자가 애교로 섞이는 결과가 된다. 우리의 인쇄매체 직업은 그 이상의 순도를 만들어 내야 하는 것이거늘 이 일을 어찌할 것인가.

글쓰기의 고통에 비할 수는 없지만 글 읽기의 피말림도 만만치는 않은 일이었다. 100일 동안 내 젊음을 담보로 한 불철주야(不撤晝夜) 말 그대로의 오자와의 전쟁은 그렇게 계속되었다.

3교쯤 지나 남부 경상도 사투리가 제법 익숙해지자 〈토지〉의 거대한 산자락이 잡히기 시작했다. 문장의 전후관계로는 이상하지 않지만 그래도 고개가 갸우뚱해지는 부분을 확인하기 위해서는 1970년대의 삼성출판사 판과, 1980년대의 지식산업사 판을 뒤져 한 단락이 빠졌거나, 한 문장이, 한 단어가 빠진 것을 찾아내는 희열로 출판사 사장이자, 주간이자, 편집자로서의 자리에 의미를 부여하는 고통의 축제의 나날들이었다.

박경리의 금빛 언어

24년간에 걸친 장기간에 집필된 대하소설이어선지 소제목들이 낯선 곳이 마음에 걸렸다. 스토리텔링의 독서 가이드로서 소설 본문에서 내용을 함축할 수 있는 작가의 다른 표현을 찾아내 바꾸고 싶었다. 밑줄을 긋고 싶은 선생의 문장과 문체 속에 흠뻑 빠지면서, 아! 선생은 대시인이구나 하고 얼마나 감탄했던가.

11월 초 지리산의 열정을 닮은 최영욱 시인의 헌신으로 하동

2001년 11월 11일, 하동 평사리 최참판댁 〈토지문화제〉에서.
왼쪽은 박완서 소설가, 뒤는 임건석 나남출판 전무이사.

평사리 최참판댁에서 〈토지문화제〉가 열렸다. 제1회 잔치여서 어렵게 이 자리에 참석한 박경리 선생에게 이 대작에 흠집을 내는 것이 아닌가 하는 두려운 마음과 함께 이 뜻을 말씀드렸다.

소제목들을 본문에서 찾아낸 선생의 다른 금빛 언어로 바꾸겠다고 하자 흔쾌히 허락하셨다. 방대한 소설 속에서 자신이 숨겨두었던 단어들을 찾아낸 노력이 가상하다고 생각하셨거나, 아니면 이제 이 대작을 독자들에게 돌려드리려던 대작가의 무념무상의 초인(超人)의 모습이었는지도 모른다.

'괴로운 환희', '생명의 강, 생명의 불꽃', '꿈속에 지신 밟던 사람들', '거미줄로 그네뛰기', '타는 목마름', '진달래꽃 안개', '금기의 사랑에 대한 도전', '권위 뒤에 웅크린 고독', '절망의 정열', '거미줄에 묶인 사람들', '빛 같은 어둠, 어둠 같은 빛' 등 보물찾기는 계속되었다.

책 판형이나 본문 활자 크기만이 아니라 초판을 몇 질이나 출시하며, 초기 중기 광고전략까지를 수립하는 데는 이미 베스트셀러를 성공시켜 본 '열린책' 사장 홍지웅 대학 후배가 내 일처럼 열정적으로 도와주었고, 광고제작에는 동아제약 홍보상무였던 박상훈 시인의 도움이 너무 컸다.

600여 명의 인물들이 등장하는 대하(大河) 장편소설이므로 등장인물을 쉽게 파악하여 독서의 흐름이 끊기지 않도록 작지만 깐깐한 가이드북을 만들어 끼워주었다. 이상진 씨의 박사논문을 압축한 원고를 아주 비싼 값에 사서 만든 〈토지인물사전〉이 그것이다.

우리 회사에서는 처음 시도하는 전 21권의 〈토지〉 마케팅에서는 예전부터 시도하고 싶었던 사전예약제도를 실시했다. 10여 년 전 일본에서 보았던 너무나 부러운 제도였다. 얼마나 관행화되었는지는 자세히는 모르지만, 고단샤(講談社)에서 전10권의 〈중국현대사〉를 준비하면서 1년 전부터 사전예약을 받고 있었다. 출판이 갖는 당당한 사회적 신뢰와 지위가 이 정도는 되어야 한다는 부러움 때문이었다.

우리출판사에 대한 신뢰라기보다는 대작가의 명성에 힘입어 500질이라는 대량의 사전예약을 받을 수 있었다. 믿음을 갖고 미리 책값을 선불하고 책을 몇 달 동안이나 기다려준 독자가 보내준 신뢰는 건강한 이 사회에 대한 나의 또 다른 믿음을 확인하게 했다.

2002년 1월 1일자를 발행일로 하여 2001년 12월부터 발매를 시작한 〈토지〉 초판 5천 질 전체 10만 5천 권은 신생아의 축복을 받으며 세상에 빛을 보자마자 오자(誤字)와의 전쟁에 무참하게 쓰러져야 했다. 읽고 또 읽고 다섯 번이나 교정을 보았지만 오자들은 교묘하게 몸을 숨기고 있으면서 눈 밝은 독자들의 질책을 통하여 나의 무능함을 만천하에 고발했다.

아! 〈토지〉는 국민소설이었고 나는 선량한 관리자의 노릇도 제대로 못하고 있다는 자괴감에 몸을 떨어야 했다. 이 책들을 작두칼로 모두 베어내고, 이제는 교정지가 아닌 책을 보며 오자를 이 잡듯이 뒤지며 완벽한 책을 다시 만드는 데 두세 달을 꼬박 바쳤다.

서점에 출시된 책을 회수하는 일은 쉽지 않았다. 되돌려주시면 새 책으로 바꿔드린다고 전국 서점을 돌며 사정하는 데 모든 시간을 바쳤다. 이런 도로(徒勞)가 출판의 정직성을 보인다고 거꾸로 선전이라도 한다지만, 나는 언론에 보도라도 될까 봐 숨죽이며 뛰어다니기도 힘들었다.

재판 5천 질은 이렇게 초판 5천 질의 무덤에서 피워 올린 서러운 꽃봉오리였고, 세상의 사막을 건너는 데 이 정도면 최선을 다했다고 자위하는 다짐이 얼마나 자기합리화의 어릿광대짓인가를 깨우쳐 주었다. 그리고 〈토지〉에 대한 애정만으로 자발적으로 새빨갛게 교정을 보아준 이름 모를 독자에게 무엇으로 갚아야 하는가의 고마운 마음만이 아니라 세상이 무섭다는 생각도 함께 했다.

내친김에 그냥 그러려니 하고 55쇄까지 찍어냈던 〈김약국의 딸들〉을 새삼스럽게 교정을 다시 보아 완벽한 재판(再版)을 선보여 마음이 편해졌다. 지리산 주변의 서부 경상남도 사투리가 저절로 눈에 익숙해지기 시작하자 오자 탈자가 아니면서도 꼭꼭 숨어 있던 틀린 단어들이 그 정체를 드러냈기 때문이다.

허기지고 고독한 승리

지금 나는 장엄하고 처절한 계절에서 세월을 자맥질하며 허기지고 고독한 승리를 찾아야 했다. 〈토지〉를 성공시켜야 한다는 일념뿐인데 계절의 감각을 느낄 사이가 있었을까. 그 무렵 나는 사람들에게 고독한 황야의 늑대의 모습으로 비쳤을지도 모른다.

1년이 지나자 〈토지〉가 통산해서 50만 부를 넘어섰다. 자랑스러운 책이기는 하지만 그렇게 많이 팔릴 책은 아닌데 그만하면 되었다고들 했다. 〈토지〉는 이미 작가의 손을 떠났고 다시 쳐다보기도 싫다고 이 책에 대한 애정을 거꾸로 표현하시던 선생도 얼마나 팔리는지가 궁금하셔 자꾸 묻곤 했다. "그래도 어느 정도는 팔려야 조 사장에게 미안하지 않을 텐데…"라고 늘 걱정하시더니 이제는 안도의 모습을 보이기 시작했다.

그러나 이 책은 여한이 없는 월선의 사랑처럼 독자에 대한 믿음을 더욱 키워갔다. 경박단소(輕薄短小)의 세태 속에서도 그러나 사람이 사람다울 수 있는 21권의 장편소설이 파고들어 갈 희망의 고원이 있을 수 있다는 믿음이 그것이다. 〈토지〉 첫 장의 첫 부분을 국어 교과서에서 공부했던 세대들에게는 아직 고체화되지 않은 심성에 호소하여 생명의 강에서 생명의 불꽃을 태우기를 권유해야 했다.

미친 세월이었던 산업화시대를 물불을 안 가리고 앞만 보고 달려 이제는 소시민의 도시적 안락이라도 확보한 사람들에게 꼭 이렇게 사는 것만이 삶의 전부는 아니라고 다시 불편한 진실을 말하고 싶었다. 그 근저에 숨어 있던 정직한 휴머니즘에 호소하여 〈토지〉 한 질이라도 곁에 두면 정신적 균형을 찾는 일이 아니겠는가 라고. 그것이 거미줄로 만든 그네를 타는 일이 될지라도 말이다.

기대하지도 않았는데 24시간 뉴스전문 채널인 YTN에서 〈토지〉 출간 뉴스를 반복해서 방송하는 행운을 얻기도 했다. 의로운 후배기자의 응원 속에 이루어진 것임에 틀림없었으나 인쇄기에서 쏟아져 나오는 〈토지〉의 컬러화면은 나에게 전율로 다가왔다.

서희를 위한 노래이거나 길상을 위한 눈물에만 그칠 수 없었다. "정녕, 세월이 아우성치며 달겨드는 것 같을 것이며, 〈토지〉를 펼쳐보는 당신은 세상의 깊이를 아는 사람"이라고 신문광고에서 호소하기 시작했다. 광고카피를 작성할 때 내 말귀를 얼른 알아듣는 카피라이터 박상훈은 시인 그 자체였다.

> 차디찬 물의 女子, 살을 지지는 불의 女子!
>
> 토지의 주인공 최서희의 모습입니다.
>
> 어디 서희뿐입니까? 토지에 나오는 600여 명의 인물 누구 하나 무게 없는 삶이 없습니다.
>
> 당신이 이제 인생이라거나 사랑을 품어 아파할 것 같으면 주저 없이 토지를 잡으십시오.
>
> 소외된 상처들을 만나고 삶의 진실을 발견하는 가운데 당신은 어느새 영혼의 나이가 높다란 사람이 될 것입니다.

괴로운 환희 속에 또 1년이 지난 2004년 5월은 회사 창립 25주년이 된다. 같은 기간이지만 25년을 '4반세기'로 표현하다 보면 한 세기 100년의 큰 도정에 서 있는 듯도 했다. 출판사 사무실 앰프에서 들리는 나나 무스쿠리의 고운 목소리도 더욱 감미롭게 와 닿았고, 기념식도 프레스센터에서 성대하게 치를 준비를 하다가 생각을 바꾸었다. 그보다는 기록문화를 담보하는 인쇄매체인 출판사답게 도서목록과 도서해제를 출판하는 것으로 자축(自祝)을 대신하기로 했다.

크라운판 크기로 2단 조판한 1,130여 쪽의 방대한 책이 되었다. 국내 최초라는 칭찬도 받기도 하고, 당연히 했어야 할 일이라지만 이 책 때문에 꼬박 6개월을 고생했다. 이 책의 이름이 〈아름다운 사람들과 함께한 나남출판 4반세기〉이다. 이 책과 함께 2천 명 가까운 그 "아름다운 사람들"에게 〈토지〉 한 질씩을 선물로 보냈다. 나를 믿고 귀한 원고를 주었고 나의 성장만을 지켜주신 그들이 오늘의 주인공이어야 했기 때문이다.

이 무렵 〈토지〉는 통산 100만 권 돌파를 기웃거렸다. 내가 처음 겪는 조용하지만 용솟음쳤던 혁명이었다. 남들은 그렇게 많이 팔렸느냐고 놀랐던 박 선생의 〈김약국의 딸들〉을 출판한 지 10년 만의 경사였다. 이 책의 수익은 1천여 권의 쉽게 팔리지 않지만 좋은 책임에 틀림없는 인문 사회과학 출판을 가능하게 한 물적 토대가 되었음은 물론이다. 선생이야말로 척박한 이 분야의 얼굴도 모르는 젊은 연구자들의 멘토가 되는 의도하지 않은 적선(積善)의 결과를 창조하신 것이다.

〈토지〉는 그 작품의 규모나 작가가 쏟아 부은 혼신의 열정으로 문학계뿐만 아니라 출판계에도 워낙 많은 소문이 난 책이라, '소문난 잔치에 먹을 것 없다'는 속설에 휘말리기 십상이었는데도, 이렇게 살아 있는 전설로 유쾌한 배반을 한 것이 선생에게나 나에게도 그렇게 좋았다.

꿈의 밀리언셀러의 자리에 오른 것이다. 푸른 은빛 밤하늘의

〈토지〉의 상징이 되어버린 박경리 선생 모습.

붉은 구름바다 위로 승천한 것이다. 마침 파주출판도시에 새 사옥이자 마지막 사옥이 될 또 하나의 '지훈빌딩'의 역사(役事)를 마치고, 새로운 땅과 친해 보려고 숙식을 같이하며 지신(地神) 밟기에 여념이 없었던 나에게 커다란 희망을 주었다.

그해 겨울(2004년 11월)에는 SBS 텔레비전이 방송한 드라마 〈토지〉가 반 년 동안 인기몰이를 시작했다. 소설 구조가 워낙 탄탄한 일제 강점기의 휴먼드라마의 연속이기도 했지만, 그 무렵 독도(獨島)문제로 재연된 국민들의 반일감정이 크게 작용했지 싶다. 그것도 시대정신의 한 자락이라면 할 수 없지만, 원작

소설에서는 그렇게 중요하지도 않은 일제 고등계 형사 김두수가 주연만큼이나 과도하게 부각되기도 했다.

안방에서 편하게 컬러텔레비전의 드라마를 보지, 누가 불편하게 21권짜리 대하소설을 챙겨 보겠느냐며 이제는 〈토지〉도 팔릴 만큼 다 팔렸다고 걱정했다. 그러나 가끔 우리는 잘 알지도 못하면서 우리 주변을 과소평가하는 버릇이 있다. 의외의 결과라고 놀라며 자신의 왜소함에 부끄러워하거나 또는 안도의 한숨으로 가슴을 쓸어내리기도 한다.

원전을 읽겠다는 이 약간은 불편한 작업에 동참한 새로운 독자들이 또 30만을 넘어 통산 200만 부의 책이 독자들의 손에 안겼다. 콘텐츠의 원소스 멀티유즈(*One Source Multi Use*)의 성공 사례라고 할 것이다. 소설은 텔레비전 드라마가 되고 이 방송드라마로 인하여 소설을 찾는 독자들이 계발되었기 때문이다.

다음 해 연초에는 이 드라마 제작진을 격려하기 위하여 대학 친구인 SBS 김우광 제작사장과 함께 강원도의 원초적인 폭설에 묻힌 눈길을 달려 촬영지인 횡성을 찾았다. 횡성한우 한 마리를 통째로 잡아 고생하는 100여 명의 출연진 제작진과 동네 주민들까지 불러 제법 큰 잔치를 열어주기도 했다.

어떤 고귀한 국상

2008년 5월, 님은 가셨다. 선생은 혼자서 병마를 숨긴 채 1년 동안 죽음을 디자인하셨다고 한다. 그야말로 국상(國喪)이었다. 작가가 갖는 사회적 지위가 이 정도는 되어야지 하는 가슴 뿌듯함과 동시에 어쩌면 선생이 문화계의 마지막 국상이 될지 모른다는 안타까움도 같이했다.

장례식을 준비하면서 영정으로 쓰일 선생의 사진을 만들어 드렸다. 어느 가을볕 아래 고추를 다듬고 있는 평화로운 선생의 한국 어머니의 모습이다. 그렇게 찾아보았지만 사진작가가 누군지 알 수 없는 사진이 〈토지〉의 상징이 되어버린 모습이기 때문이다.

직접 선생을 조문하기 힘든 사람들은 〈토지〉를 소장하는 것으로 조의를 표시하는지 3~4년 동안 잠잠하던 〈토지〉가 10여만 권이 돌풍처럼 움직였다. 선생이 갖는 문학적 향기는 이토록 짙었다.

통영 포구에서 노제를 끝내고 장지를 향한 꽃상여 뒤를 따랐다. 만장(輓章)이 하늘을 덮고, 통영 시민들의 애도물결이 가시는 길을 자꾸 붙잡았다. 상장(喪章)을 다소곳이 달고 연도에 늘어선 선생의 손자보다 더 나이어린 여고생들 중에서 젊은 박경리를 찾아보는 부질없는 생각도 했다.

평사리의 나락이 익는 악양평야를 남도의 쪽빛 갯바람이 대신하는 듯했다. 문득 서희와 길상이, 용이와 월선이 등이 뒤따르는 〈토지〉의 윤씨 부인의 상여 장면이 이러지 않았을까 상상했다.

그러면 나는 〈토지〉 캐릭터 중에서 누구와 가까울까 생각하다가 어떤 평론가도 주목해 본 적이 없는 창(唱)을 하는 유일한 전라도 사람 주갑이를 떠올렸다. 생전에 선생이 나를 보면 불현듯 주갑이가 생각나고, 당신이 창작했지만 주갑이가 가장 정이 가는 인물인데, 소설 속에 더 많이 써주지 못한 것이 미안하다고 했던 말씀이 생각나서만은 아니다.

남쪽으로 한산도가 바로 내려다보이는 산자락에 자리 잡은 선생의 유택은 고즈넉했다. 통영의 쪽빛 바다가 선생의 영생을 보듬는 듯했다. 이런 평안을 찾으려고 선생은 원주의 토지문화관 오봉산 자락이나 하동의 최참판댁 뒷산을 밀쳐내고 고향을 찾았는지도 모른다. 예술인을 제대로 대접하려고 하는 고향의 자존심에 대한 선생의 신뢰가 이런 것일 것이다.

49재는 선생의 뜻에 따라 오대산 월정사(月精寺)에서 올렸다. 불현듯 이 고즈넉한 산사(山寺)에 북을 크게 두드리며 승무(僧舞)라도 추는 선녀가 있었으면 좋겠다고 생각했다.

백두대간의 숲길에 있는 이 사찰은 일찍이 불교강원 강사였던 지훈(芝薰) 선생이 스님들과 함께 해방의 그날을 기다렸던

상원사(上院寺)와 함께하는 곳이기도 하다. 두 분 모두 내가 사숙(私淑)했거나 직접 모셨든지 큰 사랑의 의미를 남겨 준 분들임에 틀림없다.

마지막 가시는 길에 극락왕생을 빌었다. 선생과의 20년 넘는 인연의 윤회에 고개숙였다. 별당아씨가, 월선이가, 그리고 선생의 분신같던 서희가 진달래 꽃구름 속에서 손짓하는지도 모르는 일이다.

나는 아직도 치열한 삶의 한가운데 있는데, 선생은 여한이 없는 사랑을 경련처럼 이는 그리움으로 남긴 채 빛 속으로 그렇게 가셨다.

왼쪽부터 필자, 김지하, 김영주, 필자의 아내(황옥순), 김민기, 김영동 선생과 함께 박경리 선생 기념조각상 앞에서(2010, 원주시 박경리 문학공원).

언론 의병장을 꿈꾸며

나남출판 20년

비행기가 몽골의 울란바토르 공항에 가까워오자 초원 속에 감춰졌던 대륙의 길이 선연하게 그 거대한 모습을 드러낸다. 칭기즈칸이 동유럽까지 말을 달렸던 그 길이다. 모든 길은 로마로 통한다고 외우게 했던 제도교육을 바로 이 자리에 닦아세워, 여기서 모스크바 광장과 헝가리 부다페스트까지 뻗어나간 대장정(大長征)의 이 길을 보여주고 싶었다.

분단된 반도의 남쪽에서 동굴에 갇힌 숨 막힐 것 같은 답답함 속에서 주눅들 때마다 광활한 초원에서 거침없이 달리던 칭기즈칸의 모습은 빛처럼 나를 견딜 수 있게 해준 수호천사였다.

"사람이 책을 만들고 책이 사람을 만든다"는 소박한 신조를 품고 나남출판사의 문패를 내건 지 이제 20년이 되었다. 책 속에서 내가 가지 못했던 길을 가는 사람들의 땀 냄새에 취하면서 사람다운 사람을 만들고 책다운 책을 만들어야겠다는 자기암시로 견디어낸 시간들이었다.

'스스로에게 한 약속을 지키기 위하여 오늘 밤에도 가야 할 먼 길이 있다'는 시구처럼 나남출판은 필자 스스로의 자연채무(自然債務)를 갚는 마음으로 출판의 창(窓)을 통하여 한국사회를 인식해 가는 작은 기록이며, 어쩌면 칭기즈칸의 말채찍을 빌려 지적(知的) 유배(流配)의 어두운 동굴을 박차고 나가고픈 자기입증의 궤적(軌跡)일지도 모른다.

출판현장에서 사회적 관행과 편견에 부대끼면서도 출판인의 사회적 지위가 무엇일까를 되새기면서 자신을 지키기는 그렇게 쉬운 일이 아니었다. 어느 비즈니스가 그렇지 않으랴만 '직업으로서의 출판'은 우선 엘리트 의식을 극복하는 겸손을 배워야 했고, '책장수'로서의 상인(商人) 모습을 보여야 주변을 자극하지 않았다.

출판은 '문화사업이 아닌가'하는 알량한 지적(知的) 최면(催眠)에 승복해 '안 팔리지만 의미는 있'는 책을 출판해야 하는 것이 우리의 문화질서임을 체득하여, 나름대로 내건 "나남출판사의 책은 쉽게 팔리지 않고 오래 팔립니다"라는 그늘에 숨어야 하기도 했다.

가끔 '어느 장사꾼이 팔리지도 않을 책을 그렇게 출판할 수 있느냐'는 세무공무원의 윽박질을 받는 중소제조업자의 맨 아래 자리를 헤매야 했다. 그러면서도 이 출판이 갖는 무언가의 사회적 지위가 있을 거라는 작은 꿈을 키워야 했다. 상인이면서도 그런 상인일 수 없다고 되뇔수록 상인세계의 냉혹한 질서는 거센 파도가 되어, 권리는 없고 스스로에게 포박한 의무밖에 없는 이 사회과학 출판의 발행인이라는 방파제(防波堤)를 그렇게 덮쳤다. 그러나 안으로 피멍이 들 때마다 더욱 의연(毅然)한 듯 해야 했다.

그 시대마다 존재하는 것만으로도 상징(象徵)이 되는 사람들이 있었다. 나에게도 성장과정을 지켜주신 김지하, 리영희, 김중배, 김준엽 선생님이 그런 분들이다. 그분들과 동시대의 격랑(激浪)에서 먼발치에서라도 사숙(私淑)할 수 있었던 것은 행운이었음에 틀림없다. 머리가 여물기 시작하던 스무 살의 자서전에는 미륵불이나 큰바위 얼굴보다는 살아 숨 쉬는 신화(神話)로서, 피가 통하는 상징으로서 그들의 영향을 받으며 성장했다고 써야 한다.

김지하(金芝河) 시인의 뜨겁고 큰 손을 만난 것은 1970년 한 전 뒤 명동 흥사단에서 '민족의 노래, 민중의 노래' 강연에서였다. 소지한 것만으로도 죄가 됐던 당시 그의 담시(譚詩) 〈오적〉을 품에 넣고 그 메시지를 전하러 대구로 광주로 다니기도 했다. 이것은 지하신문 제작과 함께 제적학생의 신분을 예고하는 것이기도 했다.

리영희(李泳禧) 선생님은 1971년 대학생 토론대회에 심사위원으로 고려대에 오셨을 때 처음 뵈었다. 그때 심어준 베트남과 중국에 대한 개안(開眼)의 희열은 방책선 '3번 소총수' 군대생활을 이기게 해준 〈전환시대의 논리〉로 이어졌다. 대학원에서 '좁고 깊게 연구하라'는 가르침에도 불구하고 아직까지도 선생님의 장쾌한 산맥의 한 자락이나 제대로 보았을까 싶어 마음이 무겁다.

김중배(金重培) 선생님은 〈동아일보〉 인기칼럼 '그게 이렇지요'에 "미처 못다 부른 노래"를 마지막으로 처절한 유배의식에 젖어 일본 땅을 떠돌던 1984년 가을, 동경 외곽의 좁은 다다미 방에서 뵐 수 있었다. 암울한 시대의 어둠 속에서 스스로 몸을 살라 빛을 키우는 촛불의 자기연소(自己燃燒)만이 여명(黎明)의 새벽을 기약한다는 정론(正論)의 기개를 배웠다.

1986년 〈장정(長征)—나의 광복군(光復軍) 시절〉로 김준엽(金俊燁) 총장님을 모시게 된 것은 현대사의 한가운데서 올바른 사관(史觀)을 갖춘 삶의 격(格)을 어른에게서 본받을 수 있는 행운이었다. 출판사에서 몸부림치지 않았다면 이 어른을 가까이서 핍진(逼眞)하게 모실 수도 없었을 것이며, 정의의 승리를 기약하는 역사의 신(神)을 가늠하지도 못한 채 살았을 것이기 때문이다.

한 대통령의 사진 밑에서 젊은 날을 보낸 나만의 생각이라고 묻어두고 싶지만, 군사문화(軍事文化)를 아직도 극복하지 못한

한만년 일조각 사장, 어머니, 아내, 김중배 대기자와 함께.

우리 사회의 잘못된 가치관들의 실체를 도처에서 만나게 된다. 그것은 당연히 차별화되어 그 지위와 역할이 있음에도 불구하고 자기 수준의 하향평준화에 맞춰 남을 폄하(貶下)하며 자신의 의무는 방기(放棄)한 채 권리만 주장하는 절대적 평등의 가치관이 그런 예이다. 사회의 존경을 받는 이들이 담보해야 할 많은 의무와 이를 지켜내야 할 자기절제의 윤리의식을 쉽게 망각하기 때문이다.

우리에게 이미 익숙한 것들에 새로운 의미를 부여하여 객관화시키는 일은 결코 쉽지 않지만, 출판을 통해 어떤 권력에도 꺾이지 않고 정의(正義)의 강(江)처럼 한국 사회의 밑바닥을 뜨거운 들불같이 흐르는 어떤 힘의 주체들을 그려보고자 했다.

지난 20년 동안 사회과학책의 출판으로 제도교육의 껍질 속에 있는 출판계의 구조를 깨뜨려야 했던 힘든 궤적과, '선출되지 않은 권력'을 행사하며 권언(權言) 복합체의 권력에 안주하는 제도언론을 대신해서 출판의 언론기능을 수행하여 출판저널리즘을 꽃피워야 했음을 증언하고자 했다.

그러나 항상 위기상황이 닥치면 관군(官軍)은 어딘가 숨고 의병(義兵)이 고난을 감당해 냈던 우리 사회의 못난 전통을 다시 확인하고자 하는 것은 아니다. 오히려 그들은 익명(匿名)의 민중이나 의병이 아니라 당당하게 현실을 온몸으로 부딪치며 이겨내 역사의 좌표를 공론장(公論場)에 제시하는 창조적 소수의 실천적 지식인이라고 보고 싶다.

가장 전통적인 언론매체인 출판에 '언론기능'을 강조하는 것은 언론·출판(*speech and press*)의 정명(正名)이 시대에 따라 변화되었음을 탓하려는 것보다는, 한국 사회에서 출판이 갖는 사회적 지위의 열악함과 그 역할의 퇴색에 스스로 안주했던 게으름과 자기비하가 싫었기 때문이다.

지성의 열풍지대를 함께 꿈꾸었던 이병완, 신계륜을 비롯하여 그동안 애써 주신 나남출판사 식구 여러분의 고마움을 잊을 수 없다. 항상 고통의 길에서도 부드러움의 평화로 반려(伴侶)가 되어준 아내에게는 새천년을 앞두고 내가 영세(領洗)받는 일만으로 대속(代贖)이 조금이라도 되었으면 싶다.

반년간 학술지 〈사회비평〉이 10주년을 맞이하여 이제 ‘계간지’로 다시 고고(呱呱)의 성(聲)을 울리는 희망찬 날에,

그리고 앞뜰의 송홧가루 속에 죽순이 솟는 1999년 봄날.

(나남출판 20주년 기념식에서, 프레스센터, 1999. 5.5)

아름다운 사람들과 함께한 나남출판 4반세기

꽃보다 아름다운 사람들과 함께한 4반세기였습니다. 나남출판사가 창업 25주년이 되었습니다. 그 삶의 역정이 스스로 자랑스럽다고 생각하건, 작은 투쟁의 역사였다고 자위하건 연약한 존재가치를 기록으로 남기고 싶어하는 것이 보통사람들의 소망일 것입니다.

하기는 훌륭한 일을 하고서도 기록으로 남기지 않고 허허롭게 세상을 떠난 많은 사람들이 이 사회를 있게 했습니다만, 출판을 통해 세상을 인식하는 인쇄매체를 직업삼아 보낸 시간들이었기에 몇 자 적어보는 어리석음을 용서하십시오.

지성의 열풍지대—. 처음 출판을 시작하면서 사상과 자유가 편견 없이 교통할 수 있는 그런 열린 공간을 꿈꾸었습니다. 맨 처음 만든 출판사 도서목록의 제호이기도 했습니다. '지성(知性)과 야성(野性)의 조화(調和)'라는 화두가 계속 머릿속을 맴돌던 젊은 날을 보냈기 때문일 것 같습니다. 그러나 지성은 아직도 칼집에 녹슬어 있고, 야성은 머리 깎인 삼손처럼 되었는지도 모르겠습니다.

글쓰기가 땅을 경작하는 농부의 마음과 같다고도 합니다. 책을 만들어 세상에 펴내는 일이야말로 정말 가난한 농부의 마음과 다름없습니다. 황무지 산비탈에 젊은이가 삽 한 자루 들고 뛰어들었습니다. 어린 나무를 심고 물을 줘가며 울창한 지성의 숲을 꿈꾸었습니다. 지금 나무를 심으면 손자 대에라도 과실을 거둘 수 있다는 독림가(篤林家)의 말을 믿으며 나의 길을 갔습니다.

문전옥답(門前沃畓)을 탐내지 않아서인지 동업계의 시샘이나 질투를 받지 않고 혼자서 묵묵히 일할 수 있어서 좋았습니다. 형이 선택한 길은 항상 옳은 줄 알고 젊음을 쾌척하며 응원해준 후배들의 땀 냄새는 지금도 눈물겹습니다. 편한 길이 많은데도 안 될 일을 사서 고생한다거나, 무모한 짓이라고 걱정하는 사람들에게 나의 꿈을 설명하기에는 현실의 벽이 높았고 또 그럴 필요도 없겠다 싶어 아예 귀를 막고 눈을 감기로 했습니다.

다만 진흙 밭에 연꽃을 피우자는 꿈도 아니었는데도 묵묵히 이 길을 함께한 평생 도반(道伴)인 아내와, 없는 것을 찾기 위해 그렇게도 젊은 날을 함께 고민하며 뒹굴고 이제는 그들이 나남을 대표할 수밖에 없는 나남식구들인 임건석 전무이사, 한기우 이사, 방순영 편집장, 이필숙 디자인실장, 김선양 총무과장 등 여러분에게 이런 자리를 빌려서라도 감사의 고개를 숙입니다.

여름에 쏟아진 폭우로 골이 패진 곳엔 사방용(沙防用)으로 속성수(速成樹)도 심어야 했지만, 한참 지난 다음에는 계획림(計劃林) 조성에 방해가 되어서 이를 다시 캐내기 위해 땀을 흘리기도 했습니다. 방풍림(防風林)의 용도로 큰 나무들을 옮겨심기도 했습니다만, 어린 나무를 보호하기는커녕 고약한 타성으로 떠받듦이나 받으려 하기도 했습니다.

처음에는 그 초록색만으로도 반갑기만 했던 잡초는 왜 그리 빨리 무성해져 오히려 주인 노릇을 하는지요. 매년 서너 차례의 풀베기 전쟁을 치러야 했습니다. 수종(樹種) 선택에서도 시행착오의 연속이었습니다. 자신의 뜻이 강고하지 못하면 전혀 책임도 없는 남의 말에 휘둘리기 십상이지요.

그러나 정말 중요한 것은 자연을 받아들이는 지혜를 먼저 성찰(省察)하지 않고 내적 충실도 없는 탐욕(貪慾)의 싹을 미처 살펴보지 못한 결과였습니다. '욕심을 부릴 걸 부려야지!'했던 아버지 말씀처럼 혀는 짧은데 침은 멀리 뱉고 싶은 조급함이었겠지요. 물 많은 곳에서도 잘 크는 나무인지, 햇볕을 잘 받아야 잘 자라는지를 몰라 빨갛게 타들어가는 어린 나무를 붙들고 낙담하기를 여러 번 했습니다. 지나고 나면 백면서생(白面書生)인 농부가 겪어야 할 당연한 길이었는데도 그 과정은 그렇게 마음이 아리고 이 길이 내가 가는 바른 길인가,라는 회한(悔恨)의 밤에는 시지망월(視指忘月)의 어리석음을 범하지 않으려고 내가 가야할 북극성(北極星)을 다시 찾아보기도 했습니다.

10여 년이 지나자 100여 그루의 나무들이 자라나 어렴풋이나마 언론학(言論學)이라 부를 수 있는 숲이 모습을 드러냈습니다. 언론학이 사회과학의 한 영역으로 늠름하게 자리 잡기 시작한 셈이죠. 마침 대학에 신문방송학과와 광고홍보학과가 유행처럼 개설되어 인기를 누리기 시작하고, 군부독재의 종언으로 재갈 물렸던 언론의 말문이 트여 정보의 홍수를 이루었습니다.

창업 때부터 향도(嚮導)로 서 주시고, 지금은 광릉숲 자락에서 같은 마을 사람으로 사는 오택섭 교수가 강현두·최정호 교수와 함께 쓴 〈매스미디어와 사회〉는 한국 언론학도들에게는 대중사회와 대중매체를 이해하는 등불이자 베스트셀러이기도 했습니다. 이 책은 미국일변도의 이론을 수용·극복하여 우리의 담론을 창출한 점에서나, 착한 책값과 함께 편집체제를 혁신한 디자인으로 구태의연하고 권위적인 벽을 넘어 대학사회에서 사회과학 교과서의 민주화를 이루었다고 자부해 봅니다.

지난해에는 이 책을 헐고 다시 지은

〈미디어와 정보사회〉를 언론학계에 바쳐 우리 신문방송학계에도 이런 교과서를 가질 수 있다는 기쁨을 같이했습니다.

언론학의 숲은 황무지 개척시대 때부터 뜨거운 고통의 땀을 같이 흘리며 항상 버팀돌이 되어 주었던 홍기선, 김영석, 이강수, 김민환 교수의 저술로 울창한 숲으로 푸르를 수 있었습니다. 언론현상의 학술적 조망과 연구자들에게 거침없이 열려있는 학술적 흐름의 공간을 마련하기 위해 한종우 성곡언론재단 이사장과 함께 계간 〈언론과 사회〉를 창간했습니다. 여기에는 강명구, 강상현, 김승현, 양승목, 윤영철, 최현철 선생의 열정과 지성이 녹아들어 있습니다.

매스커뮤니케이션 학술서적과 함께 언론현장의 하늘을 울리고 땅을 아우르는 언론인의 춘추직필(春秋直筆)을 펴냈습니다. 김중배 선배의 칼럼집 〈하늘이여 땅이여 사람들이여〉는 1980년 중반 전두환 정권의 암울한 시기에 조태일 형의 마포 창제인쇄소에서 한겨울의 추위를 강철 난롯불에 녹여가며, 이제는 아련한 기억 속에 있는 납 활자로 조판했던 기억도 새롭습니다.

'쉽게 팔리지 않지만 오래 팔린다'는 모토로 간행한 사회과학 도서들이 100여 권을 넘기며 차츰 지쳐갈 무렵, 최일섭 교수의 지도로 복지국가와 사회보장의 앞날을 같이 모색한 70여 권의 '사회복지학 총서'는 힘들게 개척한 알토란 같은 텃밭이며 사회

과학 출판의 큰 획을 그은 도약대였습니다.

이제는 뉴미디어 테크놀로지의 발달과 함께 정보화 사회와 인간다운 삶의 질을 향상시켜야 한다는 복지사회 구축이 담론의 중심이 되면서 〈나남신서〉라는 숲에 별이 들기 시작했습니다. 장래를 어떻게 예측하고 이런 기획을 했느냐는 부러워하는 시선에는 먹고살기 위해 일했을 뿐이라는 농부의 대답밖엔 달리 할 말이 없었습니다.

이제 언론학과 사회복지학의 전문출판사라는 알찬 숲을 이루었습니다. 언론학도들만이 아니고 박봉에도 불구하고 사회정의의 구현을 위해 마감시간에 피 말리는 언론현장의 기자들에게도, 그리고 사회복지 연구자와 현장의 활동가들에게도 나남출판사로 인해 이젠 아카데미의 기댈 언덕이 생겼으니 모두에게 기뻐할 일이었습니다.

봉황이 깃을 틀 만한 숲을 이루지 못했음에도 불구하고 큰 어른을 모시게 되었습니다. 25년의 군부독재가 그 막을 내리려던 1986년 무렵은 한국사회의 정체성이 흔들리던 혼돈의 시기이기도 했습니다. 답답한 전환기에 무력감에 짓눌려 역사의 신의 존재라도 찾고 싶었던 때였습니다.

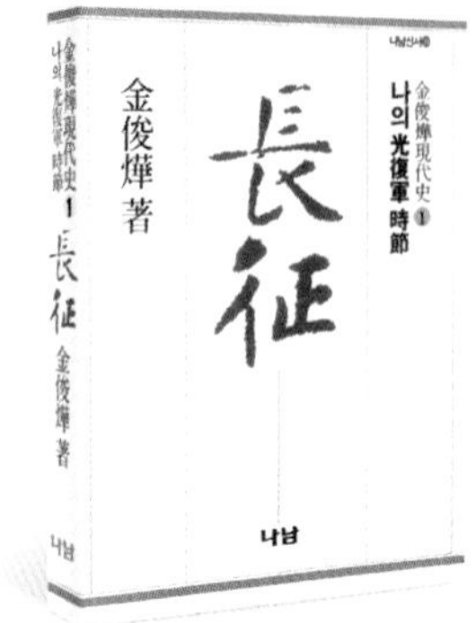

윤무한 선배가 원고를 어렵게 얻어 〈월간 경향〉에 선보인 이 시대의 마지막 광복군(光復軍)인 김준엽 전(前) 고대 총장님의 〈나의 광복군 시절〉이 눈에 번쩍 띄었습니다. 이 회고록을 임희섭 교수의 도움으로 나남에서 출판하게 되었습니다. 그때까지 일면식이 없었던 김 총장님은 "제자가 운영하는 출판사인데 안심하고 맡길 수 있다"고 하셨답니다.

항상 그 나름의 최선을 다해 출판한다고 자부했지만, 역사의 한 페이지에 동참하는 일인 만큼 '오자(誤字)와 싸우자'는 마음으로 지명·인명의 한문교정이나 문장을 가다듬는 일만이 아니라, 중국, 일본의 현대사 공부도 새롭게 해야 했습니다. 책제목은 모택동의 대장정에 버금가는 의미를 부여하기 위해서 〈김준엽의 현대사— 장정(長征)〉이라고 붙였더니 총장님도 좋아하셨습니다.

이 책은 5만 부 넘게 팔려 그 당시 기준으로는 사회과학계의 베스트셀러였습니다. 그보다 더욱 의미 있는 일은 분단의 굴레에 주눅 들었던 젊은이들에게 광활한 대륙을 말달리며 항일무장투쟁(抗日武裝鬪爭)하던 선구자의 모습을 보여주었음에 자부심을 가졌습니다.

이 책은 2001년 전 5권이 완간될 때까지 제목처럼 15년 동안 장정(長征)의 길을 걸어야 했습니다. 이 책으로 항일의병운동, 광복군 무장투쟁 등 20세기 초반의 한국현대사에 관한 저술들이 집중되고 〈백범전집〉까지 제작함으로써 의연한 길을 걸었던 우리 시대 역사의 신들과 도반으로 함께하는 영광도 같이하고 있습니다.

총장님이 출입하면서 불편해 하셨던 서대문 충정로 백왕인쇄소 4층에 세 들었던 출판사도 서초동 교대 앞에 사옥을 마련하여 20년 가까운 나남출판사의 강남시대를 사는 계기가 되기도 했습니다.

장준하 선생과 함께 〈사상계〉를 냈던 총장님은 서울올림픽이 있던 해에 나남에서 오생근, 임현진, 이성원, 김인환 교수와 함께 〈사회비평〉을 창간하자 많은 격려를 해주셨고, 총장님께서 1989년 사회과학원을 창립하면서 시작한 〈계간 사상〉 제작을 나남출판에서 15년 동안 뒷받침해 드렸습니다.

또 1997년 〈한국언론과 출판저널리즘〉으로 박사학위를 받던 날 사회과학원 여러 어른들과 함께 어버이의 마음으로 나를 과분하게 축하해 주셨던 뜨거운 밤도 잊을 수 없습니다.

1988년 상투화된 안일한 대답이 횡행하는 세상에서 질문다운 질문을 제기하고 진정한 종합화의 시각으로 공통의 문화공간을 기초하기 위해 창간하여 16년 동안 계속된 〈사회비평〉이라는 지적 저수지는 사회과학계의 신선한 돌풍이었다고 믿습니

다. 밤늦게까지 춘천 가는 길을 걱정하며 토론에 열중했던 송호근 교수가 많은 시간을 함께했습니다만, 하영선, 염재호, 김용학, 서병훈, 정호근, 박길성, 김병국 선생들이 사회과학의 거대한 숲을 이루는 주역이었습니다.

오생근 선생이 5년 넘게 번역에 매달렸던 〈감시와 처벌: 감옥의 역사〉는 프랑스 철학자 미셸 푸코에 대한 개안(開眼)이었습니다. 군사독재시절 이 책으로 군대, 병원, 감옥의 일망 감시체제를 다시 생각하게 했으며, 김현 선생의 '중세에는 정보를 얻기 위해 자행되었던 고문이 지금은 인성까지 파괴하는 야만성을 드러낸다'는 말이 새롭습니다.

10년 후 이 책을 다시 재번역 출간하고야 마음을 놓았던 오생근 형과의 오랜 동안 두텁게 쌓아온 우정과 배려는 〈성의 역사〉(전 3권), 〈광기의 역사〉의 출간까지 이어졌습니다. 삶처럼 고달픈 정글의 번역과정을 이겨낸 이규현 박사에게는 푸코의 광기에 휩싸임과 하나가 되어 있는 자유의 모습을 언뜻 엿볼 수 있었습니다. 광기의 지평에 머물러 있는 자유가 어둠 속의 찬란한 빛처럼 아름답고 숭고하게 순간적으로 반짝입니다. 프랑스 갈리마르출판사는 방문객에게 한글은 모르지만 원전보다 아름답게 제작된 푸코의 번역책을 자랑한다는 후문입니다.

1996년에는 한상진 교수의 안내로 독일철학자 위르겐 하버마스를 서울에서 만났습니다. 대학시절 이성(理性)의 깃발을 든 전사(戰士)였던 그를 사상의 우회로(迂廻路)로 삼으며 소외극복과 민주주의 실현을 꿈꾸며 공부했던 기억이 새롭습니다. 그의 비판이론을 여러 권 출간하면서, 독일 주어캄프출판사와는 우의를 같이하고 있으며, 곧 장춘익 교수가 3년째 매달리고 있는 〈의사소통 행위이론〉 두 권의 완역출간을 앞두고 있습니다.

도원(桃園)의 결의(決意)처럼 최장집 교수의 지도로 출간한 박명림 박사의 〈한국전쟁의 발발과 기원〉은 이후 〈한국 1950 : 전쟁과 평화〉로 이어지면서 한 학자의 성장과정을 출판사와 함께 하는 기쁨도 같이하고 있습니다.

박경리 선생의 장편소설 〈김약국의 딸들〉을 얘기해야겠습니

1996년 5월 독일의 철학자 위르겐 하버마스 교수의 서울 방문시 롯데호텔에서.

다. 1991년 병문안차 목동 아파트의 김지하 선배 댁에 들렀다가 부인이신 김영주 선생의 원고를 추슬러 〈신기론으로 본 한국미술사〉를 출간했습니다. 이 책은 내가 아니더라도 형의 민주화 대장정에 밑거름이 되어 준 누나의 헌신적인 고행(苦行)을 생각한다면 사회적인 조그마한 대접으로라도 벌써 세상에 나왔어야 했습니다.

따님의 책 출간을 계기로 그때까지 뵌 적이 없었던 〈토지〉의 작가 박경리 선생이 〈김약국의 딸들〉을 주셔서 어른의 가연(佳緣)의 뜻이라 생각했습니다. 1989년 한 세기가 막을 내리는 베를린 광장을 같이 걷고 유럽의 문화에 눈뜨게 해준 김형국 교수는 우정 어린 유려한 문장의 〈박경리 작가론〉을 덧붙여 주었습니다.

10여 년간 이청준 선생의 〈황홀한 실종〉을 시작으로, 홍성

원, 황동규, 이제하, 정현종, 박완서, 김원일, 이문열, 이어령, 최일남, 한승원, 한수산, 김현, 김화영 선생의 '나남문학선'을 이끌어 오던 무렵이니 문학이 낯설지는 않았습니다. 30여 년 전의 베스트셀러였던 이 작품은 나남에서 다시 50만 권이 넘게 팔려 사회과학 출판의 커다란 재원이 되었습니다. 한 세대를 넘나드는 시간의 격차에도 불구하고 작가의 인간에 대한 감동적인 애정을 독자들이 놓치지 않았다고 생각합니다. 10여 년간 〈김약국의 딸들〉 인세를 전해드리기 위해 원주시 단구동 박 선생님 댁을 드나들며 들은 생명에 대한, 삶에 대한 말씀들은 산사(山寺)의 문답처럼 내 성장의 큰 원동력이 되었습니다.

2002년 국민대 윤호섭 선생의 귀하고 아름다운 디자인으로 새롭게 출판한 대하소설 〈토지〉 21권도 그렇습니다만, 작가가 이 시대를 온몸으로 보듬고 치열하게 살지 않고서는 그런 '역사로서의 소설, 소설로서의 역사'를 창조해 낼 수는 없는 일입니다. 뉴저널리즘의 표상이 되었던 노만 메일러의 〈밤의 군대들〉과 존 리드의 〈세계를 뒤흔든 열흘〉이 그러합니다.

〈토지〉의 원본을 제대로 만들어야 한다는 각오로 기존 판본을 비교하고 서너 차례 정독을 하면서 이 대작에 걸맞은 편집

디자인과 함께 가독성을 생각하기도 했습니다만, 본문 속에서 뽑아낸 저자의 육성으로 장(章) 제목들을 새롭게 붙이는 데 몇 날 며칠 밤을 꼬박 새우기도 했습니다. 하동 평사리 지리산 자락에서 토지문학제를 처음 열던 가을밤에 이를 흔쾌히 허락하신 대작가의 깊은 신뢰가 오히려 어깨를 무겁게 했으며, 대작에 사족을 다는 것이 아닌가 하는 계면쩍음을 억누를 수 없었습니다.

노작가는 대시인이셨습니다. '어둠의 발소리'에서 시작하여 '빛 속으로' 마무리 짓는 〈토지〉는 살아 있는 신화의 괴로운 환희와 상처 입은 울음과 한 서린 꿈이 있고, 무명번뇌의 뿌리와 추적과 음모 그리고 생명의 강, 생명의 불꽃이 타는 그리움의 심연이 있습니다.

바닥 모를 늪 속에서 폭풍전야의 자유를 위한 선택과, 떠나는 자와 남는 자가 가냘픈 희망의 그네를 뛥니다. 그리고 북극의 풍우 속에서 무력한 지성이 아닌 상처받은 짐승 같은 우리의 주인공들은 꿈속에서 지신을 밟습니다. 자유를 향한 길목에는 이율배반의 자비와 잔혹이, 그리고 질기고 한 많은 인연이 있습니다. 꿈속의 귀마동에서 서희와 길상의 타는 목마름이 사랑으로 승화합니다.

여한이 없는 사랑은 아무래도 월선이입니다. 장엄하고 처절한 계절에 사람이 살아가는 풍경은 세월을 자맥질하는 해녀처럼 순수에의 고뇌와 허기지고 고독한 승리가 있는가 하면, 분노의 파도에 휩쓸리는 욕망과 갈등의 자포자기도 있습니다.

풍차같이 도는 일상에서 탈출하여 푸른 은빛 밤하늘의 구름바다에 진달래 화전을 부치는 별당아씨와 마지막 동학군 김환 장군을 그려보십시오. 바람 부는 벌판에 선 끈질긴 우수가 타는 눈을 가진 순결한 젊은 그들은 누구입니까.

미친 세월에 금기의 사랑에 도전하는 젊은 사자(獅子)들의 미처 못다 부른 노래는 슬픔이 빚는 진실입니까. 비애가 아닌 생명의 한을 가지고 자유인의 길을 가는 사람의 뒷모습을 우리는 찾을 수 있습니다. 바닥 모를 늪 속에서 사랑할 수 없는 불행과 집념과 포기의 싸움을 벌여야 하는 거미줄에 묶인 사람들도 있습니다. 치열한 삶의 한가운데 평사리의 어둠과 지리산 사나이들이 있고, 지칠 줄 모르는 갈등과 서희의 경련처럼 이는 그리움이 아름다운 영혼으로 함께 있습니다.

"새천년을 어떻게 준비할 것인가"라는 생각으로 무엇엔가 쫓기며 해법을 찾으려고 헤맬 때였습니다. 가보지 않은 길에 대한,

미지의 세계에 대한 설렘과 함께 불안이 교직(交織)하면서 나만 게으름을 피우며 방향을 잡지 못하는 것이 아닌가 하는 초조함이었겠지요. 출판사가 20주년을 맞이하고 저도 50 고개를 넘고 있었습니다.

우선 자연채무(自然債務)처럼 안고 있었던 숙제 두 가지를 해결해야 했습니다. 리영희 선생이 고희(古稀)를 맞았습니다. 30여 년 선생의 주변을 감돌다 뒤늦게 박사공부까지 지도받았지만 선생을 책으로 모시지 못한 부끄러움이 있었습니다. 고희기념 선집의 출판을 발상하고 힘겹게 결실을 맺는 데에는 이제까지 리영희 선생의 책을 출판했던 까치 · 두레 · 범우사 · 삼인 · 창비 · 한길사 · 한겨레신문사의 도움이 있었습니다.

고희기념 출판기념회 식장에서 출판의 사회적 기능이 어디까지인가를 웅변으로 말씀하신 리 선생의 인사가 가슴 뭉클했습니다. 20세기를 보내는 1999년 제야를 며칠 앞둔 밤의 일이었습니다.

"고희의 통과의례 행사를 공동으로 마련해 준 그 출판사들은 지난날 야만적 독재정권들의 탄압을 무릅쓰고 나의 책을 출판해 준 민주적 문화운동의 선구자들이다. 나의 책을 출판한 바로 그 이유 때문에 반문화적 권력의 박해를 받기도 했다. 그 출판사들과 그 발행인들의 사랑과 용기가 아니었던들, 30여 년에 걸친 기간의 문제작과 논쟁적 논문들은 물론, 여기 〈동굴 속의 독백〉에 수록한 부드러운 글들조차 햇빛을 보지 못했을 것이다."

〈지훈상〉 제정

청소년 때부터 그의 선비정신을 흠모하며 사숙(私淑)했던 큰 스승인 지훈(芝薰) 선생의 뜻을 나 혼자만이 아니라 세상 사람들과 더불어 갖고 싶었습니다. 1968년에 돌아가신 지 32년이 된 이 어른의 뜻이 21세기 지금에는 어떻게 구현될 수 있는지를 찾아보고 싶었습니다.

2000년에 내 마음속의 상투를 자르듯이 사상의 자유시장에 〈지훈상〉(芝薰賞)을 내놓았습니다. 대학졸업 무렵에는 '사헌'(史憲)이라는 별칭을 주실 만큼 정을 주신 한동섭 헌법 선생님에게 '지훈이 법학을 전공했다면 이 사회에 무슨 일을 했을까요?'라고 물으며, 선생의 먼발치라도 서 보고 싶었던 숙제였습니다. 나남출판이 왜 이 상의 운영주체여야 하는가를 자문해 보면서 '굽은 노송이 선산 지킨다'는 속담으로 대답을 대신해야 했습니다.

인권환, 김인환, 오탁번 선생이 그 뜻을 같이했습니다. 선생님 부인 김위남(난희) 여사와 박노준 교수가 거의 일을 도맡으셨고, 홍일식 고대 총장을 〈지훈상〉 운영위원회 위원장으로 모셨습니다. 저는 상임운영위원으로 이 상의 운영실무와 함께 재

1996년 10월에 완간된 〈조지훈 전집〉 출판기념회에서 지훈 선생
사모님과 함께(고려대 인촌기념관). 왼쪽부터 지훈 선생 차남 학렬,
지훈 선생 여동생, 홍일식 고려대 총장.

원을 책임졌습니다. 〈조지훈 전집〉을 다시 완간한 지도 삼사 년이 지났고, 자매지 〈사회비평〉과 〈포에지〉도 매체로서 그 영향력을 키우고 있어 도움이 되었습니다. 〈지훈문학상〉과 〈지훈국학상〉의 두 부문을 시상하고 있습니다. "거짓과 비겁함이 넘치는 오늘, 큰사람을 만나고 싶습니다"라는 기치는 〈지훈상〉과 함께 계속되어야 합니다.

한 분 한 분 거명하지 못해 예의를 갖추지 못했습니다만, 이 책에 실린 2천여 명의 아름다운 사람들은 책 한 권 한 권 출판할 때마다 가장 궁핍한 시기에 칼날 위에서 춤추듯 긴장을 풀지 않고 정성을 다한 생명의 불꽃들이었습니다. 이분들이 한국사회의 중심을 관통하는 들불처럼 타올라 지금은 이 사회 어디에서 어떤 의미가 되어야 한다는 희망 속에 자유(自由)의 활화산(活火山)으로 우뚝 서 자리하고 있을 것입니다.

그리고 20여 년 동안 궂은일 마다 않고 성심성의껏 그 많은 다종소량의 책들을 꼼꼼하게 제작해 준 삼화인쇄의 유성근 사장과 박삼협 부장에게 우정 어린 감사의 절을 드려야 합니다.

어쩌면 제가 지난 4반세기 동안 한 일은 간이역의 외로운 역장 노릇이었는지도 모릅니다. 많은 사람들이 나남출판이라는 자유의 광장을 지나갔습니다. 길을 묻던 사람들도, 늠름하게 제 갈 길을 가던 사람들과도 어디서 무엇이 되어 다시 만나자고 했습니다.

저수지(貯水池)는 산 위에 있는 것이 아니라 골짜기 맨 밑에 자리 잡아야 함은 너무도 당연한 일입니다. 저의 자리가 어디인지를 항상 잊지 않겠다는 각오이기도 합니다. 또 하나의 4반세기를 준비하는 튼튼한 보(洑)를 이제는 파주 출판문화단지에 쌓아야겠습니다. 그리고 이곳에 〈닥터 지바고〉의 작가 보리스 파스테르나크 생가에서 보았던 자작나무의 숲도 일구려고 합니다.

이 '나남출판'이라는 지성(知性)의 저수지를 갈무리하면서 보낸 시간들의 기록을 여러분께 감히 보여드리는 부끄러움을 용서하시기 바랍니다.

(2004. 5. 5.)

한 출판인의 고백

책은 우리에게 어떠한 의미를 갖는 것일까. 열심히 공부해야 훌륭한 사람이 된다고 채찍질하던 우리의 엄한 아버지의 머리속에 가졌던 '열심히 공부하는 것'이란 곧 책을 가까이 하고, 책을 열심히 읽고, 외우고, 생각하고, 시험답안을 잘 써서 '훌륭한 사람'이 되어야 하는 것이었다. 못 배운 것이 한이 되어 자식교육에 당신의 모든 것을 희생하는 것도, 훌륭한 사람이 되어 사회에 봉사하라는 더 큰 뜻보다는 우선 당신의 학력 콤플렉스를 자식에게서 보상받고 싶기 때문일 것이다.

물론 이때의 '책'은 시험을 잘 치르기 위한 교과서와 참고서를 가리킴은 당연하다. 우리가 경험했던 중고등학교 학생시절부터 갖고 있던 책의 개념은 출세할 수 있는 도구이자 선망의 대상이며 넘어야 할 엄청난 장벽으로서 우리를 짓눌렀다. 이러한 우리의 경험을 지금 우리 자식들이 반복하고 있는지도 모른다.

'공부하라'는 당부는 책을 보라는 채찍이었고 '공부하기 싫다'라는 중압감은 우선 책에 대한 미움으로 시작했다. 대학입시를 앞둔 수험생은 철학이나 문학책 등 시험문제와 관련 없는 '쓸데없는 책'은 읽어서는 안 되었고, 가까스로 대학이라도 들어가면 이젠 또 다른 책에 대한 공포가 학생들을 덮친다. 부모들은 행여 그렇게 공들여 키운 자식들이 입신양명(立身揚名)의 탄탄대로를 구축하는 '책'이 아니라 사회비판적 학생운동의 길에 이르는 의식화되는 '책'을 읽을까 봐 전전긍긍하게 된다. 이때의 책은 한 개인의 인생을 바꿀 수 있는 엄청난 사상의 전달 매개로서의 핵폭탄으로 인식된다. 어떤 책이 좋은 책이며 어떻게 읽을 것인가에 대한 해답은 준비하지도 못한 채 걱정만 하고 있다.

책이란 우리에게 무엇인가를, 책을 만들고 판매하는 것을 평생업으로 하는 우리가 오늘 다시 한 번 생각해 보아야겠다. 삶을 영위하는 데 우리가 갖추어야 되는 꼭 필요한 여러 요소들 중의 하나로서, 곧 삶의 일상성에 비추어 책을 받아들여야 한다. 이제까지 출판문화를 진선진미(盡善盡美)한 너무 높은 곳에 올려놓은 것은 아닌지를 짚어보고 싶다. 이것은 책을 만들고 판매하는 일들이 쉽다거나, 목숨을 걸고 이룩하고자 하는 출판문화를 낮추어 보자는 뜻은 더욱 아니다. 그러나 우리의 생업(生業)을 저 높은 곳에 자리매김할수록 출판이 엘리트적인 문화사업이고, 서점은 지역문화 선도자의 공간이라고 자위하는 폭은 커질 수 있겠다.

그러나 우리들이 감상적이 아닌 냉철한 시장의 논리와 격동하는 사회구조의 재편성에 뿌리내리지 못하고 부풀려진 허위의식 속에 안주하는 동안, 우리 업계는 영세화로 치닫을 수밖에 없다. 전통적인 문민 위주의 선비사상에 편승하고 88올림픽 이후 후기 산업사회이거나 정보화사회라고 부풀려진 풍선으로 비유되는 현실에서 우리도 덩달아 일상의 책장수 노릇을 과대평가해 왔는지도 모른다는 반성은 나 하나만의 생각인지도 모르겠다.

출판사와 저자와의 관계시작은 우선 저작원고 그 자체이며 이것이 전부일 수도 있다. 그것은 시장성이 있는 원고이거나, 당장은 쉽게 팔릴 시장성이 부족하더라도 본질적으로 우수한 가치를 지닌 저작물일 것이다.

출판사가 꿈꾸는 작품은 아침에 눈을 떠 보니 계엄령처럼 천지가 하얀 눈으로 덮여 있는 낭만의 설국(雪國)처럼 아무런 예고 없이 출판사에 굴러들어 오는 천재들의 작품일지도 모른다. 그러나 출판을 의뢰해 온 대부분의 원고는 저자 자신은 걸작이라고 주장하지만 실제로 전혀 상업성이 없는 원고들이기 십상이다. 자신의 이해타산이 앞선 대학 취직용, 진급용이 대부분이며, 간혹은 저자 자신이 자기기만이거나 극명한 이기주의에 빠져 있는 때도 많다.

한편 이렇게 부탁하는 원고의 질은 대개 그다지 높지 않다. 천재의 징후를 발굴해 내는 경쟁이 출판사마다 너무 치열하기 때문에 진정으로 장래성 있는 저자의 원고가 결국 어떤 출판사의 눈에도 띄지 않고 지나칠 가능성은 극히 희박하다. 이청준의 중편 〈비화밀교〉(秘火密敎)에 그려졌듯이 깊은 산중의 꽃은 그 향기가 더욱 짙어서 그 향기를 찾는 꿀벌들을 멀리서 불러 모은다고 하지 않는가.

대학 출판사에서는 그 대학의 교양국어, 교양영어 교과서를 독점 판매하는 수익이 막대할 뿐만 아니라 대학 재단의 예산이 있는데도 불구하고, '안 팔리는 좋은 책'은 학술적 가치가 크다 해도 이를 외면하는 것이 현실이다. 외국대학의 선진문명은 그렇게 부러워하면서도 그 대학 출판부의 권위가 어떻게 형성되었는지를 알려고도 하지 않는 듯싶다. 이것은 지식인의 요람이자 대학의 사명을 구두선(口頭禪)처럼 부르짖고 또한 지식계급의 우월함을 향유하는 그들의 사회적 권위에 비추어 보면 직무유기를 하는 셈이다. '노블레스 오블리주'(Noblesse Oblige)라는 건강한 책임감을 방기하고 있기 때문이다.

한편 일부 인문사회과학 분야에서 상업성은 없으나 꼭 필요한 분야이기 때문에 정부나 학술지원단체들로부터 지원을 받은 연구보고서를 책의 형태로 보고하는 경우에는, 연구지원금과 별도로 출판비용이 당연히 포함되어 있다. 현실파악에는

"정직한 장사꾼보다 부패한 공무원이 더 정직하다"는 말이 이를 말한다. 저자들은 가난한 선비로 자처하며 연구의 중요성과 책 출판의 문화적 행위를 역설하면서 별도의 출판지원금까지 자신의 연구비로 생각할 뿐만 아니라 이 보고서를 책으로 출판해 준 일반 상업출판사로부터 당당하게 인세까지 받아간다.

물론 특정분야의 심오한 학술연구가 시장에서 팔릴 리 없다. 저자도 이른바 '프로젝트'의 보고서 제출에 목적이 있지, 저서로서 자랑하고 싶은 마음까지도 없으면서 정상적 출판행위라 호도하는 것은 문화적 폭력을 넘어 사회구성체의 일원으로서의 자격을 의심케 한다.

출판사는 바보처럼 이러한 학술서 출판에 손해를 각오하고 왜 투자를 하는가. 우선은 손해일지 모르나 장차 그 저자가 성숙하여 잘 팔릴 수 있는 다른 책으로 그 손해를 보상받을 수 있다는 기대치에 희망을 거는 것일 것이다. 그 원고가 정말 가치 있는 원고라면 좋은 책을 출판한다는 출판사 이미지 형성에 크게 도움이 되는 자기만족도 있을 것이다.

그러나 대부분의 경우, 상업성이 있을 만한 원고가 만들어지면 저자 자신에게 이제까지 투자한 출판사가 아닌 인간적 관계라는 모호한 자기변명으로 다른 출판사로 가져간다. 저자의 명성을 구축하도록 돕는 데 한 푼도 쓰지 않은 다른 출판사와 경쟁적으로 좋은 조건을 제시하게 하는 쓰디쓴 경험을 겪어야 한다.

저자가 수 개월 어쩌면 몇 년의 외롭고 집중적 노력 끝에 탈고한 저서와 저자의 특별하고 실로 어버이·자식 같은 관계를 깊이 읽어내는 출판인의 지혜는 소중하다. 그러나 얼마간의 돈을 지불하고 이 책을 읽어줄 일반 독자대중은 어떠한가를 생각해야 한다. 이 책의 독자는 어떤 사람들일 것인가를 치밀하게 분석해 보아야 하며, 거기에 걸맞은 판매전략을 세워야 할 것이다.

그러나 저자들은 독자에 대한 배려를 무시하는 경향이 있다. 훌륭한 메시지가 전달되도록 잘 읽히면 더욱 좋으련만 자신의 문장력이 빈약함을 인정하지 않으려 한다. 영어 스펠링 한 자라도 틀리면 크게 부끄러워하면서도, 자신의 주장을 설득력 있게 전달할 적합한 단어를 찾기 위해 한글사전을 한 번이라도 찾아보는 노력을 했는지 의심스럽다.

자신의 저술과정의 고통과 이기주의적 성취감에만 들떠 이를 알아주지 않는 것은 전적으로 어리석은 독자의 책임이지 오직 숭고한 저술을 한 저자의 책임은 없다고 당당한 척 비겁한 외면을 한다. 내가 투정부릴 때마다 '공부가 무슨 벼슬이냐!'라는 돌아가신 아버지의 꾸지람은 그들도 예외가 아닌 듯싶다.

책이 시장에서 살아남으려고 발버둥쳐야 함에도 불구하고 짐짓 독자성향이나 판매에 대해서는 잘 모르는 것을 부끄러워하지 않거나 오히려 이를 밝히는 출판사를 장사치로 보아 경멸하기 일쑤이다. 자신은 저술의 상업화에 앞장서거나 문화로 위장된 장사치는 아니라는 데 그 알리바이를 두고 있다.

출판사에 이익이 생기는 유일한 원천은 도서의 제작비·마케팅 비용과 서점에서 수금하는 금액 사이의 차액이다. 제작원가로 책을 파는 것으로 이익을 얻을 수 없음은 당연하다. '출판업자'라고 백안시(白眼視)하다가도, 문화사업의 큰 뜻을 세운 사람들이니 '그래도 어디선가에 이익이 생기니' 책장수를 계속 하겠지라고 생각하는 저자가 우리 주변에 참으로 많다는 것은 놀라운 일이다.

출판사업이란 인적 요소가 매우 강한 사업으로 바로 이 점이 이 사업의 매력이기도 하다. 그래서 이 인적 요소가 출판업계의 가장 중요한 요소가 된다. 출판사 사장의 성향이 그 출판사 목록의 질을 결정하는 것은 이를 잘 말해 준다. 또한 출판사 사장의 기호는 출판분야를 판단하는 데에도 결정적 영향을 미친다.

질보다 양에 치중하고 출판업을 상업적인 모험사업으로 여기는 베스트셀러를 추종하는 출판사는 이미 명성이 나 있는 베스트셀러 소설가에게 끌려 다니는 것이 불가피할 것이다. 이런 출판사는 남이 뿌린 씨앗을 중간에서 통째로 가로채기에 애쓰기 마련이어서, 경쟁출판사의 저자를 움직여 자기 출판사에서 출판하기 위해서는 수완 좋은 비즈니스의 이름으로 수단 방법을 가리지 않게 된다. 그러나 수많은 저자들은 방대한 출판목록을 필수품으로 여기고 있는 출판사보다도 저자의 작품에 대해서 인간적인 배려를 해줄 수 있는 출판사에서 더 나은 대접을 받는다는 것을 깨닫고 있다.

인적 요소가 강한 출판사 본래의 속성 때문에 출판사에 들어온 원고를 되돌려 주는 일도 보통 어려운 일이 아니다. 출판원고는 주로 상임·비상임의 편집위원회에서 검토하게 된다. 계간지 등의 학술잡지를 같이 펴내는 출판사에서는 이 잡지 편집위원을 단행본 출판의 자문위원으로 활용하기도 한다.

원고를 검토하는 데에도 비용을 들여, 대개 한두 달 검토하여 이를 되돌려 주면 이를 돌려받은 저자는 단지 원고 출판이 거절당했을 뿐임에도 마치 자신의 전체 인격이나 자존심이 심하게 훼손된 것처럼 생각한다. 출판사는 매일 책을 내는 곳이고 저자는 다른 큰 일을 하면서 일생에 두세 번쯤 책을 내는 것이 아닌가.

처음 원고를 부탁받을 때, 출판이 불가능하면 되돌려줄 수 있다고 분명하게 양해를 구하더라도 처음에는 그것을 흔쾌한 척 받아들이지만, 결국은 출판을 거절한 순간부터 저자에게 원수 취급을 받게 된다. 유아독존적인 선비·지사의 깊은 뜻이 좌절된 책임이 전체 사회구조에 있지 않고, 오직 출판을 거절한 출판사 사장 개인에게 덮어씌워진다.

체면문화의 어두운 폭력이 자행되는 것이다. 예상된 출판거절의 분함을 이기지 못한 격정적인 저자는 다른 출판사를 찾아 출판 제작비용 모두를 자신이 부담하여 책의 탄생 기쁨만을 허탈하게 즐겨보기도 하는 일도 있다고 한다.

많은 직업 중에 왜 출판을 직업으로 선택하는가.

조선시대 유교집단주의의 영향으로 같은 장사라도 책장수해서 돈도 벌고 한편으로는 사농공상의 사회구조 중 가장 귀하다는 선비집단에 낄 수 있다는 사회적 신분상승에 대한 욕망 때문인가. 저자의 원고를 처음으로 교정하고 대화할 수 있는 '최초의 독자'로서 학문적·창조적 작업을 함께한다는 알량한 지적 만족감인가.

왜 모든 책임만 있는 대로 떠맡고 온통 고통(苦痛)의 축제(祝祭)를 담임하는 출판장이가 되었을까. 좋은 책을 출판 못하는 책임, 잘 팔리는 책을 출판 못하는 책임, 원고료·인세를 많이 드리지 못하는 책임, 항상 가난한 책임…. 남들은 그러지 않고도 잘들 살아가는데, 출판질하는 네가 뭐 대단한 일을 한다고 시대의 소금이 될 것 같은 착각과, 일류 저자들과 시대의 아픔을 교감한다는 허상 속에서 고통을 자초하는가?

지금은 정보화시대라는 상품성으로 대중문화의 통속성은 갈수록 넓어지고, 더욱더 편한 것을 추구하고 있다. 그리고 창조적 소수인 지성인들마저 장사하는 사람들보다 오히려 좀더 넓은 평수의 쾌적한 주거환경과 많을수록 좋은 연구지원금과 함께 더 높은 존경심을 한 몸에 받으려고 한다. 사회구성원으로서, 역사의 철인(哲人)으로서 도덕적으로나 개인적으로 어떤 책임도 별로 지지 않는 것 같다. 학생은 공부 안 하고, 정치인은 썩었고, 출판사는 다 장사치들이 되어 좋은 책을 내려 해도 소금 같은 출판사가 없고, 젊은 놈들은 책을 읽지 않고, 언론도 보수귀족이 되어가고…. 그럼에도 불구하고 나는 어떤 비판도 받아서는 안 되는 무풍지대의 고귀한 자리에 있다고 착각하면서 같잖은 권력을 누린다고 생각하는 당신은 누구십니까?라고 묻고 싶다.

분단의 아픔을 겪으면서 형성된 냉전(冷戰)사상은 우리에게 '적과 동지'라는 이분법의 이데올로기를 생활화시켜 "싸워서 이겨야 한다"는 군사문화가 부지불식간에 우리의 행동양식을 지배하게 되었다. 이것은 우리들의 출판문화에도 예외가 아니어서 수직적으로는 책을 생활의 일상성에 뿌리박지 못하고 엘리트문화라는 허구 속에 올려놓음으로써 정부가 해야 되는 교육이라는 큰 제도를 민간 출판업자에게 미뤄 놓고, 그들에게 그 일부를 늠름하게 담보하고 있다는 허위의식(虛僞意識)을 심어 주었다.

한편 서로를 낮추어 보려는 옹고집들이 출판사와 서점을 '적과 동지'로 나누어 서로를 적으로 여기는 경향도 만연하게 되었다. 이러한 벽을 뛰어넘는 공동광장으로서의 새로운 공동체를 마련해야 되는 당위성은 어느 때보다도 지금 절실하게 되었다.

출판사와 서점이 공동으로 이루는 신설된 공동체는 건전한 출판문화와 서로 협의하는 유통체계의 형성을 위해 게이트 키퍼로서의 기능을 할 수 있는 상설기구가 되어야 하고, 주요 사업으로는 공동창고의 신설이나 도서상품권 회사의 설립 등을 추진할 수 있는 주체가 되도록 바로 이 자리에서 감히 제안해 본다.

(출판영업인협의회 강연, 1991. 7.)

나의 단골집 '영산강'

마음 조급한 탐욕의 사냥꾼이어야 살아남을 수 있다는 이기주의의 아집만이 휩쓸고 있는 아스팔트의 불모지대에서, 마음 편하게 바다냄새를 맡을 수 있는 음식점이 있다는 건 생각만 해도 유쾌한 일임이 틀림없다.

5년 전 출판사를 서대문에서 서초동 교대 앞으로 옮기고 나서 곧바로 소설가 김원일 씨가 최일남 선생하고 여러 번 와 본 아끼는 단골이라면서 소개해 준 곳이 순 전라도 토속음식점 '영산강'이다.

예술의 전당(남부터미널) 지하철역에서 나와 파출소 옆 강남부속상가에 자리잡은 조그마한 음식점이다. 출판사에서 가깝기도 하고 식도락에 일가견을 가진 미식가로 자처하는 〈사회비평〉 편집위원들이 이 집만은 A학점을 주고 있는 탓에 점심 때나 편집회의 때마다 이곳을 많이 찾게 된다. 〈사회비평〉 창간회의는 임현진 선생이 소개한 강남 역삼동의 중국집 '띵호아'에서 자주 열렸다. 나중에 양재동 쌍둥이빌딩 근처로 옮긴 그 집까지 20년이 넘게 찾아다닌다.

목포가 고향이라는 주인 김씨(41) 부부는 15년이 넘게 서울생활을 했으면서도 밤차로 올라오는 싱싱한 해물을 받으러 용산역에 가는 길 이외에는 아직 서울거리를 제대로 모른다는 뱃사람 그대로의 소박함을 지니고 있다. 전라도 음식을 서울에 선보인 서초동 '삼학도'의 주방장으로 일하다가 고향음식이 너무 도시화되는 것이 싫어 고향맛 그대로를 자랑하고 싶어 '영산강'을 개업했다는 사람이다. 그러기에 이곳에 오기만 하면 나오는 반찬마다 그의 이런 우직스런 고집이 알알이 배어있음을 느끼게 된다.

점심으로는 낙지비빔밥(3천 원)이 제일이다. 된장에 버무린 남쪽 청정해안에서만 나는 뜸부기(톳) 나물과 무공해 민물새우로 만든 맵지도 짜지도 않은 토하(土蝦)젓을 함께 비벼야 한다. 저녁 겸 술자리라면 우선은 이 집의 특허상품이기도 한 '소낙막기'(1인분 5천 원)를 주문할 일이다. 쇠고기와 낙지를 잘게 다져 달걀에 반숙해 만든 오믈렛인데 백주(보해) 한 잔을 곁들여 들면 시장기도 달랠 겸 맛이 그만이다.

전라도에서 혼인 등 대사를 치를 때 잔칫상에 빠지지 않는 음식이 바로 홍어다. 그것도 흑산도 홍어를 최고로 친다. 이 집엔 홍어찜과 홍어무침(3인분 한 접시 1만 5천 원)이 상큼한 미나리 양념과 함께 준비돼 있는데 싱싱한 것, 중간 정도의 것, 푹 삭은 것 등 손님이 입맛대로 주문해 먹을 수 있다.

이 집에 준비돼 있는 목포 세발낙지(안주 9천 원)는 야성을 부려가며 통째로 산 채 먹어도 좋고, 양념과 깨를 뿌려 구워서 먹어도 좋고, 마늘로 양념한 뜨거운 낙지탕(1인분 4천 원)으로 들어도 좋다. 이때쯤이면 투박한 미소를 띤 여주인이 해묵은 된장에 햇보리대궁을 넣고 홍어 내장인 홍어애와 애기쑥을 넣어 잘 끓인 국물을 서비스해 준다.

(〈중앙일보〉, 1991.10.24.)

[후기]

한때는 내가 맛있는 집을 많이 안다는 소문이 과장되어 가당치도 않게 〈중앙일보〉 '명사의 단골집'에 실린 글이다. 그날따라 기사가 부족했던지 당시로는 엄청난 분량이 그대로 게재되었다. 이 기사를 스크랩해 찾아오는 해외교포 손님이 있을 정도로 이 식당은 욱일번창해 두세 배 확장되었다.

지금은 어느 식당에나 유행처럼 걸려 있듯이 이 신문기사도 몇 년 동안 이 식당에 액자로 걸려 있었다. 그 기간 동안은 제법 대접받기도 했다. 장사가 잘 되는데도 이상하게 음식값은 자꾸 올라가더니 이제는 아주 비싼 식당이 되었다.

주인 김 씨가 한 차례는 조카가 해외 건설회사에서 일한 임금을 받아야 하는데 영문으로 주소를 쓰지 못한다고 부탁했다. 같이 가는 손님들이 대학 교수였던 점을 눈여겨 보았던지, 나를 서초동에서 영어를 잘하는 사람으로 안다고 치켜세우는데, 임금을 받을 주소가 연립주택이었다. 우리 우체부만 이해하면 되지 않겠느냐고 연립주택을 'YULLIP'으로 적어주었다. 무사히 돈도 받았다고 오징어 한 상자를 선물로 받기도 했다.

시간의 갯벌에서

최초의 유럽기행

치통(齒痛)은 항상 예고없이 온다. 어제부터 간헐적인 치통에 시달리면서 이 고통의 축제에 동참할 준비를 한다. 야성(野性)의 갈기를 세우고 출판 일로 치달을 때마다 너무 무리하지 말라는 경계신호로 치통은 항상 예비되어 있다. 건강상태에 대한 최초의 리트머스 시험지처럼.

이때쯤이면 일상의 일을 훌훌 털고 초연하게 자신을 되돌아볼 시간의 묵시록(黙示錄)을 찾아 길 떠날 준비에 마음이 바빠진다. 그것이 남도의 황톳길이거나 내설악의 호젓한 산길이거나 아니면 해외나들이라면 더욱 여유를 부릴 수 있기도 하나, 우선은 길을 떠나고 볼 일이다.

나만의 경험은 아니겠지만 우리 40대 후반이 갖는 삶의 궤적은 지성이 나래를 펴는 청소년기를 한 대통령 사진 밑에서 보내야 했다. 이 나라에서는 군사독재 타도의 학생운동이나 민주사회 쟁취를 위한 시민운동을 위해서 젊은 20대 30대의 몸

1989년 가을, 독일 하이델베르크 거리에서 김형국 교수와 함께.

값이 꼭 필요했는지도 모른다. 그리고 생활의 굴레 안에서나마 민주시민 연습을 열심히 하면서 이른바 성실한 사회의 중견 나이테를 두르게 되었다.

우리에게 산술적인 의미가 아닌 정신성장사에서 새로운 21세기는 우선 이 암울한 군사정권의 그늘에서 벗어나는 일이어야 했다. 그 하나의 몸부림이 잠시라도 이 반도를 떠나보고 싶은 마음을 자아내게 한다.

그것이 업무를 위한 여행이건 어렵게 만든 시간의 자투리로 엮은 여행인들 어떠랴. 많은 친구들이 스스로 일에 중독되는 길이 자신을 다스리는 첩경이라고 자학(自虐)하면서 수출입국의 기치 아래 무역상사의 첨병(尖兵)으로 세계를 누볐다. 이것도 자유로부터의 도피라고 애써 위안하면서 해외현장의 나들이 길을 부지런히 뛰었다.

1989년 가을, 역사적인 독일 통일의 현장을 직접 보아야 한다는 서울대 환경대학원 김형국 교수의 갑작스러운 유쾌한 꼬드김을 못 이기는 체 받아들였다. 둘다 유럽은 초행길의 나그네였으나 독일 프랑크푸르트에서 연구년을 보내고 있는 연세대 최정호 교수를 뒷배로 삼아 작은 모험을 강행했다.

20세기를 광풍(狂風)의 이데올로기로 몰아쳤던 공산 이데올로기가 동유럽에서 한 세기의 석양 속에 묻히는 베를린 광장의 열풍에 취했다. 20세기 한 세기는 숫자상의 1900년부터 1999년까지라기보다는, 러시아 혁명이 일어난 1917년부터 동유럽이 무너진 1989년까지인지도 모른다.

하이델베르크 고성(古城)의 삽상한 추색(秋色) 속, '황제의 날씨' 아래 드러난 철학자의 오솔길을 따라 시간이 멈추는 그 품에 안기면서 방금 전에 보았던 고성 지하실의 단두대와 고문기계들의 피 묻은 권력의 모습을 떨쳐버리려 했다.

오스트리아 비엔나에서는 베토벤, 모차르트 등 예술가 묘역 중앙에 역대 대통령 대여섯 분을 한 무덤에 합장(合葬)시킨 그들의 지혜에 감탄했다. 지금도 원형 그대로 군림하고 있는 합스부르크 왕가의 쉔부른 궁전은 오만했다. 이곳에서 벌어졌던 서부유럽 몇 나라가 주축이 된 권력놀음을 주눅이 들어가며 열심히 외워야 했던 서양사 시간의 까까머리 내 모습이 떠올랐다.

오스트리아 비엔나 쉔부른 궁전.

헝가리의 칭기즈칸

산맥을 힘들게 넘는 기차 안에서 사회주의 헝가리의 입국허가를 표시하는 붉은 스탬프를 받았다. 시내 관광버스에 의지하여 수도 부다페스트를 가로지르는 잔잔한 다뉴브 강의 잔물결이 내려다보이는 언덕에 올랐다.

오스트리아대학 영문과에 유학하는 금발 미녀가 낭랑한 목소리로 여기가 6백 년 전 칭기즈칸 몽골 군대의 말발굽에 폐허가 된 수도원 자리라고 비장하게 소개하는 것이 아닌가.

몽골의 초원에서 바로 여기까지 왔다는 것이다. 그 먼 거리를 대륙에서 대륙으로 정복의 대장정(大長征)을 한 늠름한 칭기즈칸에 대한 내 꿈속의 그림이 선명하게 재현되었다.

새삼스럽게 어머니로부터 이 세상에 내던져졌을 때부터 갖고 있었던 내 엉덩이의 '몽골반점'이라는 푸르스름한 대륙의 문장(紋章)을 가슴 뿌듯하게 겹쳐 보기도 했다.

꼭 손에 쥐어주어야 알아차리는 우둔함일지라도 '일찍이 여기를 왔어야 했다'고 되뇌는 개안(開眼)은 프랑크푸르트 공항에서부터 시작되어 쉔부른 궁전을 거치면서 유럽에 주눅 들었던 마음을 대반전시키는 통쾌함 바로 그것이었다.

1983년에 첫 발을 내딛고 그동안 미국 대륙을 횡단하면서 그들에게 오랫동안 양육되어 부지불식간에 몸에 익숙해진 양키문화를 외국문물의 전부인 양 불편하지 않게 즐기는 것이 고작이었던 모습이 갑자기 왜소하고 부끄럽기도 했다.

이쯤에서야 비로소 나는 몇십 년 동안 가위눌림 당한 내 마음의 빗장의 정체를 눈치챘다. 그것은 내가 대륙의 기상을 받아 한반도에서 태어났음에도 그동안 너무나 오랫동안 이를 까맣게 잊고 있었던 슬픈 인식이다.

국토분단은 서울에서 기차나 자동차를 타고 가 국경을 넘나드는 대륙에의 연결고리를 끊어버렸다. 우리에게 외국에의 출구는 50년 전부터 오로지 비행기가 뜨고 내리는 김포공항뿐이었다. 만주로 가는 육로나 항구를 출발하는 바닷길은 모두 막혔다. 부산에서 배를 타기 위해, 대륙을 향한 기차를 타기 위해 서울역에서 외국 나들이길을 출발하던 일도 멈추어 버린 것이다.

나는 대한민국이라는 섬에서 태어났고 섬에서 이제까지 자란 것이다. 외국을 자동차나 기차로 가지 못하는 것이 바로 섬나라가 아닌가. 우리 세대는 일제(日帝)의 질곡(桎梏)을 이겨낸 광복의 아침을 경험하지도 못했고, 어머니의 등에 업혀 전쟁을 구경한 것밖에 없었는데 민족분단의 멍에는 온통 우리에게 떠넘겨져 우리의 모든 것을 지배하였다.

조선왕조 500년에서 몇 대 선조의 족보를 아버지한테 무릎 꿇고 배우고, 만주대륙을 말달리던 독립군 선구자를 기리고, 대한민국 영토는 한반도와 그 부속도서로 한다는 헌법을 외우고, 못난 짓은 섬나라 근성이라고 남을 헐뜯기도 하면서 자신이 바로 그 섬나라의 신민(臣民)이라는 테두리를 벗어나지 못했던 것이다.

섬나라는 그 섬나라 나름의 질서가 있기 마련인데, 우리의 몸은 섬나라 사람이면서 마음은 말달리던 대륙의 기상을 외쳐야 하니 그 이중구조는 무엇인가. 배운 지식 따로, 생활하는 삶 따로 치차(齒次)가 제대로 물리지 않은 위장된 40여 년의 뒤뚱거리는 정신에서 나의 치통은 어쩌면 태어나면서부터 가진 선천적으로 예비된 고통이었는지 모른다.

자신을 객관화시키며 스스로를 돌아보며 진단할 수 있는 지혜는 바로 나그네의 행장을 꾸려 자신을 벗어날 빌미를 마련하는 일이다. 이것은 나의 하는 일이 취미고 여가며 혹은 종교이고 삶의 전부라고, 경주마처럼 앞만 보고 더욱 치닫기 위해서라도 예비해 두어야 할 또 하나의 일이다.

시간이 없다는 핑계와 정보사회의 사냥꾼으로서 행여 뒤떨어지지 않기 위해 바빠야 한다는 채워지지 않을 탄탈로스의 갈증으로 무장된 우리가 스스로에게 허허롭게 알몸을 드러내기가 쉽지 않은 일이련마는 가끔은 일부러라도 그래야 한다. 대륙의 광활한 초원이 아니더라도 시간의 갯벌에나마 주저앉을 일이다.

시간의 유쾌한 배반

갑자기 이 시간의 갯벌을 만날 일이 있었다. 지난 연말 바쁘게 한 해를 갈무리하던 중에 난데없이 뉴질랜드로 이민간 친구 김동찬 사장의 상쾌한 꼬임에 짐짓 빠져 처음 저지르는 황홀한 실종을 꿈꾸며 그가 사는 한여름의 오클랜드 해변으로 갔다.

하늘이 열리던 날의 하늘과 햇빛과 물과 초원이 이러했을까 싶은 오염되지 않은 천혜의 자연 그대로의 환경이었다. 그리고 이를 인간다운 삶의 질서로 승화시키려는 이들의 노력을 지켜보면서 이민을 받아들이는 조건이 까다롭다는 이 나라의 자존심을 이해할 만했다.

그것은 서울에서도 괜찮게 살 만큼의 사회적 지위와 재산을 가진 친구네들이 아이들의 교육문제를 핑계삼아 귀족이민이라는 눈총을 받으며 서울의 모든 것을 팽개치고 떠나 이 먼 나라에 와서 찾고자 하는 소중한 가치가 무엇인지 언뜻 짐작되게 하였다.

새해의 첫날 떠오르는 희망과 꿈의 태양을 이제까지처럼 엄동설한 추위 속의 산마루에서가 아니고, 오존층마저 건너뛰며 숨가쁘게 내리꽂히는 원시의 햇살 속에서 맞았다. 또 한 해를 어떻게 꾸려나가야 할 것인지의 신년구상을 가슴에 담으며 망연히 파도에 씻기는 까만 모래밭의 하얀 조가비를 하염없이 바라본다. 문득 눈을 들면 언제부터 있었는지 모를 하늘의 푸르름인지 바다의 푸르름인지에 눈이 시리고 만다.

여름밤 해변 가에서 햇볕에 잘 그을린 얼굴로 정월 초하루의 떡국을 먹었다. 시간과 공간을 넘나들 수 있을지도 모른다는 소박한 생각은 꼭 이렇게 먼 거리를 날아와 확인하는 수고를 거친 뒤에야 시간의 유쾌한 배반을 안아야 하는지도 모른다.

아직도 활짝 열리지 않은 가슴의 깊이를 헤아려볼 수 있으려면 또 얼마만큼의 나그네 모습을 꿈꾸어야 하고, 또 몇 차례의 예고 없는 치통을 앓아야 할지도 모른다. 행복하게도 나처럼 치통을 겪지 않는 건강하다는 회색의 도시인에게는 더욱 그러하리라 함은 괜한 염려일지도 모르겠다.

(〈현대문학〉, 1995. 2월호.)

원고청탁서

조 상 호 선생님께

안녕하십니까?
아래와 같이 청탁하오니 부디 집필해 주시기 바랍니다.
(되도록 한글로 표기해 주십시오.)

□ 부문 수필
□ 내용 자유주제

□ 매수(200자 원고지) 15매 내외
□ 마감 1995. 1. 11. (수)
□ 기타 ① 사진 1매
② 약력 ×

1995년 1월 4일
(株)現代文學
137-070 서울 · 서초구 서초동 1361의 5
(복정빌딩)
☎ 563-8141~5
Fax 563-9319
김 선 혜 올림

※ 아래 사항을 원고와 함께 보내 주시면 도움이 되겠습니다.
● 주민등록번호 ● 주소 ● 온라인번호

〈현대문학〉의 원고청탁서.

[후기]

순수문예지 〈현대문학〉의 청탁을 받고 쓴 에세이어서인지, 이 글이 나가고 수필가협회라는 곳에서 회원으로 초대한다는 쑥스러운 권유를 받기도 했다. 아마도 〈현대문학〉 양숙진 발행인의 배려가 있었을 것이다. 초야에 묻힌 나를 글의 세상으로 발굴해 준 공덕에 이 글이 보답이 되었으면 싶었다.

지축을 박차고 포효하거라

K형! 오랜만에 소식 올립니다. 고대 법대 동창회지를 빌려서 안부 전하는 무례를 용서하십시오.

이 가을이 주는 계절감각은 항상 지난여름 무더위 속에서 자신의 선택을 위해 흘린 땀의 결실을 거둘 것이 있는가를 감량해 보게 합니다. 그리고 단풍의 합창 속에 훌쩍 커 버린 코스모스의 키만큼 탄탈로스의 갈증 같은 아쉬움을 같이합니다.

K형! 형은 호랑이가 언제 떼지어 다녔느냐며 자신이 스스로 민족에게 희망을 주는 창조적 소수가 되어야 한다고 다짐하면서 시(時)테크라는 정보화사회의 치열한 경쟁을 견디어 왔습니다. 가끔 외로울 때면 망중한의 자투리 시간이라도 붙들어 매어 삶을 관조(觀照)하는 자리에 서 볼 일입니다.

이제는 아들이 저 대신 뛰놀고 있는 마음의 고향 안암의 언덕에서 지축을 박차고 포효하던 우리들 스무 살의 자서전을 다시 펼칠 일입니다. 지금의 나는 고대 법대에 내포(內包)됐던 그 젊은 자서전의 외연(外延)에 불과하며 불꽃 튀는 삶의 방식도 그 범주의 또 다른 모습인지 모르기 때문입니다.

K형! 촌놈 입신양명(立身揚名)하도록 사법고시 공부나 하게 내버려두지 않고 교양학부 옆 판자촌 산악반에 끌어넣어 웬 산이라는 산엔 그렇게 끌고 다녔습니까. 고시공부보다 더 급하고 중요하다며 밤새워 읽어내고 토론했던 사상서들은 중앙정보부에 잡혀가 보니 '의식화 교재'라고 부릅디다. 하긴 그 덕에 눈이 틔어 지금 이른바 튼튼하다는 사회과학출판사 발행인이 되었는지도 모르죠. 며칠 전에는 김준엽 총장님께서 출판사에 오셔서 제가 판검사가 되어 이루었을 일보다 훨씬 더 큰일을 하고 있다고 격려해 주십디다. 역사의 신을 믿고 광복군의 대장정을 하신 어르신 눈에도 제가 기특하게 보였으니, 이 뿌듯함 모두가 형이 질책하신 결과인지 잘 알고 있습니다.

K형! 이제야 털어놓는 얘긴데요. 독일에서 민중의 저항권(抵抗權) 박사논문을 쓰시고 우리와 비슷하게 학교에 오신 젊은 심재우(沈在宇) 선생님에게 받은 '법과 정의를 위하여'라는 글귀, 이거 실천하려는 데 꽤 힘듭디다. 법원 근처도 아니고 저잣거리에서 비즈니스를 하면서 어떻게 행동해야 법과 정의를 위한 것인지를 몰라 지금도 주눅 들어 있습니다. 조지훈 선생의 〈지조론〉이나 〈채근담〉을 다시 읽으면서 마음을 다스려보긴 합니다만 화두(話頭)처럼 어렵기는 마찬가집니다.

K형! 그 젊은 날 우리는 황야의 늑대처럼 좀더 거칠게 생채

기 내면서 더 방황했어야 했나 봅니다. 그 아쉬움을 질책하시던 이희봉 선생님은 제가 상투 틀어 올리던 날 주례 선물로 “不怨天 不尤人 下學而上達 知我者 其天乎”라는 글로 더 큰 족쇄를 채웠습니다.

이젠 마음속의 글귀가 아니라 액자로 표구하여 항상 머리맡에 각인하고 있어야 하겠습니다. 우리가 누굴 원망했습니까. 〈아무도 미워하지 않는 자의 죽음〉을 열심히 읽었지요. 누구에게 알아달라 했습니까. 배운 대로 실천하려 했지요.

그런데 말입니다. 암울한 군사독재의 핏빛 하늘에 ‘하늘이여 땅이여 사람들이여’라고 토하던 사자후(獅子吼)만큼이나 하학(下學)이 상달(上達)하는 노력은 게을리 했는지도 모른다는 부끄러움을 갖는 것은 이제야 철이 들어서입니까.

K형! 건강하셔야겠습니다. 바깥바람이 자꾸만 찹니다. 석탑(石塔)에 큰바위 얼굴을 새길 그날 또 소식 올리겠습니다.

(〈고대 법대〉, 1997. 10. 12.)

새천년 이렇게 맞자

시간의 흐름에 매듭을 지어 새천년을 굳이 확인해 보고 싶은 것은 미래에 대한 설렘과 미지세계에 대한 불안 때문인지 모른다. 특히 우리는 천년 문턱의 언저리에서 IMF 경제환란(經濟煥亂)의 전쟁을 치르고 있다. 냉엄한 세계 시장논리 속에서 한 국가사회가 얼마나 왜소한지를 새삼스레 실감한다.

정신의 황폐화를 담보로 천민자본주의만을 추구해 온 우리 사회는 봉건적 선민의식의 책임 없는 거대담론에만 휘말려 '작은 진실들'의 가치를 등한시했다. 우리에게 문제는 늘 자신만은 예외로 한 '정직하지 못한 사회'였고, 그들만의 '삼류정치'였을 뿐이다.

'나'라는 한 개인이 바로 그러한 사회와 정치를 형성하는 하나의 요인이라는 사실은 의도적으로 외면했다. 모든 분야에 만연된 뿌리 없는 허황함과 욕망의 과잉에 대해 면책받을 수 있는 사람들은 아무도 없는데 말이다.

건강한 부분(部分)의 합(合)이 전체보다 더 클 수 있다는, 그러한 공동선(共同善)을 능동적으로 만들어 내는 고통스러운 축제의 현장에 뛰어드는 용기는 찾아볼 수 없었다.

우리가 직면한 문제의 해결이란 단지 구두선(口頭禪) 같은 '개혁' 캠페인으로서 가능한 것만은 아니다. 더욱 저변에 깔려 있는 '문화'의 측면에서 차분하게 접근해야 한다. '문화'는 인격의 형성과정이 그러하듯 짧은 시간 안에 그 어떤 변화를 이끌어내기도 힘들다. 내세우지 않고 진득하게 견디는 힘의 축적이야말로 가장 시급하다.

김구 선생께서 쓰신
서산대사의 시구.

새천년의 문턱에서 아직 아무도 밟지 않은 눈밭이라 하여 선구자를 자처하며 허투루 길을 내어서도 안 된다. 뒷사람들이 그 길을 따르기 때문이다. 백범(白凡) 김구(金九) 선생이 조국광복의 대장정(大長征)에서 결단하실 때마다 애송하였다는 서산(西山)대사의 시구가 그것이다.

踏雪野中去 不須胡亂行
今日我行蹟 遂作後人程

눈 덮인 광야를 지날 때는 모름지기 함부로 걷지 마라.
오늘 나의 발자국은 마침내 뒷사람들의 길이 되리니.

정신문화 영역의 일각을 담당하는 출판인으로서 미지의 세계를 내딛는 가슴 설레는 긴장을 억누르고 각오를 새롭게 하기 위한 새천년을 내딛는 발걸음이 더욱 조심스럽다.

(〈동아일보〉, 1999. 9. 11.)

[후기]

위의 김구 선생의 애송시는 안대회 성균관대 교수가 밝힌 바에 의하면 서산대사의 시가 아니고, 이양연(李亮淵, 1771~1853)의 '야설'(野雪)이다. 김구 선생의 친필 족자에 쓰인 글과는 달리 원본은 '穿'雪野中去 不須胡亂行 今'朝'我行'跡' 遂作後人程(눈을 뚫고 들판 길을 걸어 가노니/ 어지럽게 함부로 걷지를 말자/ 오늘 내가 밟고 간 이 발자국이/ 뒷사람이 밟고 갈 길이 될테니)이라 한다('가슴으로 읽는 한시', 〈조선일보〉, 2013. 2. 19.).

도회지의 폭설

K형! 서울에는 30여 년 만의 폭설(暴雪)이 내렸습니다. 위용을 자랑하던 이 거대도시도 대자연이 연출한 오케스트라 앞에 미물처럼 다소곳이 웅크렸습니다. 눈은 한밤에 진주하는 계엄군처럼 몰래 우리 곁에 틈입(闖入)하지도 않고, 하루 종일 사무실 창밖에 그 실체를 명명백백하게 드러내며 서서히 그러나 줄기차게 우리를 압도했습니다.

꾸밈없는 자연의 늠름한 모습을 그대로 받아들이지 못하고 눈길 퇴근 걱정이나 하는 것이 얼마나 호사스런 사치인지, 눈은 우리를 부끄럽게 만들더군요. 탐욕의 도시, 문명의 이기(利器)에 익숙한 삶이 얼마나 어설픈지도 생각하게 했지요.

터널을 뚫고 다리를 놓고 산허리를 깎아 만든 욕망의 집결지, 이 거대도시를 하늘에서 내려온 눈은 인간들에게 부끄러움을 가르치려 들지도 않고 그냥 온통 뒤덮어 잠잠하게 만들었습니다. 오랜만에 도심 한복판에 모습을 드러낸 자연의 경이(驚

異)가 우리를 압도한 하루였습니다.

한 치의 오차도 있어서는 안 된다는 꽉 물린 톱니바퀴의 굴레에 억눌려 지금 내가 어디로 치닫고 있는지를 돌아보게 하는 이 밤, 눈은 강제된 시간의 멍석을 그렇게도 넓고 크게 깔아 놓았답니다. 눈이 녹으면 우리의 익숙한 일상으로 되돌아가겠지만, 이 폭설은 잠시라도 더러운 찌꺼기들까지 한 자 넘게 깊숙이 덮어버렸으니, 자연을 이기려 했던 못난 욕망의 실체를 오랜만에 와 닿는 태고의 음향 앞에 알몸으로라도 드러나게 했습니다.

K형! 우리는 그동안 무엇을 찾으려고 그렇게 경주마(競走馬)처럼 앞만 보고 내달렸는지요. 채워지지 않는 탄탈로스의 갈증 같은 이 욕망의 뿌리는 어디까지 뻗쳐 있는지요. 탐욕의 기대치를 너무 높게 설정하여 자신도 모르게 허상에 마취되어 그 노예를 자처하는 것은 아닐까요? 남이야 어찌되든 어떤 수단을 부려서라도 상대방을 이겨 빼앗아야 하고, 제 분수도 모른 채 사회적 신분상승만을 일거에 이루어 욕심을 다 채워야만 비로소 실체를 모르는 불안을 잠재우며 안심하는지 모르겠습니다.

돌이켜보면 경제적 압축성장으로 치달으면서 생존의 열망만이 사람다운 격을 잊게 했는지도 모릅니다. 그러나 작년 김대중·김정일 남북정상회담 이후 대륙을 향한 강요된 쇄국의 빗장이 풀릴 희망이 손에 잡힐 것 같아 그렇게 기쁠 수 없습니다.

생각해 보면 지난 50년은 대륙의 후예를 갑자기 섬나라에 몰아넣은 꼴이었습니다. 다른 나라를 자동차나 기차로 가지 못하고 비행기나 배를 타야만 하는 우리가 바로 섬나라가 아닙니까. 섬이 아니되 섬이고, 섬이나 다름없지만 섬은 아닌 이 현실은 알게 모르게 우리에게 가치판단의 비겁한 이중 잣대를 부과했습니다. 그래서 밖으로는 공동체의 대의를 위해 목청을 돋우다가도 내 이익에 부딪히면 권리만 있고 책임은 회피하는 이런 좁쌀영감 같은 근성이 일반화했는지도 모릅니다. 갇힌 섬나라의 신민(臣民)을 벗어나는 살풀이 굿이라도 먼저 해야만 앞으로의 숨구멍이 트일지도 모르겠습니다.

K형! 그렇게 바삐 오가는 와중에도 지나가는 것이 세월인 것만은 확실한가 봅니다. 10년 전, 제가 형에게 '불혹'(不惑)이라는 말을 해석해 드린 것 기억나십니까. 불혹을 흔히 '어떠한 유혹에도 흔들리지 않고 세운 뜻에 정진한다'고들 말하지만, 저는 '더 이상 아무도 유혹해 주지 않는 나이'라고 글자 그대로 읽어보았습니다. 아무도 유혹해 주지 않을 때, 그리고 그런 사실을 깨달았을 때 사람은 이제 모든 것을 자기가 책임지고 홀로 서야 한다는 절대고독의 깨달음을 실천해야 하는 외로운 장정의 한 발자국을 내딛게 되겠지요.

자기 자신이 늠름하게 설 때만이 비로소 남도 인정할 수 있을 것입니다. 한국사회를 하나의 인격으로 치고 말한다면 아직은 늠름하고 의연한 것과는 거리가 멀어 보입니다. 자신이 어떤 의미의 사회적 존재로서 역할을 하는지에 대한 자각, 그리고 잘하는 이에게 박수를 보내는 일, 이런 모든 일이 우리 사회에서는 힘겹기만 하지요. 그보다는 어쩌면 의식의 하향평준화로 치달아야만 긴장을 감춘 채 골목대장의 불안한 평화를 누리려고 하는 걸까요?

K형! 에베레스트 산이 세계에서 가장 높을 수 있는 것은 그 산을 세계에서 가장 높은 히말라야 산맥이 받쳐 주기 때문이 아닙니까? 그리고 바로 아래에는 높이를 다투면서 14좌(座)의 높은 봉우리가 열병(閱兵)하듯 서 있습니다. 우리 사회의 문화의 격을 이처럼 함께 높이고자 하는 노력이 아직은 미진하다는 것을, 이번에 조지훈 선생을 기리는 〈지훈상〉(芝薰賞)을 제정하면서 자주 생각하게 되었답니다. 우리 젊은 날의 커다란 신화였던 지훈 선생의 추상같은 지조론이 새천년의 지금에는 어떤 모습으로 투영되어야 할지를 늘 화두(話頭)처럼 생각합니다.

K형! 두서없는 글이 이어졌지만 이 얘기는 전해야겠습니다. 이번 폭설 속에 퇴근길 교통사정이 어려울 것을 감안하여 서울 지하철이 무료로 운행되었지요. 고건(高建) 시장의 결단이었다고 전해집니다만, 고루하다는 시청 공무원들의 시민을 위한 열린 사고가 이렇게 신선한 충격을 주었습니다. 지난 달 대설 때는 자기집 앞 눈도 치우지 않고, 안전운항을 고려한 항공사들이 비행기를 띄우지 않았다 하여 제 욕심에 항공사 직원들을 멱살잡이한 못난 사람들이 우리를 부끄럽게 했지요. 그러나 이제 하자고 들면 할 수 있는 우리 이웃들의 건강한 자존심의 불씨가 내연하고 있음을 확인한 것이니 함께 기뻐해 주십시오.

나남 책박물관의 겨울. 폭설 뒷날의 고즈넉한 풍경이다.

내일 새벽에는 산행(山行)을 가서 아무도 밟지 않은 눈길을 밟으며 김구 선생이 답답하고 어려울 때마다 붓글씨로 옮기며 마음을 다잡았다는 시구를 되뇌어 보아야겠습니다.

눈 덮인 광야를 지날 때는 모름지기 함부로 걷지 마라.
오늘 나의 발자국은 마침내 뒷사람들의 길이 되리니.

넓은 자유에 맞부딪치는 늠름한 사람이 그렇게 보고 싶은 밤입니다.

(2001. 3.)

지성의 보석상자

'자연채무'(自然債務)라는 말이 있다. 여느 채무처럼 갚지 못한다 해서 법정에 서야 되는 것이 아니라, 채권자는 잊어버려도 빚진 사람은 갚을 의무를 마음속에 새겨두는 빚이다. 70년 동안 '자유로운 사상의 공개시장'인 〈신동아〉에 빚진 사람이 한둘이 아니겠지만, 필자도 그중 한 사람으로 스스로에게 한 약속을 지키고자 하는 마음으로 이제라도 몇 가지 자연채무를 밝혀야겠다.

필자가 대학생이던 시절은 매스미디어가 그렇게 다양하지 않았다. 제1차 경제개발계획이 갓 진행중이었으나 물자도 풍족하지 않았고 문화는 경제개발에 우선순위가 밀렸다. 신문의 지면 또한 지금의 절반의 절반도 되지 않은 8면이나 12면이었다. 좋은 글을 읽고 싶은 지적 욕구를 충족시킬 공간을 〈신동아〉가 대신했지 싶다. 10여 년 선배들이 〈사상계〉를 통해서 그들의 꿈을 영글게 하고 지적 갈증을 채울 수 있었듯이.

가난한 대학생에겐 잡지 한 권 사기도 쉽지 않았지만, 그래도 새해를 기다리는 연말이면 이번엔 〈신동아〉의 신년호 별책부록이 어떤 기획일까 며칠을 기다리며 가슴 설레곤 했다.

지금은 주요 목차를 잡지 표지에 등장시켜 공격적으로 드러내야 살아남을 수 있는지 모르겠지만, 당시만 해도 〈신동아〉의 표지에는 한 폭의 서양화가 자리 잡았다. 그 덕분에 나는 매월 명화(名畵) 한 편씩을 지성의 보석상자에 차곡차곡 쌓을 수 있었다. 한국 화단에서 열심히 활동하는 작가들을 초대한 작품들로, 내게는 곧 그림에 대한 개안(開眼)이었다. 특히 신년호는 금색 바탕 위에 이 그림을 앉혀서 새해에는 좋은 일이 있기를 기원하는 상징적 덕담처럼 보이기도 했다. 이 그림들은 지금 어디에 있을까. 어느 눈 밝은 기자가 이를 정성들여 모아 두었다면 지금쯤 '신동아 갤러리'라는 이름의 공간에서 다시 볼 수 있었을 텐데 흩어져 버린 그 그림들이 아쉽기 그지 없다.

그러나 신년호를 기다리는 데는 또 다른 나만의 가슴 설렘이 있었음을 고백해야겠다. 1966년부터 단행본에 필적하는 방대한 분량과 탁월한 기획력이 돋보인 〈신동아〉 별책부록 '근대 한국 명논설' 66편을 2년에 걸쳐 읽을 수 있었다. 개화기부터 해방 전까지 한국사회의 큰 고비마다 올곧은 역사의 방향을 제시해 준, 혜안을 가진 선각자들의 육성을 듣는 듯한 기쁨 속에 공부할 수 있었다.

1968년의 '세계를 움직인 100권의 책'과 다음 해 '한국고전 100선'은 지성의 열풍에 휩쓸렸던 대학생활 동안 책 속에서 길을 찾게 해준 나침반(羅針盤)이었다. 서양의 사상을 제대로 이해해야 그들과 맞설 수 있으며, 안으로 지적 전통의 계승을 위해서는 독서계획표를 만들어 이 책들을 모두 읽어내겠다는 젊은 뜻을 세우게 했다.

이를 기획한 편집자들과 각 책의 해제를 쓴 선생님들은 제도교육에서 배울 수 없는 다양한 스펙트럼을 내게 제시해 준 숨어있는 '사상의 은사'들이었다. 자연과학까지는 욕심을 내지 못했지만 해제에 만족하지 못하고 책을 구해서 한 권씩 읽어나갈 때마다 한 단계씩 정신적으로 성장하는 듯한 자신에 대해 희열을 감출 수 없었다.

휴전선 철책에서 보초를 서는 고달픈 군대생활도 별책부록 '한국 근대인물 100인선', '현대의 사상 77인', '한국 현대 명논설집'과 함께했기에 견뎌낼 수 있었다. 나는 태고의 음향밖에 없는 산골짜기 석유등잔 밑에서도 〈신동아〉에 빚을 지면서 지적 사상의 나래를 펼 수 있어 행복했다.

소설 읽기에 대한 개안(開眼)도 〈신동아〉의 도움이 컸다. 출구가 보이지 않는 꽉 막힌 긴 동굴 같은 1970년대 중반의 군사독재 시절이었으니 문학적 상상력에 기대는 마음도 있었을 것이다. 〈신동아〉 연재소설인 이청준 씨의 〈당신들의 천국〉은 나환자촌 소록도라는 특이한 공간에서 파도와 싸우는 간척공사를 통해 뜻을 이루려는 소장의 작은 야망과 불치의 병에 허덕이는 나환자들과의 갈등이 무엇인가의 상징인 듯했다. 소설이라는 장치가 '소설로서의 역사, 역사로서의 소설'로 시대상황을 웅변으로 대신할 수 있다는 점에서 더욱 그러했을 것이다.

이렇게 젊은 날의 지적 성장과정에서 〈신동아〉에 온통 신세만 지다가 1989년 가을, 조그마나마 빚을 갚을 기회가 생겼다. 황석영 씨의 갑작스런 방북으로 〈신동아〉의 연재소설에 구멍이 났다고 당시 김중배 출판국장, 김종심 부장이 난처해 했다. 마침 우리 출판사에서 전작장편으로 출판을 바로 앞둔 이청준 씨의 〈자유의 문〉 원고를 〈신동아〉에 먼저 연재할 수 있게 내놓아 작은 위험을 건너게 했다.

지금은 100여 쪽이 넘는 컬러화보와 광고가 화려하게 〈신동아〉의 앞자리를 차지하고 있으나, 1970년대에는 10여 쪽의 흑백화보와 광고 서너 쪽에 불과했다. 지금은 어림없는 일이지만 출판사를 시작한 지 얼마 되지 않은 1980년 무렵에 상징적으로 흑백 책광고를 몇 차례 집행하는 '우정 출연'도 할 수 있었다.

또 하나 당시 〈신동아〉 흑백화보 중에는 '한국인', '신한국인'이라는 이름으로 네댓 쪽의 인물평과 더불어 사는 모습을 생생하게 보여주던 지면이 있었다. '저명인사'라는 요즘의 평가절하된 통속적 개념이 아니라 정보의 통로가 막혔던 당시에 사회각계의 존경받는 어른들의 모습을 엿볼 수 있는 중요한 기회였으며 그분들이 그렇게 부러울 수 없었다. 〈신동아〉도 그분들을 한국의 '큰바위 얼굴'들로 생각하고 기획한 것이리라.

한 세대를 훌쩍 뛰어넘어 1999년에는 '한국인의 얼굴'로 바뀐 이 〈신동아〉 인물화보 자리에 55번째로 필자가 나서는 기쁨을 갖게 되었다. 자못 쑥스럽기도 했지만 '출판인'의 숙명을 한눈팔지 말라는 격려로 읽었다.

전문사진작가로 곱게 늙은 윤항로 기자는 카메라를 들고 며칠간을 뒤따르며 나의 일하는 모습, 언론대학원 강의 장면, 바둑 두는 모습, 가족 얼굴들을 정성을 다한 사진으로 남겼다.

또 한 번 지게 된 〈신동아〉에 대한 자연채무인 이 빚은 어떻게 갚아야 할지, 오늘 밤에도 가야 할 먼 길이 있는 듯하다.

(〈신동아〉, 2001. 11월호)

〈신동아〉 1999년 7월호 "한국인의 얼굴"에 55번째로 선정.

한양대 언론대학원에서.

'오래 팔린다'는 것은 괜한 소리가 아니다. 나남의 책은 지금도 800여 종이 함께 팔리고 있을 만큼 '생존율'이 높은 스테디셀러들이다. 출판인들은 이러한 저력의 원천을 조 사장의 남다른 기획력과 부지런함에서 찾는다. 이제는 좀 '꾀'를 부려봄 직도 하건만, 그는 지금도 20년 전과 다름없이 편집회의를 주재하고 교열작업에까지 팔을 걷어붙이며, 번역서를 낼 때는 직접 사전을 뒤져가면서 오역을 바로잡는다.
설과 추석 외에는 하루도 빠짐없이 출근해 늦은 밤까지 사무실을 지키며, 소문난 '마당발'답게 각계에 걸친 폭넓은 인맥을 통해 귀한 아이디어를 얻는다.

출판사 직원들과 함께(지금도 현역으로 나와 함께 활동중인 방순영 · 이필숙 씨가 보인다).

'나남의 책은 쉽게 팔리지 않고 오래 팔립니다.'
겸손한 듯하면서도 오롯한 자부심이 담긴 모토를 내걸고 사회과학 분야에서 독보적 영역을 개척해 온 나남출판사가 창립 20주년을 맞았다. 그간 펴낸 책이 무려 1,500여 종. 러셀의 〈희망의 철학〉으로 출발한 '나남신서'도 700권을 넘어섰다. 특히 커뮤니케이션 분야에서는 '나남의 도서목록이 대학 신문방송학과의 커리큘럼을 좌우한다'고 할 만큼 주도적 역량을 보여왔다.
조상호 사장은 "상업성과는 거리가 먼 책들을 1년에 80종씩 내고도 망하지 않은 것은 한 권 한 권 쌓여가며 걸러진 빼어난 필진 덕분이었다"며 겸손과 긍지를 함께 내비친다.

고교동창들과의 바둑대회에서.

"글을 읽고 글을 쓰다 비바람 냄새에 마음을 닦으며 살고픈 선비의식과, 단돈 10원을 보고 천 리 물길을 가야 하는 자본주의의 상업성을 상호보완적인 '비적대적 모순'으로 이끌어가는 게 출판인의 숙명입니다." 그처럼 상반된 속성 사이를 정신없이 오간 지 20년, 이제야 '잠깐 스쳐가는 것과 오래 남아 있을 것'을 조심스레 가려낼 수 있을 것 같다고 한다.

"1986년에 김준엽 선생의 〈장정〉을, 1997년에 〈조지훈 전집〉을 내면서 겨우 어린아이 티를 벗은 듯해요. 지금 준비하고 있는 〈백범전집〉이 나오면 비로소 제법 큰 그릇을 보게 되리라 기대합니다."

가족과 함께.

"정보화사회에 대비한 책들이 지금까지의 주류였다면, 앞으로는 사회복지와 세계화를 주요한 화두로 삼으려 합니다. 사회복지학 관련서적을 100권쯤 낼 계획이고, 세계화의 초석을 다진다는 의미에서 우선 〈대학〉〈중용〉 같은 동양고전들을 펴내고자 합니다."

1950년 전남 장흥생. 고려대 법대 재학 중 민주화운동에 관여하여 제적돼 언론인의 꿈을 접고 출판업에 뛰어들었다. 뒤늦게 언론학 분야에서 석사와 박사학위를 받고 연세대 한양대 언론대학원에서 언론사상사, 출판론을 강의하고 있다. 부인과의 사이에 1남 1녀. 흠모하던 스승의 이름을 따 아들의 이름을 '지훈'으로 지었다.

우리의 보스, 청년 오생근

젊은 날은 잠시 회상하는 것만으로도 즐겁다. '아! 보병 8연대'의 젊음은 오생근(吳生根) 병장과 잡았던 따뜻하고 큰 손이 울림과 떨림으로 남은 삶을 지배할지는 몰랐다. 그때 우리는 젊었고 〈행복의 나라로〉나 〈아침이슬〉이나 이청준의 〈소문의 벽〉이나 리영희의 〈전환시대의 논리〉가 같이했고, 화천 적근산 방책선의 살을 에는 칼바람만큼이나 가진 것 다 뺏겼어도 명징함 자체였다.

그때 오생근 형은 오늘날의 불문학의 대석학 꿈을 미처 꾸지도 않았고, 장성규는 파리의 주재원을 거쳐 세계적 기업인 스타벅스의 서울 사장을 꿈꾸지도 않았고, 박원철은 미국 변호사를 꿈꾸지도 않았고, 나는 4반세기를 잘 나간다는 출판사 사장을 꿈꾸지도 않았던 것 같다.

다만 백두대간(白頭大幹)의 백암산 울울창창한 고지들 틈에서 손수건 한 장 넓이의 파란 하늘을 자유의 가슴에 품었으면 행복했다.

1971년은 박정희의 군부장기집권을 완성시킨 이른바 10월 유신의 한 해 전이다. 10월 15일 군의 탱크에 대학이 짓밟힌 위수령으로 제적학생이 되었다. 김상협 총장의 말씀처럼 "하늘을 쳐다보고 물어봅시다. 차마 이럴 수가 있습니까? 땅을 치고 물어봅시다. 차마 이럴 수가 있습니까? 목을 빼고 통곡해 봅시다. 차마 이럴 수가 있습니까?"의 처절한 울분 속에 자유의 제단(祭壇)에 바쳐진 피를 뿌리는 21마리의 양의 하나가 되었다. 전국적으로는 180명의 동지들이 함께했다.

역사의 수레바퀴가 태양의 길을 달렸는지, 일제 36년의 기나긴 질곡이라는 36년의 그 세월이 흐르면 그때의 그 대학생인 나는 노무현 대통령에게 중년을 넘긴 어른으로 '대한민국 문화예술상'을 받는다. 또 그날이 우연인지 문화의 날인 10월 셋째 토요일인 또 그날 10월 15일이다.

도피생활은 에리히 프롬의 '자유에서의 도피'를 되뇔 만큼 여유롭지만은 않았다. 강원도 원주천 주변의 한두 달 넝마주이 생활은 거지왕자의 꿈을 꾸기도 했다. 강제 입영한 논산훈련소에서 고된 훈련의 공허한 허기를 삼립크림빵으로 때우며 어설픈 군인이 되어가는 중에 우리가 내쫓긴 대학의 문이 다시 열렸다는 소식을 듣는다.

"영구좌절은 없습니다. 영구절망도 없습니다. 칠전팔기의 새

전진만이 있습니다. 다함께 미래의 역사를 굳게 믿고 현재의 곤경을 참고 견디어 나가는 용기와 아울러 자존과 자애를…"이라는 울음을 삼키는 김상협 총장님의 절대고독 같은 외로운 함성을 바람결에 들어야 했다.

지성과 야성을 겸비한 지성인으로 거듭나려던 푸른 꿈의 젊은이는 전혀 준비하지 않았던 군인이 되어야 했다. 어쩌면 이제는 도광양회(韜光養晦) 유소작위(有所作爲)의 장정 길을 나서야 했다.

나라의 땅이 그렇게 넓은 것을 W백을 메고 쫓겨가는 방책선 가는 길에서야 알았다. 동지섣달의 강원도 칼바람만 추운 것이 아니었다. 반정부 학생세력(ASP)이라 낙인찍고 감시를 게을리하지 않는 보안대원의 눈초리와 함께 어디까지 왔는지, 또 한참을 더 가야 하는지도 가늠하기 어려운 막막함이 더한 추위에 떨게 했다.

7사단 8연대 대기병 막사에서 처음으로 따뜻한 위로의 말을 듣는다. "그래, 고생이 많았겠습니다." 이등병에게 존댓말을 하는 '사람의 얼굴'이 처음 본 오생근 병장이었다.

우리의 관계는 그렇게 시작되었다. 형도 이 첩첩산중에서 사람이 그렇게 그리웠던 모양이다. 동기간의 육친의 정이 듬뿍 밴 모습이 산적(山賊)의 보스 그대로였다. 그러나 형은 입대 전에 이미 〈동아일보〉 신춘문예에서 최초로 "이상(李箱)의 상상적 세계"로 등단한 문학평론가였다.

나는 감시를 편하게 하려는 군 정보기관의 편의대로 최전방 선임소대 선임분대 3번 소총수가 되었다. 철책선 근무라는 것이 어쩌면 모든 커뮤니케이션 수단이 단절된 인위적인 태고의 정적 속에서 자신을 되돌아보게 하는 강제된 로빈슨 크루소가 된지도 모른다.

세월이, 아니 6개월이라는 시간이 얼마만큼의 기다림과 기대와 안달인지를 갑자기 깨닫는다든가, 편지를 쓸 때는 내가 아는 지식들이 얼마나 모래 위의 집처럼 내 것이 아닌 허위의 지식들이었는지를 절감하곤 했다.

살아 있음을 확인할 수 있는 유일한 통로가 후방의 연대장실에 근무하던 우리의 보스 오생근 형이었다. 그러나 철책선에서 형을 만나러 연대에 나가는 기회는 쉽지 않았다. 안경을 바꾼다고 나왔다가 잠깐 들르거나, 근무 서는 동안 친구가 보낸 〈현대인에게 주는 편지〉 책을 보다가 대대장에게 들켜 연대 영창살이 하러 가다가 만나볼 수 있는 경우가 고작이었다.

그 짬을 살려 우리는 터지는 봇물처럼 이야기를 나눴다. 눈이 무릎까지 빠지는 고지에서 이야기는 끝이 없었다. 연대장실에서 푹 삶은 닭을 그렇게 맛있게 뜯으면서도, 제대해서 이것이 다시 생각난다면 씁쓸하겠다고 하기도 했다.

한번은 결혼한 농촌사병의 휴가 가는 일이 서무계의 농간으로 꼬이자, 대뜸 가죽장갑을 끼고 야구방망이로 인사계의 책상을 박살내며 민초(民草)의 애로사항을 해결했다. 형은 우리의 정의의 보스였다. 그 무렵 눈사람과 같이 찍은 흑백사진에 늠름한 산적 모습 그대로 남아 잊히지 않는다.

1978년 여름에 형의 첫 평론집 발간을 앞두고 충북 괴산의 산골에 전우들이 모였다. 형이 항상 대통령감이라던 조희부(曺喜夫)가 귀농하여 가톨릭 농민회와 눈비산 공동체운동으로 한살림 사업이 자리잡을 무렵이었다.

우리는 보스의 책제목을 지으려고 머리를 맞댔다. 결국 〈삶을 위한 비평〉으로 낙착되었다.

형은 그 전해 11월, 1천 3백 명이 죽거나 다친 이리역 폭발사고의 현장을 다녀온 이야기를 조심스럽게 했다. 나는 뉴스로만 지나치며 일상에 빠져 있었는데, 형은 그 먼 곳 현장까지 가서 행동하는 지성을 실천했구나 싶어 가슴이 뜨끔했다.

군사독재체제에서 살아남으려는 몸짓이거나 지성의 우회로로 선택한 것은 아니라 하더라도 이제는 출판사가 직업으로 자리 잡을 무렵이었다. 바로 금서(禁書)가 되었지만 5백 쪽이 넘는 당시로는 큰 책이었던 〈새로운 사회학의 이해〉를 자랑스럽게 여기저기 소개했던 형은 항상 가진 것이 없는 나에게 무언가를 도와주고 싶어했다.

그 결실이 〈나남문학선〉이었다. 형이 편집인을 맡아 '우리시대의 모순을 포착하여 문학을 형상화시키는 고통스러운 작업을 끈기 있게 계속해 온 치열한 정신의 작가들이 나남문학선의 주

오생근·심정섭 부부, 황옥순·조상호 부부, 그리고 조희부.
2020년 10월 무슨 바람이 불었는지 42년 만에 괴산에서 다시 만나 회포를 풀었다.

류를 이루게' 하였다. 1984년 이청준부터 시작한 〈나남문학선〉은 새천년까지 15년 넘게 홍성원, 이제하, 황동규, 정현종, 박완서, 조태일, 김원일, 이문열, 최일남, 신경림, 정진규, 황석영, 오정희, 김현, 오탁번, 한수산, 김지하, 박경리, 이문구까지 우선 40명의 문학선을 꾸며주었다. 〈나남문학선〉의 불꽃이 횃불이 될 무렵에는 나는 박경리 장편소설 〈토지〉 21권을 출판하고 있었다.

문학과 문학동네에 눈을 뜨게 한 형의 애정에 항상 감사한다. 다음은 형이 쓴 〈나남문학선을 내면서〉 전문이다.

> 한 시대의 문학은 시간의 흐름 속에서 저절로 생겨나는 결과가 아니라, 그 시대가 내포하는 모든 사회적 모순을 치열한 정신으로 꿰뚫어보고 극복하려는 작가들의 싸움의 기록이며 동시에 모순이 해결된 상태를 꿈꾸고 추구하는 열정의 표현이다. 그러한 기록과 표현이 한 사람의 작가나 한 사람의 시인의 이름으로

씌어질지라도, 그 글 속에는 동시대를 사는 수많은 사람들의 삶과 꿈, 정신과 욕망이 함께 담겨 있다. 문학은 그러므로 한 시대가 감당해야 할 몫의 아픔과 불행의 크기를 보여주는 증언의 기록이자, 그것을 감당하는 정신의 척도가 되며, 또한 그 시대가 지향하는 꿈과 희망의 높이가 어느 위상에 도달해 있는지를 증명하는 근거가 된다. 아무리 폭력과 억압이 표현의 자유를 질식시키는 시대일지라도 문학은 빛나는 형태로 존재하였을 뿐 아니라 인간의 고립화를 막고 인간에게 연대감을 심어주는 방파제의 역할을 수행했다. 문학이 수단으로 삼는 언어의 힘은 어느 사회에서도 꺼질 줄 모르는 불길처럼 살아 있어 인간의 삶을 인간답게 만드는 동력으로 가동한다. 그런 점에서 문학의 언어는 한 시대의 눈뜬 의식의 표현이고 동시에 그 시대가 지향하는 총체적 세계관을 수렴할 수 있는 풍부한 자장인 것이다. 그리하여 한 시대의 문학은 그 시대의 집단적 정신의 궤적인 동시에 모순의 상징적 징후로 파악되며 역사성을 획득한다.

이러한 시대정신으로서의 문학에 대한 인식에서 비롯된 〈나남문학선〉은 일시적인 상업주의나 경직된 문학관 혹은 배타적 유파주의를 모두 배격하고 오로지 이 시대의 살아 있는 문학을 포괄적으로 이해하고 동시대인들의 의식을 첨예하게 만들고 공감을 확산하기 위해서 만들어지고 있다. 〈나남문학선〉의 대상이 되는 작가와 시인은 문학적 업적이 완결된 작가와 시인이 아니며, 또한 문학의 가능성을 얼마쯤 가늠케 하는 신인작가들도 아

오생근 형의 귀한 선물(1993년 文知 바둑대회 우승 바둑판. 김치수·김병익·황동규·홍성원·김주연·김원일·정문길·조해일·이인성·홍정선·성민엽·권오룡·최두석·오생근의 사인이 보인다. 2020년 4월).

니다. 〈나남문학선〉은 한꺼번에 만들어진 〈문학선〉이 아니라 계속적으로 만들어지는 〈문학선〉이기에, 그것이 열려 있고, 그 대상이 되는 작가들은 그들의 문학작업의 한복판에 있는 사람들이어야 할 것이다. 그러므로 우리 시대의 모순을 포착하여 문학으로 형성화시키는 고통스러운 작업을 끈기 있게 계속해 온 치열한 정신의 작가들이 〈나남문학선〉의 주류를 이루게 된다. 그것이 이 시대, 이 땅의 살아 있는 정신의 표현이자, 풍요로운 문화의 한마당을 이룰 것이다.

프랑스의 철학자 미셸 푸코를 형이 소개한 것도 출판사에게 너무 큰 의미를 갖는다. 명저에 대한 조악한 번역판이 횡행하는 현실을 두고 볼 수 없어 대학원 박사과정 학생들에게 〈성의 역사〉 3권을 번역케 했고, 스테디셀러가 된 〈감시와 처벌—감옥의 역사〉는 직접 팔을 걷어붙이고 번역하여 3년 만인 1994년에 출간할 수 있었다. 이 책은 10년이 지나 독자들과의 약속이라며 오역이나 미흡한 부분을 다시 손봐 새로 책 한 권을 다시 내듯이 개정판을 출간한 것은 형의 진실성과 함께 항상 청년의 기상이 식지 않았음을 말해 준다. 이런 정성이 통했는지 이 책은 27년 동안 꾸준히 독자의 사랑을 받아 47쇄를 기록하고 있다.

나도 60을 바라보면서도 마음이 청년인 보스를 따라가기가 결코 쉽지 않음을 느낀다. 4년 동안 숱한 토론과 땀내음 속에 2003년 완간한 9백 쪽 가까운 대작 〈광기의 역사〉 표지에는 '이규현 옮김, 오생근 감수'라 쓰여 있다. 감수한 선생 이름을 굳이 역자 뒤에 넣은 것도 보기 드문 제자사랑의 본보기로, 형의 무변대한 그릇을 촌탁(忖度)하기 어렵게 한다.

공중목욕탕에서 등을 밀어주는 내 아들이야기를 그렇게 부러워하더니 늦둥이, 아니 '희망둥이' 오달지가 벌써 대학생이 되었다고 한다. 작은 청년 오달지가 군대 가는 날에 들려 줘야 할, 아버지의 청년 정신의 이야기를 아껴두기 위해서라도 여기서 글을 맺어야겠다.

(〈오생근 깊이읽기〉, 2006, 문학과 지성사.)

나무 심는 마음

달리는 자전거를 멈추면 쓰러진다. 가는 길이 힘들더라도 절대 멈추지 말고 천천히라도 가야 한다. 바람결의 풍경처럼 냇가의 가로변 포플러 그늘에 쉬어가자는 유혹도 있었다. 그러나 모두가 제 갈 길이려니 하면서 눈을 높이 들어 앞을 향해 다시 페달을 밟아야 한다.

대해(大海)로 흘러가는 물줄기도 그렇다. 물레방아를 돌리기도 하고 포근한 연못의 수초 꽃 속에 머물 수도 있지만, 고인 물은 결국 썩는다고 경계하면서 험한 계곡일지라도 흘러야 한다. 바위틈에 부딪쳐 파랗게 멍이 들면서도 제 갈 길을 가야 한다. 보이지는 않지만 저편 골짜기 너머에도 나와 같은 생각을 하고 부지런히 흘러가는 물줄기가 있을 것임으로 해서 더욱 그러하다.

가끔은 멈춰 쉬고 싶었다. 그러나 딱히 무엇을 하고 쉴 것인가도 몰랐다. 미지(未知)의 미래에 대한 정체모를 불안이 두려웠을 것이고, 쉬는 방법도 몰랐기 때문이다. 나이 50이 넘으면서는 나의 동물적인 감각이나 본능에 의존할 수밖에 없었다. 이제는 제법 컸으니 제 길을 가겠지라고 생각해서인지 선배들의 애정어린 훈수도 거의 끝나가는 때가 되었으므로 나 스스로 길을 찾을 수밖에 없었다.

결과적으로 쉬는 방법이 되었지만 나만의 숨 쉴 수 있는 공간을 확보하려는 마음으로 나무 가꾸는 일에 열정을 쏟게 되었다. 그것이 내가 세파(世波)의 크고 작은 유혹을 견뎌내고 나 자신을 지킬 수 있었던 출구(出口)였음도 나중에 알게 되었다.

책이 나무를 베어내 만든 종이를 매개로 하는 직업이라는 나무에 대한 어떤 원죄(原罪)의식 같은 거창한 이유에서가 아니라, 나무 심는 일에 빠져든 계기는 아주 단순했지 싶다.

다음 해에 IMF 환란위기가 닥칠 줄은 꿈에도 생각하지 못하고 1996년 10월 파주 금촌 4천 평 부지에 책창고를 짓기 시작해 1997년 2월에 완공했다. 1994년 양재역 앞 서초동 지훈빌딩에 사옥을 마련하고 내친김에 책창고까지 완성하려는 조급함도 있었다.

은행대출을 받으면서 우연히 은행의 부실채권인 파주 적성에 있는 임야 1만 5천 평을 떠맡게 되었다. 그냥 내팽개쳐 두기도 뭐해서 3년 동안 느티나무, 산딸나무, 메타세콰이어 묘목을 번갈아 심었다. 물이 많은 토양이었는지 절반 넘게 죽이고 말았다. 아마추어의 나무 심는 장정의 첫걸음은 생명을 죽이는 어리석음부터 시작되었다.

산림조합의 지도를 받아 심은 자작나무 5백 그루는 성공하여 벌써 20년생 가까운 작은 거목으로 성장했다. 이 자작나무는 광릉 집과 파주 출판사에 일부를 옮겨 심고, 나머지는 2008년부터 시작한 포천 나남수목원으로 옮겼다. 숲의 귀부인이라는 자작나무는 옮기고 나서 절반이 살아남지 못했다. 자작나무 숲을 꿈꾸려면 묘목을 심는 수밖에 없었다.

2019년 나의 칠순 기념으로 심은 1만 5천 그루가 하얀 수피를 자랑하며 내 키를 넘는 모습에 반했다. 2022년에는 3만 평의 잡목을 베어내고 다시 이 지구에서 마지막 선물이라는 생각으로 자작나무 묘목 3만 그루를 다시 심었다. 사오 년 뒤면 강원도 인제 원대리 자작나무 숲을 두세 배는 능가할 것이다.

산림조합원도 되면서 농부의 길에 들어섰다. 매년 풀베기와 넝쿨제거 작업을 꾸준하게 했다. 식목일 주변에는 교육을 핑계삼아 도시락을 들고 아이들까지 끌고 나와 나무 심는 일을 여러 해 반복했다. 초짜 농부가 나무와 조경에 눈을 뜨는 과정은 온통 시행착오의 연속이었다.

서초동 사옥을 마련하고 처음 한 일은 빌딩 앞에 소나무를 심고 5층 사무실 옆에 실내 정원을 크게 만들어 나무들과 친하기 시작했다. 언론대학원에 출강했다가 젊은 강성환 조경사장

아들 딸과 함께 처음으로 나무를 심다. 아내는 사진을 찍느라고 모습이 없다.

을 안 것도 행운이었다. 그이는 10년 동안 나남수목원 프로젝트를 이끌었다.

새천년이 시작하기 전에 광릉수목원 자락에 쉼터를 가꾸기 시작했다. 20여 년 전에 오택섭 선생 시골집을 갔다가 그 옆에 구입하게 된 5백 평 천수답을 포함하여 국유림 8백 평을 임대받고 포도밭 1천 3백 평을 사달라는 동네 민원도 해결해 주다보니 2천 6백 평의 큰 땅이 되었다. 개울 옆에는 성(城) 같은 축대를 쌓고, 출판사 연수원으로 쓸 요량으로 70평 남짓의 집을 신축하고 정원가꾸기와 나무심기에 몰두했다.

강남 서초동에 살면서도 농지원부가 있는 명실상부한 농부가 되고 농협조합원과 산림조합원이 되었다. 자식같이 8년을 키웠던 서초동 지훈빌딩 앞의 30년 장송 세 그루와 앵두나무도

나남수목원 인수전 앞에 광릉 집에서 옮겨 심은 반송 두 그루가 늠름하다.

이곳으로 옮겼다. 아스팔트의 공해에 시달리던 이들을 해방시켜 자연의 숲으로 제자리를 찾아주었다.

아들과 딸의 성장을 기원하는 상징으로 앞뜰과 뒤뜰에는 자태가 너무 아름다운 30년생, 40년생 반송(盤松) 두 그루를 심었다. 이 나무는 내가 처음으로 거액을 내놓는 호기도 부렸다. 동네 양조장 주인에게 넘어갈 뻔한 나무를 확보했기에 더욱 정이 들었다. 어느 해엔 비실비실 힘을 못 쓰는 것 같아 나도 먹지 못하는 보약이라는 영양주사를 맞히기도 했다. 자식들의 성장모습만큼이나 그 푸르름과 하늘로 손짓하는 수형이 너무 아름다웠다.

20년이 지나자 주변의 나무그늘에 묻히는 것 같아 큰 맘 먹고, 2021년 가을에 수목원의 탁 트인 공간의 주인이 되라고 반송밭 앞에 옮겨 주었다.

텃밭은 아내의 몫이었다. 지렁이를 뱀인 줄 알고 기겁하던 도회지 여인이 생명의 푸르름을 체득하고 손으로 배추벌레를 잡아내기까지는 이삼 년의 시간이 필요했다. 아내는 과일주 담그는 것은 일도 아닌 일상이 되었고, 감자나 고구마 농사보다 토란을 잘 키워 주변에 나눠주는 것을 즐거워하는 것 같다.

주말 이틀은 자라나는 푸른 생명을 뒤덮는 잡초베기와 넝쿨제거 작업이 주된 일이었다. 가뭄이 들 때는 무슨 큰일이라도 난 듯이 주중에라도 다른 업무를 제치고 물을 주러 광릉집으로 달려가곤 했다. 매실, 밤, 주목, 반송 가꾸기와 죽은 나무 자리에는 다시 흙을 돋아 다시 나무를 심는 일의 연속이었다. 지금 자라는 나무는 아마도 똑같은 그 자리에 두세 번이나 다시 심어 살아난 마지막 나무일 것이다.

손가락만 한 철쭉, 주목 묘목 200그루도 5년이 지나자 그 푸른 힘찬 새 잎을 매년 자랑한다. 소나무나 느티, 단풍, 마로니에, 대왕참나무만 그런 것이 아니고, 유실수들도 5년까지는 넝쿨과 잡초에 시달리지만 그 이후에는 자신의 영역을 차지하며 독립수로 쑥쑥 자라나 사람보다 더 정직한 모습에 경이로움을 느꼈다.

나무가 자라면서 서로 햇볕을 다투지 말라고 수간(樹間)거리를 생각하여 나무를 옮겨 심다 보면 흙 속에는 지렁이가 진을 치고 있음을 본다. 아! 생명의 신비였다. 나무는 햇볕과 물과 바

© 신동연

광릉 숲의 마명리 집.

람만 있으면 크는 줄 알았는데 기실은 눈에 보이지 않는 표층 밑에서 이 지렁이가 잔뿌리와 노닐면서 나무를 키우고 있었다.

해가 뜨면 일하고 해가 지면 곯아떨어졌다. 온통 푸르름 속에 묻힌 무념무상(無念無想)의 시간들이었다. 그것은 욕망의 좌절들을 자학(自虐)하는 마음으로 나무 가꾸는 일에 몰두함으로써 스스로를 치유하는 일이었는지도 모른다. 그리고 이런 자청한 노동을 통해서 내가 가는 길이 왜곡되지 않는 늠름함을 갖게 했다고 자위(自慰)해 본다.

그것은 시장에서 몇만 원이면 살 수 있는 과실을 얻어 이득을 보겠다는 것보다는 생명에 대한 애착이었을 것이다. 그리고 세월에 대한 보상이었을 것이다. 지금 나무를 심어 30년이 지나면 어떤 나무든지 거목이 되지 않겠는가. 그러나 지금 30년

서초동 나남출판사에서 광릉 집으로 옮긴 장송 세 그루가
이젠 주인 노릇을 하고 있다.

생 거목을 비싼 값에 사는 것은 기실은 나무값이 아니고 그 세월에 대한 정직한 값을 지불하는 것이 아닌가 싶다. 삶을, 되돌릴 수 있는 시간을 살 수는 없기 때문에 더욱 값진 일이다.

현충일 주변이면 잘 자란 매실 50그루의 청매실을 따 가려는 친구들의 발길이 잦아진다. 나는 초봄에 흐드러지게 핀 매화(梅花)를 감상하는 것만으로도 충분했기 때문에 그저 웃으며 지켜볼 뿐이다.

숲속에 나의 작은 숲이 어우러지는 데는 또 10년이 필요했다. 여기에서 내가 할 일은 거의 다한 것 같다. 갑자기 심심해지기 시작했다. 숲이 무성해지면서 그 키만큼 집은 더욱 포근하게 안겨 고즈넉해졌다. 매년 되풀이되는 자연의 신비를 지켜보며 받아들이면 되었다. 이제는 수간거리를 생각해서 서로 방해하지 않도록 작은 나무는 옮겨주어야 하고 제법 큰 나무는 오히려 베어내는 일이 남았을 뿐이다.

그런데 나는 아직 젊었다. 이제 60 주변의 장년(壯年)이 아닌가. 가위눌리지 않을 만큼의 적당한 긴장 속에서, 바라기는 본업인 나남출판의 위상이 흔들리지 않을 정도의 시간과 재원을 투입해야 하는 도전을 하고 싶었다. 이제 그 정도 이루었으니 욕심내지 말고 즐기면서 쉬라는 여유있는 충고에 염화시중(拈花示衆)의 미소라도 날리며 여전히 아직도 없는 것을 찾는 젊은이이고 싶었다. 너무 부지런을 떤다거나 일중독에서 헤어나질 못한다는 아내의 걱정은 지금까지 나름대로의 존재이유를 찾아 헤매는 무한질주 속에 묻힐 수밖에 없었다. 이제 내가 아는 일은, 그리고 준비된 일은 나무가꾸는 일일 수밖에 없었다.

5년 전인 2004년에는 나무를 심고 가꾸는 조경사업 진출의 시금석으로 충남 태안에 임야 1만 5천 평에 대유(大有)농원을 만들었다. 서산과 태안이 전북 고창 다음으로 우리나라 묘목시장의 40퍼센트를 차지할 정도로 기후와 토양이 나무가꾸기에 적합하기 때문이다. 왕벚, 산벚, 이팝, 산수유, 느티, 산사나무 등 8천 그루를 확보했다. 5년생 나무를 2.5미터쯤에서 목을 쳐서 새순을 받는 작업으로 3년 정도 수형(樹型)을 잡으면 가로수용으로 상품성이 있지 싶었다. 벌채하면서 살려낸 70여 그루의 14미터 장송(長松)도 흐뭇했다. 나중에 절반 정도는 수목원으로 옮겨 키우고 있다.

설계, 허가, 식재, 준공 등 강성환 조경사장의 노력으로 3년 만에 사업을 완공했다. 몰라서도 그러했겠지만 나무가꾸기와는 상관없는 시골 공무원의 생리와 동네 인심의 변덕스러움을 수업료를 많이 지불하고서야 배웠다.

나남수목원

이 무렵 파주 적성농장 1만 5천 평을 반분(半分)하는 도로 신설 계획 통지서가 날아들었다. 1할이 도로로 편입되어 나무를 옮겨야 한다는 것이다. 보상이야 시가의 70퍼센트로 주었지만 10년 넘게 나무를 가꾼 뜻과 땀의 보상은 당연히 없었고, 오히려 길이 뚫리면 땅값이 올라서 좋지 않느냐고 비아냥거렸다.

갑자기 마음이 바빠졌다. 나무를 옮겨 심을 넓은 임야를 확보해야 했다. 더구나 3년 전에 거금을 들여 서산에 사 둔 25년생 모과나무 80그루도 옮겨야 했다. 임대료도 필요 없다며 제발 옮겨가라는 밭주인의 성화에 시달리며 태안 대유농원으로 이식하려다 시기를 놓쳐 차일피일하던 참이었다.

이제는 누구에게라도 땅을 빼앗기지 않을 곳을 찾아야 했다. 나의 마지막 프로젝트이기도 했고 이제는 땀과 꿈이 밴 그곳에 묻힐 일만 남은 것이 아닌가. 도로가 뚫리거나 도시계획이 들어서거나 어떤 의미로든 수용되지 않고 살아남을 수 있는 곳이어

최근 2020년 수목원의 가을.

야 했다. 바라기는 앞으로 20여 년 넘게 나무가꾸기의 도전을 해볼 만큼의 공간으로 5만 평, 10만 평쯤의 넉넉한 곳이었으면 싶었다. 항상 뜻과는 상관없이 재원이 문제였다. 생전에 아버지가 '혀는 짧은데 침은 멀리 뱉고 싶은 어리석은 녀석'이라는 나무람도 생각났지만, '뜻이 있으면 길이 있지 않겠느냐'는 낙관론에 의지하는 또 하나의 도전이고 싶었다.

그렇게 20만 평의 나남수목원의 역사가 포천시 신북면에서 시작되었다.

(2009. 10)

파주출판도시 입성기

2004년 10월 파주출판도시에 사옥을 마련하고 자유로를 따라 출퇴근을 시작한 지 벌써 5년이 다 되었다. 행정구역으로는 파주이지만 일산 신도시 북쪽과 맞닿은 곳으로 파주시의 맨 남쪽이다. 심학산 자락 10여만 평의 부지에 100여 개 동업 출판사들이 둥지를 튼 삶의 현장이다. 친구 김영섭이 설계하고 김민극 사장이 시공한 대지 580평에 건평 850평의 나남출판은 나의 대에는 이곳이 마지막 사옥이지 싶다.

걸출한 건축가들이 설계한 작품콤플렉스여서인지 뜻밖에도 전국의 건축학과 학생들이 공부재료로 공부하러 줄을 잇기도 하고, 심심찮게 영화촬영 세트로 활용하기도 한다.

처음 출판도시 건립을 위한 부지는 지금의 일산 터미널 터였다. 토지공사가 인기 없는 일산 신도시 아파트를 분양할 때는 베드타운이 아닌 문화의 향기가 넘치는 출판도시가 짝하고 있다고 선전에 적극 이용했다. 분양이 그런대로 되자 부지 땅값을 높게 부르며 처음 약속대로 주지 못하겠다고 앙탈을 부리더니 결국 자유로 건설로 생긴 한강변의 유수지인 지금의 땅을 우리들에게 떠넘겼다. 장사꾼의 상도덕도 없는 공공기업의 파렴치한 행위였다.

그러나 내게는 이곳이 낯설지 않은 곳이다. 이미 7년 전인 1997년에 책창고를 출판도시보다 더 북쪽인 통일동산에서 금촌 넘어가는 곳에 마련하여 운영하고 있었기 때문이다.

보통사람들에게 밖으로 드러난 출판사의 모습은 참신한 아이디어와 편집국의 엘리트정신의 뜻만 있으면 되는 줄 안다. 물론 나도 처음에는 그 범주를 벗어나지 못했다. 10여 년이 지나자 사무실 임대료와 맞먹는 눈에 보이지도 않는 책창고의 유지가 큰 문제가 되었다. 출판하는 족족 팔려나가서 창고에 재고를 쌓아 놓을 필요도 없는 베스트셀러만 만들면 얼마나 좋겠는가. 또는 소품종 대량생산으로 재고부수만 정확하게 헤아리면 되는 창고여도 원이 없었다.

〈나남신서〉가 500권을 넘어서자 다품종 소량을 출판할 수밖에 없는 인문사회과학 출판사의 숙명은 창고문제가 더 이상 미룰 수 없는 현실로 목을 죄었다. 1년에 1~2백 권도 팔리지 않는 책들이 대부분이어선지 10년 동안 쌓인 재고를 분류해서 관리할 넓은 창고 공간이 절실했다. 또 한 번 출판사 사무실 이사라도 할라 치면 창고 이사비용이 상상 못할 정도의 부담이 되었다. 더구나 습기찬 지하실은 싸다고 해서 책창고로 이용하기도 쉽지 않았거니와, 지상층은 임대료가 비싸기도 했지만 책의 무게 때문에 건물이 붕괴될 위험이 있다 하여 책창고로 세를 얻는 것도 쉽지 않았다.

적은 자본으로 이사하지 않고 사용할 수 있는 넓은 창고를 마련하기는 쉬운 일이 아니었다. 1996년 자유로(自由路) 주변 파주의 금촌에 저렴한 토지를 구해 2년에 걸친 역사를 벌였다. 4천 평의 마을 뒷산을 헐어내고 4천 평의 부지에 2천 5백 평의 시골 농협창고 같은 창고 마련의 꿈을 드디어 이루었다. 이름은 '현대출판유통회사'라 했다.

이 일로 해서 2년 후 들이닥친 IMF 외환위기의 거친 파도에 전쟁 같은 고통을 몇 년 동안 치러야 하는 악몽은 그때는 생각

나남출판사 사옥의 담쟁이덩굴. 뿌리로 벽을 타고 오르는 모습은 성스럽기까지 하다.

조차 못했다. 숱하게 자유로를 지나다녀야 했던 서초동 출판사와 파주 창고의 이중생활은 고통의 축제의 나날이라고 즐기기로 마음 먹었다.

서초동에서 출판도시로의 출근길은 일산 사람들이 도심으로 출근하는 길의 역방향이어서인지 50분이 채 걸리지 않을 만큼 감당할 만했다. 다만 성(城)안 광화문이나 강남에서 약속이라도 있는 날이면 왕복 백 리 길을 왔다갔다 해야 했다. 그래서 28년간 터 잡았던 강남 서초동 주변에서의 약속은 짐짓 핑계라도 대며 피할 수밖에 없었다. 경기 북부의 한적한 거사(居士)의 삶을 자처하기 시작한 것이다.

지난 양재역 앞 서초동 지훈빌딩 시절에 점심 무렵이면 오다가다 들른 네댓 팀의 선배, 친구들의 발걸음도 끊기게 됐음은 물론이다. 나만 혼자 고립되어 있는가,라는 생각도 들기도 했지만 번잡하지 않아 출판일에 몰두할 수 있는 시간은 엄청 늘어나게 되는 반사이익도 얻었다.

지금도 자유로 한강변은 행주대교부터 철조망이 그대로 있다. 남북분단과 냉전의 상징이라고 눈에 거슬린다는 사람이 대부분이겠지만, 이 풍경도 나에게는 지금까지도 너무 익숙해 있었다. 1971년부터 3년간 최전방 방책선을 붙들고 춥고 배고픈 군대생활을 보냈기 때문이다. 강요된 것이기는 했지만 그 철책 앞에서 속세를 벗고 태고의 음향과 원시의 자연에 묻힐 수 있었던 스무 살 몇 해가 오히려 포근했던 생각도 들었다.

우리가 퇴근하여 문을 열고 집으로 들어설 때 이것은 험난한 세파를 벗어나 나의 안식처로 들어가는 문인가, 아니면 새로운 꿈을 꾸어야 하는 또 다른 공간으로 들어가는 문인가를 생각해 볼 수 있다. 이를 빗대어 방책선은 금단의 문인가 아니면 해방의 문인가를 묻는 상상을 해본다.

자유로 한강변의 방책선은 북한 침략을 경계하는 철조망이라는 처음의 목적과는 달리 의도하지 않은 결과가 되기도 한다. 전쟁의 공포가 사라진 지금은 인간의 때를 타지 않는 자연보호를 위한 경계선이 되어 있는지도 모르기 때문이다.

언론대학원 학생들이라면 언론사 30~40대의 중견들이다. 전쟁이 끝난 지 20~30년 뒤에 태어난 이들에게 우리가 일상생활을 하는 공간의 폭을 넓혀 주기 위해 언론사상사 강의를 시작하면서 가끔씩 이런 질문을 던져 본다.

우리가 배운 대로 세계 문명의 발상지는 큰 강의 하류에서 시작되었다. 큰 강물에 씻겨 내려온 토사들이 하구에 형성한 퇴적층 기름진 땅에 작물을 재배하여 식량을 마련하고, 배가 드나들 수 있는 물류의 요충지였기 때문이다. 그러면 강원도 산골에서 시작되는 우리나라의 제일 큰 강인 한강이 바다로 빠져나가는 하류는 어디인가?

어쭙잖은 질문인지 대답이 없다. 갑자기 찾아온 정적이 미안해서 보기를 들어 준다. 1번 개포?, 2번 반포?, 3번 마포?, 4번 김포? 서울이 항구(港口)였던 사실을 한 번도 상상해 보지 않았을 그들을 탓할 수만도 없는 노릇이다.

출판도시가 터 잡은 곳이 임진강과 한강이 교차하여 강화도를 끼고 서해 바다로 나가는 바로 한강의 맨 끝 하류이다. 강은 높은 곳에서 낮은 곳으로 흘러 바다로 나간다. 이곳 교하(交河)가 한강이 바다로 빠져나가는 하류의 가장 넓은 곳임에도 불구하고 잘 알지 못하는 것 같다. 이론상으로는 알고 있더라도 우리 머릿속에는 북쪽을 지대가 높은 곳으로 생각하고 있는지도 모른다. 더구나 한강의 하류인 이곳은 남북 분단으로 잊혀진 지 60년이 넘는다. 두 세대가 지났으니 그럴 만한지도 모른다. 한반도의 중심인데도 불구하고 분단에 의해서 의식의 흑점(黑點) 지역이 되어 버린 것이 안타깝다.

그렇다. 서울은 항구이며, 한강이 바다로 통하는 하류는 이곳 교하이다. 한강의 퇴적층이 두터운 기름진 이곳에 출판도시가 있다. 지금도 바다 갈매기가 가끔씩 떼 지어 윤무(輪舞)를 한다. 섬진강 하류에 해수(海水)가 역류하듯 경인운하를 위한 보(洑)가 행주대교 부근에 만들어지면 서해의 갯내음이 더욱 짙어질지도 모를 일이다.

(2009. 9)

나무닭[木鷄]을 기르십시오

천신일 회장님, 한참 일이 많아지셨을 텐데 건강은 잘 챙기시고 계시리라 믿습니다. 설날 앞두고 회장님의 선물 잘 받았습니다. 고맙습니다. 여느 선물과는 달리 책을 보내주셔서 한 30년 책장사를 하는 저를 들뜨게도 합니다. 문화를 생각해주시는 도량에 경의를 표하면서도 이런 부분까지 혜량하시는 마음에 박수를 보냅니다.

〈우리 옛 돌조각의 혼〉은 지난 번 용인 양지면 아시아나 골프장 옆 돌박물관 광장에서 열린 음악회의 많은 군중과 여름밤 하늘 밑에서의 구경이었기에 미처 챙겨보지 못했던 작품을 찬찬히 살펴볼 수 있어 좋았습니다.

〈장자〉(莊子) 달생편(達生篇)우화라고 합니다만 '나무닭'[木鷄]이라는 말이 있습니다. 투계용 닭을 기르는 명인(名人) 기성자에게 왕(王)이 싸움닭을 만들라고 했답니다. 이 명인은 이 닭을 곁에서 다른 닭들이 아무리 성내며 달려들어도 아랑곳하지 않은 마치 나무로 만든 닭처럼 훈련시켰답니다. 덕(德)이 충실하여 제 아무리 사납고 못된 닭이라도 견디지 못하고 가만히 서 있는 그 모습만 보아도 절로 도망치게 만들었습니다.

이제는 세계적인 기업이 된 삼성그룹 창업자 이병철 회장은 목계(木鷄)를 거실에 두고 바라보면서 남다른 직관력을 길렀다고 합니다. 누군가를 이기려면 힘을 기르기 전에 먼저 평정심을 잃지 않아야 합니다. 직관력을 통한 혜안만이 시간의 벽을 관통하기 때문입니다.

천 회장님 마음속에 '나무닭'[木鷄] 하나를 기르십시오. 권력은 부자지간에도 나눌 수 없다고도 합니다. 친구를 대통령으로 만든 것은 회장님의 소롯한 꿈이 이루어진 것에 불과한 것이므로 대리만족 정도에 그칠 일입니다. 온갖 권력 주변의 잡새들이 설쳐대는 틈 속에서도 망중한(忙中閑)을 가질 수 있어야 대인(大人)이십니다.

이미 수천 점의 옛 돌을 양지바른 장송(長松) 밑에 기르고 계시는 회장님의 그늘을 깜냥이나 하겠습니까. 천 회장님은 한겨울을 푸르게 증언했던 '보리'여야 합니다. 봄이 왔다고 그 보리가 스스로 자랑합니까. 이 겨울을 내가 견디며 넘겼다는 온갖 잡새들이 떠들어도 보리는 빙긋이 웃을 뿐이죠. 어쩌면 새삼스럽게 그 겨울을 묻지도 않겠지요. 이 사회는 이 보리 같은 사람들이 지탱하고 있습니다. 꽃망울이 터질 듯한 이른 봄날에 뵙겠습니다. 강건(剛健)하시길 바랍니다.

(2008. 1. 29.)

천신일 회장께 드립니다.

신묘년의 새해에도 겸손한 마음과 변함없는 신뢰로 열심히 하시겠다는 말씀과 함께 보내주신 교양서적 3권과 토종 밑반찬을 감사히 받았습니다. 몇 년 동안 매년 설날, 추석을 목전에 두고 그저 받기만 하는 행하의 은혜도 이번에는 유달리 감회가 새롭습니다. 그것이 뜻하지 않게 신체가 속박된 감옥에서 "시간이 흘러도 함께 나눈 정 잊지 않고 고이 간직하겠다"는 회장님의 육필이었기에 더욱 그렇습니다.

지금 회장님이 겪는 고행이 지나고 보면 아주 짧은 몇 달 동안의 안타까운 해프닝였다고 가끔 생각이 스치시겠지만, 지금은 열흘 넘게 계속되는 영하 10도를 웃도는 유별난 맹추위를 견뎌야 하는 70 노구의 건강이 걱정스럽습니다. 처음 겪는 밀폐된 비좁은 감옥의 긴장감을 어떻게 견뎌내시는지 생각만 해도 오히려 제가 송구스럽습니다.

"항상 풍요롭고 행복하시기를 기원합니다"라는 마지막 구절에서는 눈물을 떨구었습니다. 우리의 삶은 낡은 잡지의 표지처럼 통속하거늘 무얼 그리 애면글면하는지는 모르겠습니다만, 일상으로 그냥 쉽게 썼던 이 구절이 오늘은 그렇게 가슴을 짓누릅니다.

정신적 풍요로움과 가난한 행복을 애써 만들고 계시며, 까치 설날까지라도 도착하도록 선물 꾸러미를 받을 그리운 이름들을 하나하나 낙점하며 고독한 염화시중의 미소를 지으실 회장님의 모습이 눈앞에 있는 듯 또 그립습니다.

달면 삼키고 쓰면 뱉는다는 시정잡배들의 영악한 이기심으로 달려드는 하이에나 떼들에게 호탕한 웃음의 한 폭풍 날려주십시오. 회장님의 전매특허 아닙니까.

세상에 나이가 들면서 점점 더 아름다워지는 것은 나무밖에 없습니다. 저도 나무처럼 늙고 싶습니다. 긴 세월의 풍파를 고스란히 이겨낸 뒤의 얻어진 초월과 해탈 때문만이 아닐 것입니다. 나무처럼 아름답게 늙고 싶다면 당연히 나무처럼 살아야겠지요. 나무처럼 살고 싶지 않으면서 나무처럼 늙고 싶다고 해서는 안 될 일이기 때문입니다.

회장님은 그런 나무임에 틀림없습니다. 더욱 강건하십시오.

(2011. 1. 26.)

〈순은(純銀)의 아침〉의 시인

오탁번 선배의 정년(停年)을 축하합니다. 몇 년 전부터 나를 만날 때마다 정년 전에라도 대학 관두고 글쓰기에만 매진하겠다고, 항아리 큰 독 속에라도 숨고 싶다고 되뇌더니, 정작 그 끈을 놓고 나니 조금은 허전하시지 않은지요. 연자방아 돌리는 허망한 반복 같던 그 두레에 걸렸던 끈이 말입니다.

지난 주 수요일 오 선배의 안암동 교우회관 정년기념 출판식장에 갔다가 큰 책 두 권을 그냥 받았던 당혹감이 생각납니다. 여느 출판기념식과 다른 신선한 충격과 오 선배답다는 확신을 같이 했습니다. 미안하기도 하구요. 500부 한정판 〈입품&방아품〉(얼른 이해되지 않는 제목입니다만) 제005호를 형의 친필과 함께 옥쇄와 같은 낙관도 함께 받았습니다.

〈시(詩)읽기—헛똑똑이의〉는 전문서적 같기도 합니다만 '헛똑똑이의~'라는 표현은 마음에 걸렸습니다. 문학청년들이 꿈에 그리는 신춘문예를 시·소설·동화로 3관왕을 이루신 분이

그 연세이시면 자랑하신들 어떻겠습니까마는, 아직도 겸손하신 모습 그대로여서 이제는 갑자기 짠한 마음도 들기도 했습니다.

문학적 자전(自傳)을 밑줄 그으며 한참 읽다가 16년 전 저희 출판사에서 펴낸 오 선배의 문학선 〈순은(純銀)의 아침〉 글을 읽고는 정말 죄송하다는 마음에서 가슴이 덜컥 내려앉는 기분이었습니다. 서종택 선배의 강권을 따르지 않았더라면 고독한 선배의 먼발치도 못 볼 뻔했기 때문입니다. 많이 외로우셨던 마음을 이제야 헤아려보는 듯싶습니다.

> 그리하여 쇠똥구리처럼 살아온 소외와 고독의 방법을 버리고 좀 더 광활한 대지를 향하여 눈을 크게 뜰 법도 한데—그동안의 내 삶과 내 이웃의 사랑을 되돌아보면서 눈시울이 뜨거워지는 것도 숨길 수 없다—배고픔과 가난 속에서도 순은이 빛나는 아침을 기도하며 여기까지 왔다—다시 아득한 길을 나선다.

오 선배님, 비교(秘敎)의 교주(敎主)를 꿈꾸었댔습니까. 밀교(密敎)의 카리스마와 신비감을 실천하시고 싶었습니까. 귀기(鬼氣)가 서린 교주같이 말입니다.

원서당주(遠西堂主)의 절대자의 산에서 조금도 하산(下山)하시지 마십시오.

이 반도의 중심—원주(原州)—배꼽에 자리하신 그곳 선배의 뜨락인 원서(遠西)에 한번 들르고 싶습니다. 거인(巨人)의 또 다른 모습은 어떠한지 꼭 확인하고 싶은 망상이지요.

저는 형이 일러주신 대로 또 "나가자 폭풍같이… 장안을 뒤흔드는 젊은 호랑이" 노래를 불러야 합니다. 태양(太陽)을 향해서.

젊은 날의 뛰는 심장이, 젊은 꿈 뛰는 혈관이—형이 불러주신 노래였으니 말입니다. 고려대와 오탁번 그리고 접니다. 형도 큰 졸업하시는데 저도 곧 따라야 할 것 같습니다.

황홀한 만남이었습니다. 고맙습니다. 강건하십시오.

(2008. 9. 3)

와세다대학 바둑원정기

모든 승부는 자신과의 싸움에 지나지 않는지도 모른다. 자신을 수련하는 여러 가지 방책 중에서도 바둑의 길은 마주하는 두 사람이 창조하는 조화의 예술이다. 그 창조적 사색의 절정의 순간을 위해 길을 떠난다.

흐르는 물은 서로 다투지 않는다는 유수불쟁선(流水不爭先)의 마음으로 바둑의 창을 통해서 사람 사는 이치를 깨닫고자 한다. 시(時)테크에 편승해야 살아남는다는 정보화사회에서 나를 사람답게 견딜 수 있게 하는 느림의 미학인 안전장치가 하나쯤은 있어야 한다. 그것이 구름에 달 가듯이 손가락 사이를 스쳐 빠져나가는 유현한 바람의 얼굴을 꿈꾸어 보는 일이라도 말이다.

지난 8월 22일 일본 와세다대학과 제2회 바둑교류전을 위해 떠나는 김포공항 대합실은 북경올림픽의 야구 준결승전인 한

고대 교우회장배 바둑대회에서 천신일 회장과 함께.

일전 중계방송으로 들떠 있었다. 하네다로 떠나는 출국 안내방송의 재촉이 다급해질 무렵 이승엽의 홈런이 작열했다.

상쾌한 승리를 예감하면서 교우회의 배려로 장학생 대우를 받은 재학생 대표선수 10명과 재학 때부터 공부만큼 바둑을 좋아했던 영원한 멘토 기호회 OB 16명의 고대 승리군단은 비행기에 올랐다. 바둑맞수인 강명주 선배가 좌장으로 동행해 주어 마음 든든했고, 친구인 연대 출신 〈조선일보〉 이홍렬 바둑전문기자도 손님으로 초대했다. 나는 몇 년째 재단법인 한국기원 상임이사이기도 했다.

이 대회 준비를 진두지휘한 프로기사 한철균 교우가 이제야 한숨을 돌리는 듯하고 영문과 학생 조혜연 프로 8단의 재치 있는 젊음이 눈에 띄게 싱그럽다.

지난해(2007년) 7월 12일 여름장마의 와중인 토요일, 300명 가까이 몰려든 교우들이 성황을 이룬 제1회 교우회장배 바둑대회의 열기가 식기도 전에 계속되는 대장정의 길인지도 모른다.

공항까지 영접나온 와세다OB 바둑회의 환영 리셉션은 다정하고 정중했다. 다음날 일본기원을 방문했다. 전통 일본식으로 꾸민 특별 대국실 안에는 노벨문학상 수상자 가와바타 야스나리(川端康成)가 1971년 회관 준공기념으로 쓴 '심오유현(深奧幽玄)'의 휘호가 눈길을 끈다. 지하 자료실에 모셔진 산수화 문양이 새겨진 조선 바둑판이 문득 잠시 잃어버렸던 왕국의 감회를 새롭게 한다. 지하철역과 가까워서인지 일본기원의 1층 대국실은 젊은 학생들까지 바둑을 두느라고 몹시 붐볐다. 한국기원도 이리했으면 좋겠다고 부러운 마음뿐이다.

이제는 와세다대학에서의 친선 바둑교류전이다. 세계화를 일찍 실천하여 욱일승천하는 모교와는 달리 잠시 머뭇거리다 고생한다는 소문에 시달린다는 숲속의 와세다. 그러나 숲속의 교정은 방학인데도 젊은 그들의 열기로 꽉 차 보였다. 정문 옆 숲속에 교가를 새긴 오석(烏石)이 가랑비에 젖고 있다.

대국은 우리 대학의 인촌(仁村)기념관과 같은 개교 120주년 기념관인 이 대학 설립자 오쿠마 시게노부(大隅重信)의 기념회관으로, 총장실도 여기 있었고 동창회 라운지도 넓었다.

우리의 두 배나 되는 애기가들이 장내를 가득 메우고 순번을 기다리고 있었다. 재학생들은 한국과 일본이 구분되지 않을 만큼 젊음 그 자체의 열정으로 바둑을 통한 우정을 확인하는지 풋풋한 향기로 화기애애하다.

와세다 OB들은 50대의 변호사, 사업가들인 우리보다 10여 년의 연상으로 우리 만남의 의미를 가슴에 새기는 듯했다. 이기고 지는 것은 다음다음 문제였다. 한철균, 조혜연 사범의 다면기 지도대국은 그들에게는 큰 선물이었음에 틀림없었을 것이다. 내년은 서울 안암동에서의 재회를 약속했다.

한일 바둑교류전 덕택에 올림픽 야구의 금메달 획득을 일본의 호텔방에서 젊은 그들과 대한민국을 외치며 자축했던 오래된 미래를 기억하며 김포로 향했다.

(〈고대 교우회보〉, 2008. 9. 9.)

문자는 권력의 시작이다

후기 정보화 사회를 꿈꾸는 시(時)테크의 첨단 정보시대에 '천자문'(千字文)이야기는 신선한 충격이다. 정보사회의 어두운 그늘은 사회의 분절과 파편화에 따른 인간의 소외며, 이를 견디는 방법으로는 집단 무의식에 의존할 수도 있다. 선진 경영기법으로 무장한 40대 이후의 CEO에게도 천자문은 상상 속의 고향이 아닐까 싶다.

문자는 정치의 시작이었다. 또 사물은 문자를 통해 존재했고 규정됐고 인간 질서에 편입됐다. 문자는 지식의 역사적 맥락에서보다는 한자(漢字)의 서체나 그 모양이 풍기는 신비로운 이미지의 감각으로 뇌리에 새겨졌기 때문이다.

최근 갑자기 사자성어(四字成語)가 유행한다. 끼리끼리의 비밀스러운 의사소통행위가 동양적인 사자성어의 형태로 세대와 세대의 차이를 넘는 공론장(公論場)으로 드러났는지도 모른다. 그저 한자(漢字)를 조합한 억지 사자성어도 있지만, 현실을 풍자하며 많은 사람의 입에 오르내렸던 주역의 규괘(睽卦), 상화하택(上火下澤)이 일류대 논술시험으로 출제되기도 했다.

이제 대학입시를 준비하는 고교생도 동양 고전을 읽어야 할지 모른다. 그런데 현실은 고교생들의 인기 퀴즈TV 프로그램을 보면 제일 어려운 난관이 한자 쓰기 문제인 모양이다. 예컨대 그들의 소망인 '합격'(合格)이라는 한자를 쓰지 못해 절반이 탈락하기도 한다.

〈욕망하는 천자문—문자 속에 숨은 권력, 천자문 다시 읽기〉(김근, 삼인, 2003)는 추억 속의 낡은 천자문이 728쪽이나 되는 두꺼운 양장본 사회과학책으로 위용을 드러낸다.

천자문의 욕망을 대중이 욕망하는지도 모른다. 주위로부터 존경과 칭송을 받으며 살기를 원하는데 그 칭송은 무엇인가의 욕망에 맞춰 살아야만 받을 수 있는 것은 아닐 것이다.

이 책은 '다시 만들어지는 하늘, 땅, 인간의 진실', '오상(五常)은 변하지 않는 인간의 도리인가', '권위는 어디에서 오는가', '지식인은 누구를 위해 존재하는가', '소외, 이를 견디는 지혜' 등 9부로 나뉘어 문화의 원형을 해부한다.

고전이란 텍스트만 존재하기에 콘텍스트에 따라 다양한 해석 가능성을

열어놓고 있다. 예를 들면 '권상출척'(勸賞黜陟)은 상벌의 4가지 방식을 말하는 것이 아니라 두 가지의 대립적 방식을 두 측면에서 기술한 것으로 본다. 즉, '권상'(勸賞)이란 실적이 좋은 이에게는 '상'(賞) 자의 자형이 말하듯이 재물[貝]로 보상해 주고, 그렇지 못한 이에게는 '권'(勸) 자의 자형이 말하듯이 힘[力]을 더해 주어 다음에는 성취하게 해준다는 뜻이다. 그리고 '출척'(黜陟) 역시 잘 해내지 못한 사람에게는 '출'(黜) 자의 자형이 말하는 대로 그의 방식이 '진부해서'[黑] 더 이상 쓰지 말 것을 당부하고, 잘한 사람에게는 '척'(陟) 자의 자형이 말하는 대로 높이 들어주어서 다른 사람들이 이를 보고 배우게 함을 의미한다고 해석한다.

김구 선생의 〈백범일지〉에 보면 백범이 인천 감옥에 수감되었을 때 다른 죄수들에게 〈천자문〉, 〈소학〉을 교육하는 감방학교의 모습이 있다. 이때의 천자문은 민중의 계몽과 구국의 길이기도 했다.

나도 이 책을 아침 회의시간의 자투리를 잘라내서 몇 달 동안 출판사 직원 전체와 윤독회를 갖기도 했다. 그들에게 한자(漢字)를 익히는 계기가 되기도 하지만, 우리의 몸에 밴 동양사상을 조금이라도 객관화할 수 있는 훈련이 필요해서인지 모른다.

'정경의숙'을 열어 국가를 책임질 엘리트 교육을 하는 일본 마쓰시타 그룹에서는 지금도 신입사원들에게 〈논어〉를 필수과

목으로 읽힌다고 한다. 프로테스탄티즘의 자본주의보다 유교사회의 자본주의를 더 가치 있는 덕목으로 평가하는지도 모른다.

(〈이코노미스트〉, 2006. 2. 21.)

[후기]

이 책에서 초기 커뮤니케이션 테크놀로지의 발달에 획기적인 선을 그은 붓[毛筆]의 발명가를 찾게 되는 덤도 얻었다. 후한(後漢) 채륜(蔡倫)은 종이를 발명하여 그 종이는 채후지(蔡侯紙)의 명예를 얻었고, 진(秦)의 몽념(蒙恬)은 붓을 발명했다는 염필륜지(恬筆倫紙) 구절이다.

어릴 때 천자문을 엄부에게나 서당 훈장님 앞에서 외웠다는 말들을 많이 하지만 그것은 그냥 한자를 배우는 단순한 과정에 불과했을 것이다. 지금 정보화사회에서는 이미 잊혀진 듯한 〈천자문〉이 사실은 동양고전의 핵심을 모아서 짧은 시적 언어로 표현한 일종의 동양사상의 역사와 철학을 말하는 서사시에 다름아니다.

제2부

아웃사이더,
그 화려한 창조적 소수

출판광고의 격

이만재 • 카피라이터

직업에 귀천을 따로 두어 가리는 것은 온당한 일이 못될 터이지만 나는 평소 출판사업을 하는 이들에 대한 개인적 존경심을 특별히 만들어 갖고 있는 사람 중의 하나이다. 좋은 읽을거리가 무엇인가를 연구하고 그것을 책으로 만들어 이웃들에게 읽히고자 하는 일은 특히 오늘날과 같이 저급의 말초적 문화 지배수단이 판을 치는 시대에서는 무엇보다도 값진 일로 여겨지기 때문이다.

적어도 그것은 오늘의 시대적 문명정신을 문화의 차원에서 바로 지켜내기 위한 마지노선이라 생각되기도 하고, 또 그런 이들의 역할분담과 기능이 있기에 우리는 이 황폐한 산업사회의 정신적 구조 안에서 최소한의 인간성이나마 서로 어루만지며 확인할 수 있지 않겠는가 하는 믿음을 나는 갖고 있다.

나 자신도 일주일에 두어 번씩은 버릇처럼 서점가를 얼쩡거리면서 새로 나온 여러 가지 책들을 구경하는 사람이고, 그러다

보니 신문을 펴 들어도 책 광고가 실린 페이지는 거의 빼놓지 않고 훑어보는 처지인데, 한 가지 유감스러운 것은 그 광고들을 보는 내 시각 자세에 뭔가 항상 찜찜한 사시(斜視)가 끼어 있음을 스스로 느낀다는 점이다.

그것은 주로 화려하게 마련인 책 광고내용의 광고언어들로부터 나 자신의 이익을 따져 보호하려 하는 일종의 방어본능 때문이다. 책 광고를 그냥 순수한 의미에서의 신간정보로 수용하지 못하고, 무언가 그것의 내용을 의심하는 버릇이 어느 때부터인지 내게 생겨 있는 것이다. 적어도 그것은 내 심성의 비뚤림 탓이 아니다. 그것은 지나간 수많은 세월 동안 참으로 많이도 그 화려한 광고언어들에 의해 속았던 경험이 내게 있기 때문이다.

아무려면 출판도 기업인데, 어떻게 해서든지 우선 한 권이라도 더 많이 팔아야 하겠다는 절체절명의 필요성이 왜 없겠는가 하고 이해는 하면서도, 또 속으면 어쩌나 하는 생각 때문에 직접 서점에 가서 그 비좁은 공간에 몸을 부대끼며 실제로 현물의 내용을 장시간 보지 않고는 대뜸 편한 마음으로 가까운 단골서점에 전화주문을 하지 않는다는 사실이다.

출판광고가 영화광고나 유흥장광고 따위들과는 달라야 될 이유가 있다. 그것은 출판을 업(業)으로 하는 이들이 저들 하루보기 사업자들과 사업이념의 격(格)이 같지 않다는 점이다. 문화를 상품으로 하고자 하는 자는 스스로 먼저 그 문화의 격을 바로 지켜낼 줄 알아야 된다고 하는 평범한 진리가 참으로 아쉽게 여겨지는 것이 요즈음의 출판광고 풍토에 대한 내 개인적 소견이다.

그런 의미에서 현재 나남출판사가 제 광고에 내걸어 쓰고 있는 "나남의 책은 쉽게 팔리지 않고 오래 팔립니다"라는 한 줄의 캐치프레이즈는 나 같은 공연한 사람에게까지 각별한 친근감과 호감을 갖게 한다.

누구에게나 무리 없이 겸손하게 받아들여지는 이 한마디 안에 그 출판사의 기업적 이념과 제 상품에 대한 긍지가 듬뿍 담겨져 표출되고 있는 것이다. 요란한 수식어, 선동적인 과대표현 따위는 가급적 절제된 상태에서 독자가 그 출판사의 이름만 확인하고도 책 내용의 품질수준을 신뢰하여 안심하고 주문할 수 있는 풍토가 하루빨리 조성되기를 바라는 마음 간절하다.

우리 사회의 다른 사업분야 종사자들보다는 아무래도 좀더 배움의 혜택을 많이 받고, 합리적 사고의 기회를 좀더 많이 획득한 이들이 출판업자들일 것이다. 그 혜택 받은 바에 의한 고귀한 값어치의 재생산성을 제가 속한 사회에 바르게 베풀어 환원한다는 의미에서도 우리 출판광고의 면면들은 조금씩 그 분장을 달리해야 할 때인 것이다.

(〈출판저널〉, 1989. 2. 5.)

사회과학 출판의 한 산맥

신문방송학·광고학·정치사회학 등 일반대학의 '정경대'에서 가르치는 과목들을 출판하는 전문영역도 그렇고, 편집부의 인원이라야 8명, 총무·영업부 다 합쳐 16~17명을 넘지 않는 규모를 생각한다면 1년에 70~80종은 남의 고개를 갸웃거리게 하기에 충분한 숫자다.

끊임없이 새로운 주제로 옮아가는 '샘솟는 우물' 같은 느낌의 신간들이 그것이다. 한 권 한 권이 국내 관련학계의 소중한 성과를 담보하고 있으며, 국외저술을 번역할 때도 신선한 자극제가 될 만한 선진이론을 받아들이는 출구 노릇을 톡톡히 하기 때문이다.

그 결과 나남출판이 우리 출판계에 등장한 지 15년이 되는 지금, 당시 우리 출판계의 불모지였던 이 분야는 이제 그 어느 학문분야가 부럽지 않을 만큼 풍부한 책들을 수장(收藏)하게 되었다.

전문 학술출판사들이 다 그렇듯 편집부원들의 입장에서만 보자면 이 분야의 책 만드는 일에 '특별한' 흥미를 지닌 사람을 제외하고는 자칫 재미가 덜할 수도 있겠다.

1994년 무렵의 저자.

기획회의나 번역·저술자 선정은 〈나남신서〉, 〈사회비평신서〉 등의 편집위원들과 그 스스로가 언론홍보학 석사(연세대)이자 언론학 박사(한양대 신방과) 과정 수료자인 사장 조상호 씨의 몫이다.

그러나 나남출판사의 여러 특성은 관련분야의 내로라는 학자들로 진용이 짜인 편집위원들의 역할도 크지만, '대학교재 출판업계의 악마', '난공불락의 불도저'로 불리며, 하는 일이 많은 만큼이나 화제 또한 심심찮게 몰고 다니는 조 사장의 출판업자로서의 '엄청난' 노력에 기인한다고 보는 것이 옳다.

나남출판의 '목록은 곧 조 사장의 얼굴'이며, '분야는 곧 그의 소신'이고, '출판 특성은 그의 성격'이라는 등식이 성립할 만큼 관련학계와 출판사에서 그의 이미지는 카리스마적이다. 이와 같은 영향력은 '출판은 나의 종교다'고 자신 있게 말하는 출판인으로서의 신념 있는 자세에서 비롯된다.

그를 아는 이들은 '출판을 알고, 제대로 하는, 그리고 스스로가 매우 열심히 공부하는' 보기 드문 출판인으로 나남출판사 조 사장을 꼽는 데 이견이 없다.

서초동 서울교육대학 앞의 일반주택가에 자리한 나남출판사의 출퇴근 시간은 오전 8시 30분과 오후 6시 30분이다. 그런데 '못 말릴 정도'로 부지런한 조 사장은 직원들 보다 1시간 먼저 출근하고 집에 들어가는 시간은 밤 11시 전후다. 퇴근 이후의 시간은 예전엔 석·박사 공부를 했고 요즘은 언론대학원 강사로 나간다.

이 출판사에는 사장도 편집부원들과 꼭 같은 일을 하고 때론 더 하는 듯 보인다. 오역이 보이는 책은 사장이 직접 원문을 대조하며 다시 번역하고, 매끄럽지 않은 책은 교열을 본다. 역서도 국내 저작권사를 통하지 않고 자신이 직접 외국출판사에 서신을 띄워 계약을 맺는 식이다.

"나는 요즘 아무 부러운 것이 없어요." 조 사장의 일성이다. 작년 박경리의 〈김약국의 딸들〉로 빚을 갚을 수 있어 좋았고 특별보너스도 받을 수 있었다. 그러나 그 돈은 앞으로 2, 3년 출판에 쏟아 붓고 나면 가랑잎 바스러지듯 흔적조차 없어지고 말 것이다. 그러나 '부러울 것 없다'는 말의 더 큰 비중은 오랫동안 그를 짓누르던 콤플렉스 하나를 극복한 점이다. '봐라, 베스트셀러를 찾아 출판으로 돈 벌기로 작정하면 나도 할 수 있다. 그러나 나는 그런 출판은 안 한다'는.

돌산을 일구듯 돈 한 푼 안 되는 불모지의 전문출판을 해오면서 가끔 독사머리처럼 고개를 쳐들던 유혹, 종이에 글자를

‘찍는’ 일로 손쉽게 큰돈을 만지고 떵떵거리던 동료 출판인을 보며 느꼈던 순간의 묘한 열등감이 그 ‘희한한’ 베스트셀러 한 권을 만들어냄으로써 일시에 해소된 것이다. 그가 해왔던 그간의 일들이 매우 소중하고 옳은 일임을 역으로 확인시켜 줬다고나 할까.

그는 출판인으로서의 ‘프로페셔널리즘’을 이렇게 요약한다. 첫째, 전문분야를 가져야 하고, 둘째, 학적(아카데미즘) 배경이 있어야 하며, 셋째, 출판인으로서의 윤리를 지녀야 한다는 것. 그중 세 번째 것은 좀 포괄적으로 적용된다. 가령 출판인들이 스스로의 위상을 높이는 문제도 그 하나인데, ‘책 하나 주마’는 식으로 거드름 떠는 교수는 문전박대한다. 그래서 ‘건방지다’는 얘기도 적잖게 듣지만 그 결과 나남과 저·역자 사이에 구축된 것이 ‘동등한 파트너십’. 그것은 학문과 출판이 함께 발전하는 전제이며, 사회적 지위가 상대적으로 낮은 출판인들의 위상을 높이는 전제다.

(〈출판저널〉, 1994. 3. 20. 정혜옥 기자)

15년 만의 사옥마련 잔치

한 출판사의 새 사옥 입주잔치에 유명인사들이 대거 참석, 뜻있는 모임을 만들었다.

나남출판(대표 조상호) 창립 15주년 및 새 사옥 입주기념식이 열린 11일 오후 3시, 서울 양재역 건너편의 서초구 서초동 1364의 39 지훈빌딩 501호는 학자와 문화예술인들로 붐볐다.

이 자리에는 홍일식(洪一植) 고려대 총장, 이강수(李康洙) 한양대 대학원장, 김중배(金重培) 〈한겨레신문〉 사장, 김덕룡(金德龍) 국회의원, 한승헌(韓勝憲) 변호사, 신인섭(申寅燮) 한국 ABC 협회 전무 등이 참석했으며, 오택섭(吳澤燮) 고려대 교수, 김학천(金學泉) 방송학회장, 유재천(劉載天) 방송위원회 부위원장, 원우현(元佑鉉) 고려대 교수 등 언론학자와 서울대 김경동(金璟東), 김일철(金一鐵) 교수 등 사회학자, 서울대 오생근(吳生根) 교수(불문과), 이성원(李誠元) 교수(영문과) 등 학계인사, 박맹호(朴孟浩) 민음사 사장, 이기웅(李起雄) 열화당 사장, 박기봉(朴琪鳳)

왼쪽부터 아내, 김경동 교수, 필자, 홍일식 총장, 박맹호 사장, 이강수 교수, 김중배 대기자.

1994년 나남출판 창사 15주년 기념식에서. 손주환 문공부장관
그리고 본사 2대 편집주간이었던 신계륜 국회의원과 함께.

비봉출판사 사장 등 선후배 출판인, 작가 이청준, 최일남, 김원일, 한수산 씨, 최동호 시인 등 모두 1백여 명이 참석했다.

나남출판사가 언론학, 정치학, 사회학 등 학술과 문학전문 출판사의 역량이 드러난 자리였다.

홍일식 고대 총장은 축배를 제의하면서 조 사장을 '고대가 낳은 인재 중의 인재, 물건 중의 물건'이라고 소개, 좌중에 폭소가 터졌다.

나남출판은 지난 1979년 종로구 고려대 교우회관에서 6평짜리 사무실로 출발, 15년 만에 지하 1층, 지상 5층 총 250평에 이르는 사옥을 마련했다. 나남출판은 그동안 7백여 종의 책을 출간했다.

(〈조선일보〉, 1994. 6. 12. 최구식 기자)

사회과학서(書) 집념의 발행

출판계 인사들로부터 '좋게 말하면 대담하고, 나쁘게 말하면 무모하다'는 평을 듣고 있는 나남출판 조상호 대표. 최근 정진석 교수의 〈인물한국언론사〉를 냄으로써 언론학 분야를 중심으로 한 사회과학총서 출판에서는 거의 기적 같은 400종을 발행한 그에게 이제 '집념이 강하다'는 평가가 하나 더 주어져야 할 것 같다.

"원래 꿈이 언론분야에 종사하는 것이었습니다. 그런데 대학시절 학생운동으로 제적당한 경력 때문에 뜻대로 되지 못했습니다. 그래서 출판에 뛰어든 후 '내가 만든 책을 읽은 사람들이 기자가 된다면 간접적으로라도 목표를 달성하는 것이 아니냐'는 생각이 들어 언론학 분야에 집중적인 관심을 쏟게 된 것입니다."

이념의 시대가 막 시작되던 1980년 이극찬 연세대 교수가 번역한 버트런드 러셀의 〈희망의 철학〉을 첫 권으로 내면서 시작된 〈나남신서〉는 사회과학 분야의 스테디셀러를 대표하는 명칭이 됐다.

〈나남신서〉 중 커뮤니케이션 관련서만 3백여 권. 따라서 언론학계에서 차지하는 비중을 단적으로 드러내주는 말로 '나남에서 책이 나와야 신문방송학과에 커리큘럼이 생긴다'라는 우스갯소리가 있다. 그만큼 한 분야를 깊이 파고들었다는 방증이기도 하다.

"대학 때 제 전공이 법학입니다. 그래서 법학의 커리큘럼을 염두에 두고 우선 개론과 역사 등 총론에서 시작해 분야별 각론으로 세분화시켜 가는 전략을 세웠습니다. 이제는 언론학 분야는 웬만큼 커버하고 있다고 자부합니다."

그리고 김중배 씨의 〈하늘이여 땅이여 사람들이여〉, 이승만 박사논문 〈일본군국주의 실상〉, 김준엽 씨의 〈장정〉, 송호근 씨의 〈지식사회학〉, 조용중 씨의 〈미군정하의 한국정치현장〉 등 지식인 사회에 큰 관심을 불러일으켰던 다수의 책들도 나남신서에 포함돼 있다.

요즘 출판계가 불황이라 많은 출판사들이 힘들어 하는데 나남출판의 경우는 어떠냐는 질문에 "우리 책들은 시장의 영향을 크게 받지 않는 학술서가 주종이기 때문에 출판계가 호황일 때는 배가 아프고, 불황일 때는 표정관리라도 해야 할 지경"이라며 웃었다.

(〈조선일보〉, 1995. 5. 26. 이한우 기자)

딸의 서가에 〈조지훈(趙芝薰) 전집〉을 꽂으며

한수산 • 작가

딸아이가 대학엘 가게 되었다. 집을 나서서 처음 유치원에 갈 때만 해도 버스에 오르는 뒷모습이 뒤뚱거리던 그 작은 것이, 어려서 사과를 좋아해서 늘 한쪽 볼이 불룩하게 사과를 베어 물고 다니곤 하던 아이가, 자라서 대학생이 된 것이다. 그 모습을 바라보는 마음의 흐뭇하고 대견스러움은 다른 부모와 다를 것이 없었다.

이제 성인이 되었으니 집안의 좀더 넓은 방으로 아이의 방을 바꿔주기로 하였다. 지난해의 수험서로 뒤덮여 있던 아이의 서가가 휑하니 빈 것을 바라보면서, 거기에 어떤 다른 책을 꽂아줄 것인지를 이것저것 생각하는 마음은 즐거울 수밖에 없었다.

내 서재에서 아이의 책꽂이로 옮겨 주고 싶은 책들에는 셰익스피어 전집도 있었고, 희랍비극도 있었다. 그러던 어느 날, 나는 〈조지훈(趙芝薰) 전집〉 10권을 꽂아주는 것으로 대학입학 선물을 대신하기로 했다.

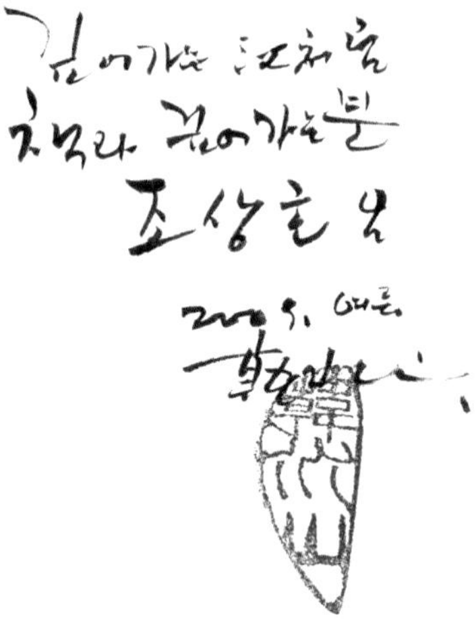

선생의 인품과 기개, 그리고 그 도도한 글들을 나 또한 늘 존경해 왔기 때문이었다. 그리고 무엇보다 서양의 인문사회과학 책으로 현실인식을 시작하는 요즘 대학생들의 독서풍토를 생각할 때 우리말의 아름다움에 그토록 눈부셨던 지훈 선생의 글을 감수성 강한 나이에 꼭 읽히고 싶었기 때문이었다.

아버지로서 성인이 된 아이와 함께 요즈음의 세상 돌아가는 이야기를 나누기도 부끄러운 때라는, 나의 요즈음 세상을 보는 우울함도 거기 얹힐 수밖에 없었다.

췌언임을 알면서도 덧붙이자면, 조지훈 전집 서문에 씌어 있듯이, 선생은 소월(素月)과 영랑(永郞)에서 비롯하여 서정주와 유치환을 거쳐 청록파에 이르는 한국현대시의 주류를 완성함으로써 전반기와 후반기를 연결해 준 큰 시인이다. 한국 현대문학사에서 지훈이 차지하는 위치는 어느 누구도 훼손하지 못할 만큼 확고부동하다.

어디 그뿐인가. 매천(梅泉) 황현(黃玹)과 만해(萬海) 한용운(韓龍雲)을 이어 지훈 선생은 지조를 목숨처럼 중히 여기는 지사(志

士)의 전형을 보여주었다.

한국현대사를 이해하려는 사람은 한국 현대정신사의 지형을 이해해야 하며, 바로 그 한국 현대정신사의 지도를 이해하려는 데 조지훈 전집은 크게 기여하리라는 편집위원들의 전집 서문에 나 또한 동감이었다. 지훈을 따르려는 사람에게도, 지훈을 비판하고 극복하려는 사람에게도 지훈의 전모를 객관적으로 이해하는 데 이 전집은 필요하다는 생각도 거기 있었다.

책을 꽂아주던 날 저녁, 나는 딸아이에게 이 책에 얽힌 뒷이야기 하나를 더 들려주었다.

이 책에는 아주 아름다운 이야기가 있다. 법학도였던 한 젊은이가 흠모하던 스승이 계셨다. 지훈(芝薰) 조동탁(趙東卓) 선생이 그분이었다. 그 젊은이는 훗날 출판인이 되어, 문학과 언론관계 책을 주로 내는 출판사를 키워냈다. 아들을 낳자 이름을 지훈(芝薰)이라고 지었으니, 스승에 대한 흠모와 그 마음 끌림의 깊이는 너도 짐작이 가리라. 그리고 그는 자신의 출판사가 처음으로 번듯한 사옥을 가지게 되었을 때 그 사옥 이름을 '지훈빌딩'으로 붙였다.

어디 그뿐이었겠니. 사옥을 마련한 후의 첫 일로 그는 학계의 여러분들로 〈조지훈 전집〉 편집위원을 구성하고, 전9권의 방대한 전집을 펴내기에 이르렀다. 아들의 이름도, 회사 빌딩도 지훈으로 지은 이 회사가 조지훈 전집을 펴낸 것이다.

난세라는 느낌마저 드는 요즘의 이 국가적 위기에 우리에게도 존경해 마지않는 스승이 있었음을, 지훈 선생의 글과 함께 젊은 이들에게 이야기하고 싶은 요즈음이다. 지훈 선생의 〈지조론〉과 〈한국민족운동사〉와 〈한국문화사서설〉을 비롯한 지훈 문학과 사상의 바다에서 젊은 날의 마음 밭을 가는 일을 시작하면 어떻겠는가, 말해주고 싶다.

(〈동아일보〉, 1997. 3. 16.)

아웃사이더,
그 화려한 창조적 소수

아웃사이더가 있다. 오늘의 불합리한 사회체제를 합리적으로 극복하여 오늘을 바탕으로 환골탈태(換骨奪胎)한, 한 걸음 더 나아간 세상을 꿈꾸고 실천하며 사는 사람. 그리고 진정한 아웃사이더로서 오늘과 내일을 조화하며 내일을 위한 반석을 오늘에서 구하려는 대부분의 사람들을 가리킨다.

어떤 학자는 그들을 '창조적 소수'라고도 명명했다. 그리고 이 '창조적 소수'는 역사의 올바른 방향을 제시하고 실천한다. 자기 일을 열심히 누릴 뿐 남들의 질시에도 아랑곳하지 않으며 또 남들에게 자기 뜻을 내세우지도 않고, 이해해 주지 않는다고 미워하지도 않는다. 그리고 출판계에서 여기의 범주에 속하는 곳을 꼽으라면 우리는 서슴없이 나남출판을 꼽는다.

출판을 알고, 제대로 하는, 그리고 스스로가 매우 열심히 공부하는 보기 드문 출판인인 조상호 대표. 그는 왜 많은 직업 중에 출판을 직업으로 선택했는가를 늘 자문하는 출판장이이다.

"왜 모든 책임만 있는 대로 떠맡고 온통 고통의 축제를 도맡아야 하는 출판장이가 되었을까 생각합니다. 좋은 책을 출판 못하는 책임, 잘 팔리는 책을 출판 못하는 책임, 원고료 인세를 많이 드리지 못하는 책임, 항상 가난한 책임 … 남들은 그러지 않고도 잘들 살아가는데, 출판질하는 내가 뭐기에 시대의 소금이 될 것 같은 착각으로 일류 저자들과 시대의 아픔을 교감하는지…. 허나 후회는 절대로 안 합니다."

나남출판은 지난 1979년 출판사를 등록, 1980년 4월 버트런드 러셀의 〈희망의 철학〉을 번역, 〈나남신서〉의 첫선을 보인 이후 1981년부터 매스커뮤니케이션 분야에 관심을 돌려 한국 언론학 연구를 주도해 왔다.

때문에 지금까지 나남출판에서 출간된 매스컴총서의 경향을 살펴보면, 한국 언론학의 발자취를 한눈에 알 수 있다. 초기에는 외국이론을 소개하는 개론의 범주를 맴돌다가 최근에는 커뮤니케이션 전반에 걸친 사회과학적 이론과 연구방법에까지 저술의 범위를 확대하고 있다. 특히 단순한 외국의 언론학 연구방법론의 소개에서 탈피해 우리 실정에 맞는 이론잣대로 한국언론의 현실을 분석하고 대안을 모색하는 비판적 시각의 대두도 주목할 만한 변화라고 할 수 있다.

또 언론현장에 참가했거나 현직에 종사하고 있는 언론인들의 체험적 저술이 눈에 띄게 늘어난 것도 최근의 특징이다. 〈동아일보〉 편집국장을 지낸 김중배 씨의 사회비평집 〈하늘이여 땅이여 사람들이여〉를 비롯해, 〈민주주의란 무엇인가〉(박권상) 등이 기자가 언론현장에서 발로 뛰며 집필한 생생한 메시지들이 담겨 있다.

현재 〈나남신서〉 중 커뮤니케이션 관련서는 5백여 권. 따라서 언론학계에서 차지하는 비중을 단적으로 드러내 주는 말로 '나남에서 책이 나와야 신문방송학과에 커리큘럼이 생긴다'는 우스갯소리가 나돌 정도다. 그만큼 한 분야를 깊이 파고들었다는 이야기이기도 하다.

조상호 대표는 흔히들 출판사를 등록하는 일이 가장 쉬우며, 책의 기획제작이 어려운 일이라 하나, 책을 판매하는 일은 더욱 어려운 일이고, 더더욱 힘든 일은 출판사가 그 출판사로서 견디어 내는 일이라고 말한다. '문화와 경영'이라는 야누스의 두 얼굴을 한 가슴에 껴안고 가슴앓이 하기가 그리 쉬운 일만은 아니기 때문일 것이다.

출판이라는 문화속성과 출판사를 경영해 나가야 하는 이윤추구의 기업적 속성을 어떻게 상호 보완시켜 나가느냐에 따라 좋은 책의 출판을 통해 문화 창조의 일익을 담당해야 하는 출판문화의 본질을 수렴해 나갈 수가 있는 것이다.

조상호 대표의 출판화두는 뉴저널리즘으로서 출판의 언론적 기능을 정립하는 것이다. 우리나라 같은 특수한 언론적 상황에서 출판의 몫은 자못 크기 때문이다. 그는 우리 사회에 언론의 자유가 존재하느냐고 먼저 묻는다. 언론의 자유는 언론기업의 이윤추구의 자유로 변질되었다. 때문에 그는 출판의 언론화가 유일한 대안이라고 생각한다. 출판인은 언론인이다. 그리고 조 대표는 그래야만 한다고 강조한다. 출판은 거대언론과 달리 보통사람의 다양한 접근을 쉽게 해주기 때문이다.

그래서 출판의 언론화에 의해 언론의 자유는 더욱 폭넓게 개방되어야 한다고 말한다. 그것은 결국 언론인들의 자율성을 확보하는 데에도 기여할 수 있다는 것이다. 때문에 언론이 일반적 기능밖에 하지 못할 때 그 공백을 출판인으로서 당연히 메워야 함과, 그렇지 못할 때의 부끄러움, 그리고 시대적 역사적 관심의 끈을 놓지 않는 것이 조상호 대표다.

(〈책과 인생〉, 1998. 1. 2.)

사회과학 책 출판
한 우물로 20년

"쉽게 팔리지 않고 오래 팔립니다." 언론학을 중심으로 정치사회학, 광고학 등 사회과학 책을 쏟아내듯 발행해 온 '나남출판'. 올해로 창립 20주년을 맞은 이 출판사가 〈나남신서〉라는 이름의 사회과학 책시리즈 목록에 최근 700번째 책을 추가했다. 이 출판사를 경영하는 조상호 사장의 〈한국언론과 출판저널리즘〉이다.

사람들은 나남출판이 내놓는 책의 엄청난 물량에 입을 다물지 못한다. 지난해 부도나 지금은 거의 출판을 중단하다시피 한 고려원과 함께 '책 많이 만드는' 출판사의 하나로 손꼽히는 나남출판. 그것도 종합출판이라기보다 사회과학, 특히 재미없고 딱딱한 대학 학술서들만 집중적으로 만들어내는 곳이다. 출판계를 훤히 알지 못하더라도 나남출판의 책 목록을 보면 이 출판사는 책 만드는 데 어떤 원칙을 갖고 있다는 짐작이 간다.

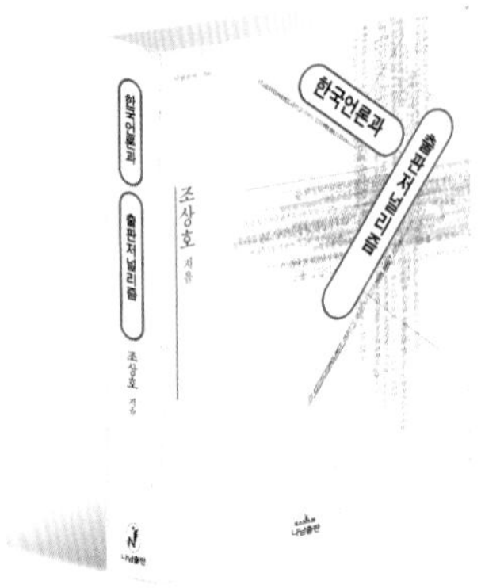

〈한국언론과 출판저널리즘〉은 권위주의 정치체제 아래서 무기력했던 언론의 기능을 대신한 출판의 고통스런 싸움에 대한 기록이다. 너무도 본디의 역할을 하지 못했던 신문과 방송의 빈자리를 안간힘을 쓰고 채우려 했던 '출판 저항'의 짧은 역사이기도 하다.

이 책에서 조 사장의 출판에 대한 신념과 고집이 분명하게 드러난다. '출판을 통해 어떤 권력에도 꺾이지 않고 정의(正義)의 강처럼 한국사회의 밑바닥을 흐르는 힘의 주체를 그려보고자 했다'는 그의 말은 바로 이 책을 발행한 이유이자 나남의 출판원칙이다.

이 책은 세상을 보는 창(窓)으로서의 출판의 기능과 한국 출판저널리즘의 역사, 그리고 3공화국 이후 현재까지 사회비판적 출판운동의 흐름을 조망하고 있다. 특히 1970~90년대의 정치사회 변동과 언론·출판운동의 변화를 짚어보는 데 큰 비중을 뒀다. 동아·조선 투위 활동으로 해직된 언론인들이 전예원, 두레, 정우사, 아침 등 출판사를 만들어 진보적인 사회과학 책을 발행하며 사회비판의 한 축을 담당했던 사실들이 다양한 기록과 인터뷰를 통해 소개됐다. 또 한국 현대출판사에서 큰 역할을 맡았던 창작과비평사 등 그들에게 자양분을 주었던 비판적 지식인들의 활동과 최근 일고 있는 학술출판과 운동출판의 활동까지 담았다.

조 사장은 '출판을 알고, 제대로 하는, 그리고 스스로 매우 열심히 공부하는 보기 드문 출판인'으로 꼽힌다. 그는 편집부원들과 똑같이 일한다. 오역이 보이는 책은 사장이 직접 원문을 대조하며 다시 번역하고, 매끄럽지 않은 책은 교열까지 본다. 조 사장은 나남출판 20년을 맞아 10년 동안 반년간으로 발행하던 〈사회비평〉을 계간으로 바꾸었다. 25일 오후 6시 30분 프레스센터에서 열리는 창립 20주년 기념행사는 나남출판사의 고집스런 정신을 함께 느낄 수 있는 소중한 자리가 될 것이다.

(〈한국일보〉, 1999. 5. 25.김범수 기자)

'지훈(芝薰)사랑' 뚜벅걸음 30년

'지훈상'(芝薰賞)은 나남출판사 조상호 대표의 지훈 섬김의 결정체다. 지훈을 우리가 되찾아야 할 선비정신의 표상이라고 믿는 그는 1996년 〈조지훈 전집〉을 간행할 때부터 〈지훈상〉을 만들기 위해 현재 서울 미아동에 살고 있는 조지훈의 아내를 계속 모셨다.

문학·국학 두 부문에서 오는 5월 첫 수상자를 배출하는 〈지훈상〉의 운영위원회는 홍일식 전 고려대 총장, 조동걸 전 국민대 교수, 성찬경 시인, 신용하 서울대·홍기삼 동국대·김인환 고려대·이성원 서울대 교수 등이 참여하고 있다. 상금은 각 5백만 원(2010년부터는 각각 1천만 원).

실제 동서고금의 현실은 '마키아벨리가 누군지도 모르는 사람들'이 마키아벨리적 인간들을 위해 강제된 도덕적 부역에 시달리다가 '왜 착한 사람들은 실패하나'라는 울분을 토하다 사라져갔음을 무수히 보여줬고, 보이고 있다. 시인 조지훈

〈조지훈 전집〉(전9권).

(1920~1968)은 그런 착한 사람들을 위해 살다간 대표적 선비였다.

대부분의 사람들은 '청록파' 조지훈을 생각할 때 '얇은 사 하이얀 고깔은 고이 접어 나빌레라'로 시작하는 그의 시 〈승무〉(僧舞)를 먼저 떠올린다. 거기에 덧붙여 나는 그의 수필 〈주도유단〉(酒道有段)도 늘 함께 생각하는 버릇이 있다. 술을 마시는 데도 바둑처럼 급수와 단수를 매길 수 있다는 유머러스한 글이다.

우리가 존경하는 인물이 누구라고 말할 때 그것이 진정한 가치를 가지려면 일상 속에서 그 존경하는 사람의 말과 행동을 기리고 따라야 한다. 존경은 관념이 아니고 실천인 것이다. 기성세대든 지금의 어린이든 자신이 존경한다는 인물의 됨됨이나 그가 한 노력의 근처에라도 가보려고 애쓴다면 세상은 완전히 바뀔 것이다.

출판인 조상호(51·나남출판사 대표) 씨는 시인이자 국학자인 조지훈을 존경한다. 그는 외아들의 이름을 지훈이라 짓고, 절판된 〈조지훈 전집〉을 간행했다. 출판사 사옥도 '지훈빌딩'이라 이름 지었고, 또 숙원이었던 〈지훈상〉을 사재를 털어 제정했다.

광주고등학교에 다니던 1960년대 후반에 문학 강연차 내려온 검은 두루마기 차림의 지훈을 먼발치에서 바라보고 '지사(志士)에 대한 충격'을 받은 후 '지훈이 봉직했던 대학이라는 이유만으로 고대에 들어갔다' 했으니 그로서는 30여 년간 지훈에 대한 존경을 나름대로 일상에서 실천해 온 셈이다.

출판계에서 조 씨에 대한 평가는 엇갈린다. 우리 사회 어느 분야나 워낙 말 많고 탈 많으니 그에 대한 평가도 그로서는 억울하기 짝이 없는 오해나 편견이 있을 것이다. 그러나 '아니 땐 굴뚝에 연기 나랴' 는 속담을 감안하면 그 '오해'와 강직한 스승의 한 표상인 지훈의 이미지와의 간극은 그 스스로 메워 나갈 수밖에 없을 것이다.

그는 '지훈처럼 지금까지 살아왔느냐'라는 물음에 '앞으로 지훈처럼 살아갈 수 있다는 가능성이 중요하다'고 했다. 남의 말에 희비하기보다는 자신이 삶의 지향점을 지훈 정도의 격으로 정하고 그 목표를 향해 쉼 없이 자신을 끌고 나가면 그 가능성이 반드시 자신의 것이 될 것이라고 했다.

어쨌든 한 인물에 대한 흠모의 정을 자신의 삶 곳곳에 끼워 넣고 이를 기리는 것이 그리 간단한 일은 아니다. 조 씨의 지훈 존경은 앞서 소개한 아들 이름 말고도 많은 '증거'를 갖고 있었다.

1976년 복학(1971년 위수령 사태로 제적)후, 일지사에서 나온 〈조지훈 전집〉(전 6권)을 사서 뒤 책 앞장에 '라이온스 장학금의 힘을 입어 지훈의 품에 안기다'라고 감흥을 적어 놓았다.

'책만 사놓고 읽지는 않으면서 지훈 지훈 한 것 아니냐. 어디 밑줄 쳐가며 정독했는지 좀 보자'라는 추궁(?)에 일지사 판 지훈 전집을 꺼내 보여줬다. 전집 중 논설편을 보니 과연 여기저기, 예컨대 '이 길이든 저 길이든 우리가 찾는 길은 우리의 역사적 현실에 가장 적합한 길이어야 한다', '그러나 예나 이제나 몰락의 길은 평이하고 향상의 길은 간고(艱苦)하다', '어느 길을 찾을까 하고 고민하는 사람은 그 고민이 무엇 때문인가부터 자각해야 한다' 등의 글 옆에(그때는 세로쓰기가 일반적이었다) 줄이 그어져 있었다.

그는 또 출판인으로서 늘 새겨두고 있다는 지훈의 시 〈인쇄공장〉을 큰 소리로 읽었다.

모래밭을 스며드는 잔물결같이
잉크 롤라는 푸른 바다의 꿈을 물고 사르르 밀려갔다.
물색인 양 뛰어박힌 은빛 活字에
바야흐로 해양의 전설이 옮아간다
흰 종이에도 푸른 하늘이 밴다. 바다가 젖어든다.
破裂할 듯 나의 心臟에 眞紅빛 잉크,

문득 고개 들면 유리창 너머 爛漫히 뿌려진 靑春,

복사꽃 한 그루.

마치 자신을 위해 지훈이 이 시를 지은 것 같다는 그는 정신적 스승의 존재가치란 늘 그를 존경하는 사람의 현재를 그 스승이 감시하고 격려하는 데 있을 것이라고 했다.

'내가 처한 이 입장을 스승이라면 어떻게 했을까. 내 행동이 스승의 기준에 비춰 부끄러운 짓이 아닐까'하는, 자신을 엄격하게 지탱시키고 때로는 비빌 언덕이 되어 주는 그런 존재라는 것이다. 이런 점에서 한 스승에 대한 모심은 집단적 종교와는 또 다른 개인의 종교가 된다는 것이 그의 믿음이다.

서초동 사옥인 지훈빌딩 앞에서 당시 출판사 직원들과 함께(1999년).

조 씨는 1979년 출판사를 차린 이래 지금까지 사회과학서와 문학서를 중심으로 2천 종 가까운 책을 냈다. 특히 언론관련 출판을 전문적으로 개척했고 지금은 독보적 지위를 누리고 있다. 혹자의 평처럼 그가 지훈과 다른 방식으로 살아왔다면 그것이 가능했을까 하는 의문은 자연스럽다. 지나온 사연을 잘 알지는 못하지만 '남이 뭐라고 하든 옳다고 뜻한 바를 소신 있게 밀고 왔다'는 그의 말에 무게가 실리는 것은 그 책들 때문이다.

그의 서초동 사옥 지훈빌딩 앞에는 나이 든 소나무가 두세 그루 서 있다. 지을 때 그 공간을 활용하면 음식점 같은 데 세줄 수 있었지만 풍류 비슷한 마음에 포기했다고 한다. 그는 사무실 안에도 작은 대나무 밭을 가꾸고 있다. 그가 언제나 지훈의 뜻을 되새기며 걸어가기를 기대한다.

(〈중앙일보〉, 2001. 2. 5. 이헌익 기자의 인물(人物)오디세이)

책도 사람도 '나와 남'이 어울려야죠

이념 타박 없는 '열린 출판' 25년

1979년 서울 종로의 고대 교우회관 6평 사무실에서 시작한 나남출판사 조상호 사장이 서초동 지훈빌딩 시대(1994~2004)를 마감하고 2004년 800평 규모의 파주출판도시 지훈빌딩 시대를 연다.

출판사 사무실이 6평에서 800평이 되는 4반세기 동안 '나남'이라는 이름으로 나온 책은 2,100여 권. 그중 상당수가 좌우 양편으로 지적인 시야를 넓히거나 혹은 좌우대립을 가운데로 수렴하는 책들이라는 점에서 나남이라는 출판사가 좁게는 우리 출판계, 넓게는 우리 지식사회에서 차지하는 독특한 위상이 자리한다.

지난 25년의 출판목록 등 방대한 자료를 묶어 최근 〈아름다운 사람들과 함께한 나남출판 4반세기〉를 펴낸 조 사장은 나남출판사가 "우리 사회의 지적 용광로이고자 했다"고 힘주어 말했다. 〈장정〉(長征)의 필자인 김준엽 전 고려대 총장이 보여준 광복군 무장투쟁 노선을 기본으로 해서 시인 조지훈으로 이어지는 열린 민족주의를 바탕으로 출판했다는 것이다. 〈백범전집〉 출간도 이런 맥락에서다. 실제로 9권짜리 〈조지훈 전집〉도 나남에서 나왔다. 건물의 이름에 '지훈'을 고집하는 것도 그 때문이다. 2001년부터는 〈지훈상〉도 제정해 시상하고 있다.

고려대 법대를 다니면서 지하신문을 만들었다가 제적당한 30세의 청년 조상호는 "나와 남이 어울려 사는 우리"를 뜻하는 나남이라는 이름의 출판사를 낸다. 초대 편집주간은 이병완 씨. 지금의 청와대 홍보수석이다.

〈갈매기 조나단〉으로 유명했던 리처드 바크의 〈어디인들 멀랴〉를 정현종 시인의 번역으로 출간한 것이 첫 작품이다. 1980년 정치학 개론서로 유명했던 연세대 이극찬 교수가 번역한 버트런드 러셀의 〈희망의 철학〉을 〈나남신서〉 첫 권으로 냈다. 〈나남신서〉는 최근 고려대 최상룡 교수의 〈중용의 정치〉를 1046번째로 내며 여전한 생명력을 과시하고 있다.

김준엽 전 고려대 총장의 〈장정〉(長征)(전5권), 프랑스 철학자 미셸 푸코의 〈성의 역사〉 〈감시와 처벌〉 〈광기의 역사〉, 〈조지훈 전집〉(전9권), 〈헤겔미학〉(전3권), 위르겐 하버마스의 〈공론장의 구조변동〉 〈도덕의식과 소통적 행위〉 〈현대성의 새로운 지평〉, 박경리 대하소설 〈토지〉(전21권) 등은 나남이 펴낸 주요 도서로 꼽힌다.

1980년대 왼편의 사회과학 쪽으로 기울었다면, 1990년대에는 고급 인문학에 치중했다. 푸코나 하버마스의 책들을 대거 번역 출판했던 것도 그런 맥락에서다. 그러다 보니 나남의 도서목록에는 한양대 리영희, 고려대 최장집, 서울대 한상진 교수 등과 같은 진보 내지 좌파성향의 학자들뿐만 아니라 국내의 우파를 대표하는 서울대 송호근, 고려대 김병국 교수, 심지어 자유기업원의 책들까지 포함돼 있다.

이승만의 박사학위 논문과 영문저서의 번역본인 〈일본 군국주의 실상〉도 나남에서 나왔다. "기왕이면 이승만 박사의 대표작이자 지금은 거의 잊혀진 〈독립정신〉까지 다시 펴낼 계획입니다." 그렇게 되면 이승만과 김구의 전집을 다 갖추게 되는 것이다.

파주시대를 앞두고 그는 "시대의 저변에 흐르는 흐름이 무엇인지를 유심히 관찰하고 있다"고 했다.

(〈조선일보〉, 2004. 10. 16. 이한우 기자)

[후기]

2013년 봄에는 오인환 선생(〈한국일보〉 주필, 김영삼 정부 문화공보부 장관)의 〈이승만의 삶과 국가〉(664쪽)를 출판했다. 10년 전의 인터뷰 기사가 현실화되는 묘한 인연을 생각했다.

ASP에서 정부 공인 문화예술인으로

34년 만의 대반전(大反轉). 드라마에서 빼놓을 수 없는 요소인 반전이 지난 10월 15일 조상호 나남출판 사장(55)에게 실제로 일어났다. 이날 조 사장은 전주 한국소리문화의전당에서 열린 제37회 대한민국 문화예술인상 시상식에 참석했다. 문화부문 수상자로 선정돼 상을 받은 것이다.

조 사장은 국내 손꼽히는 출판인으로서 많은 수상 경력을 갖고 있을 뿐 아니라 〈지훈상〉은 직접 제정해 시상하기도 한다. 하지만 이 상만큼은 그에게 각별한 의미가 있다.

10월 15일은 그에게 결코 잊을 수 없는 날이다. 34년 전인 1971년 이날 서울 일원에 위수령이 발동됐다. 대학가를 휩쓴 교련반대 데모를 잠재우기 위한 박정희 정부의 강압조치였다. 당시 고려대 법과 2학년생이던 그는 지하신문 〈한맥〉을 만드는 등 학생운동에 깊이 연루돼 있었다. 그를 비롯한 180여 명의 대학생이 이때 제적과 함께 강제 징집돼 최전방에서 함께 군대

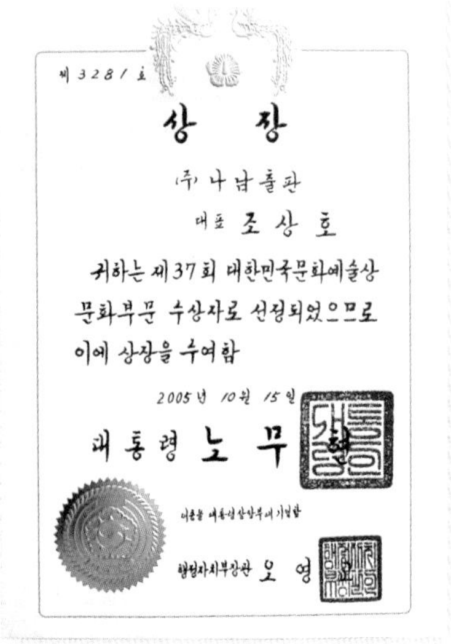
제 3281 호

상 장

(주) 나남출판

대표 조 상 호

귀하는 제37회 대한민국문화예술상 문화부문 수상자로 선정되었으므로 이에 상장을 수여함

2005년 10월 15일

대통령 노 무

행정자치부장관 오 영

생활을 했다.

병적기록부에 ASP(Anti-government Student Power)라는 도장이 찍힌 이들은 각 부대의 3번 소총수에 배속돼 특별 관리됐다. 그러나 함께 학생운동을 하고 비슷한 환경에서 군복무한 인연으로 이들은 학연·지연보다 더 끈끈한 동지애를 느낀다. 지금도 이들은 '71동지회'라는 이름으로 매년 10월 15일 모임을 갖고 친목을 다진다.

학생운동 전력 때문에 마땅히 할 일이 없어 1979년 5월 출판사를 시작할 때만 해도 조 사장은 '정부가 인정하는 문화예술인'이 될 줄은 꿈에도 몰랐다. 한 해 1백여 권, 지금까지 2천여 권이 넘는 책을 내는 동안 '현장의 유혹'도 많았다. 현장이란 정치나 사회활동을 말한다. 하지만 그는 곁눈질하지 않았다.

나남출판은 캐치프레이즈가 말해 주듯이 '쉽게 팔리지 않고 오래 팔리는' 책을 내는 것으로 유명하다. 〈조지훈 전집〉, 〈백범 전집〉 등 상업성이 거의 없다고 생각되는 책들을 과감히 출간한다. 그래서 대박을 안겨준 베스트셀러가 별로 없다. 그런데도 현재 파주출판단지에서 가장 멋진(?) 사옥을 가진 메이저 출판사로 자리를 굳혔다.

34년 전 '71동지'들이 달았던 ASP라는 딱지는 당시 아스피린의 약자로 이해되기도 했다. '골치 아픈 존재'라는 뜻이었다. 하필이면 조 사장이 이 딱지를 달던 10월 15일 대한민국 정부가 그를 공인하는 상을 준 것이다.

의병(義兵)이 훈장을 받은 기분이 된 조 사장은 상금 1천만 원을 프랑크푸르트도서전 조직위원회에 쾌척했다.

(〈뉴스메이커〉, 2005. 11. 21 신동호 편집위원)

동원심역연구회, 〈주역〉 공부

2002년 나남출판에서 처음 출간된 〈주역해의〉(전3권)는 독학으로 동양철학을 연구해 온 남동원 옹이 중국, 일본, 대만의 주역관련 문헌을 섭렵한 뒤 15년간에 걸쳐 쓴 역작. 어렵기로 소문난 주역에 대한 균형 잡힌 해설서로 정평이 나 있다. 7일 치러진 연세대 정시모집 논술고사에 이 책의 발췌문이 나오기도 했다.

〈주역해의〉를 접한 이광훈(〈경향신문〉 논설고문), 남중구(〈동아일보〉 평화연구소장), 소설가 김종록 씨, 나남출판사 조상호 사장, 이형성(전북대 전라문화연구소 연구원) 박사, 이천승(성균관대 유교문화연구소 연구원) 박사 등 6명은 '동원심역연구회'(회장 조상호)를 만들어 남 옹에게 가르침을 청했다.

남 옹이 내건 조건은 간단했다. 주역을 쉽게 배우려는 사람, 점치는 것을 배우려는 사람은 안 된다는 것. 남 옹은 '주역은 점서가 아니라 우주의 근원과 변화의 이치, 사람의 도리를 가르치

동원심역연구회 강의중. 왼쪽부터 필자, 김종록, 이형성, 강의하는 남동원 옹.

는 철학'이라고 강조했다.

남 옹은 젊은 3명에게 원(園)자, 나이든 3명에게는 암(庵)자를 넣은 호를 지어 주었다. 채마밭(園)과 이를 관리하는 암자(庵)처럼 서로 돕고 뒷바라지하라는 뜻에서다. 이들은 2004년 초부터 매주 서울 중구 신당3동 남 옹 집에 모여 3시간씩 〈주역해의〉를 함께 읽고 있다. 지난 가을에는 전남 구례 운조루(雲釣樓)에서 특강을 하기도 했다.

남 옹이 특히 강조하는 것은 '주역은 사람이 다행(多幸)해지기 위한 마음의 수양서'라는 점이다.

"모든 운명은 자신이 쥐고 있고 길흉화복도 모두 마음에서 나옵니다. 대행(大幸)은 적선(積善)의 결과이고, 대불행(大不幸)

은 적악(積惡)의 결과예요. 이 외에 다른 길은 없어요. 이것이 주역의 원리입니다."

초로의 제자들은 최근 〈주역해의〉 전3권 재독(再讀)을 시작했다. 주역 강의, 게임 시나리오 개발 등 주역의 대중화를 위한 작업을 펼쳐 보겠다는 게 이들의 포부다.

(〈동아일보〉, 2006. 1. 12. 김희경 기자)

출판 외길 30년,
지식의 저수지를 갈무리하는 '의병장'

1979년, '나와 남이 어울려 사는 우리'라는 뜻을 지닌 나남출판사의 간판을 내걸고 30년이 흘렀다. 갓 서른의 혈기왕성하던 청년 '조상호'는 인생에 경륜이 쌓이고 사려와 판단이 성숙해 남의 말을 받아들이는 나이로 이순(耳順)이라 불리는 60세를 맞았다.

30년 동안 인문사회과학 출판이라는 외길을 걸어온 나남출판사의 조상호 대표이사는 권력에 안주하는 제도언론을 대신해 출판의 언론기능을 수행하고자 했고, 편견 없이 사상과 자유가 소통하는 열린 공간을 꿈꿨다. 낮은 데로 향한 30년만큼의 수심을 가진 지식의 저수지를 갈무리하는 조 대표는 앞으로도 책을 만들고, 세상과 소통하는 길을 걸어갈 것이다.

"'나남의 책은 쉽게 팔리지 않고 오래 팔린다'는 캐치프레이즈에 숨어 '먹고살기 위해서' 책을 만들어왔다"는 조 대표는 스스로를 '책장수'라고 호칭한다. 자신이 해온 일에 대해 자랑하고, 좀 알아달라고 보채거나 거룩하고 그럴듯하게 포장하기보다는 보이지 않는 어딘가에서 나남의 책을 읽고 자아를 깨우치고 가야 할 길을 찾아가는 이들을 위해 책을 만들고 파는 정직한 '책장수'이고 싶기 때문이다.

나와 함께 숨 쉬고 살아가는 이들, 그 호칭이 '독자'이고 '소비자'이고 '수용자'이고 '시청자'이기도 한 사람들의 일상 속에서 원하는 것을 찾아내고 증명하고 실천하는 것, 그것이 바로 '먹고산다'는 의미다. 이처럼 먹고사는 데 성공한 사람들이 유능한 출판가, 마케터, 편성기획자, PD, 기자 등 각 분야별 전문가인 것이다.

> 출판을 통해 어떤 권력에도 꺾이지 않고 한국사회의 밑바닥에 뜨거운 들불처럼 흐르는 힘의 주체를 그려보고자 했고, 권력에 안주하는 제도언론을 대신해 출판의 언론기능을 수행하며 출판 저널리즘을 꽃피우고자 했습니다.

나남의 책 중 유난히 '미디어' '언론' '커뮤니케이션' 관련도서가 많은 이유다. 조 대표는 나남이 아무 편견 없이 사상과 자유가 소통할 수 있는 열린 공간이길 꿈꿨다. 조금 다른 사상과 의견이 거세게 일고 격렬하게 부딪치는 '지성의 열풍지대', 그곳이 바로 나남의 초심이자 순탄치만은 않았던 조 대표의 젊은 날의 자화상이다.

'나남은 신문방송학과 학생들의 성지순례지다', '나남에서 책이 나오지 않으면 신문방송학과의 커리큘럼을 짤 수 없다'는 소리가 돌 정도니, 그의 바람대로 '출판장이'로서 조상호 대표는 분명 지식의 저수지다.

주객이 전도된 콘텐츠산업의 현실에 조 대표는 '콩나물 시루론'을 조언한다. 밑 빠진 콩나물시루의 바닥에 짚을 깔고 재를 채운 후 콩알을 뿌리고 물을 주면 물은 주는 대로 시루 바닥의 구멍으로 빠져나가 버린다. 또 물을 붓고, 물이 빠져나가고를 반복한다. 하지만 시간이 지나면서 콩나물이 자란다. 콘텐츠 정책도 마찬가지다.

좀 더디더라도, 조 대표는 지금까지처럼 〈나남문학선〉을 내고, 박경리의 〈토지〉를 내고, 〈조지훈 전집〉등을 내는 것으로 콘텐츠 육성에 동참하고자 한다. 언젠가 콩나물로 자랄 콩을 뿌리는 것이다. 나남이 출판시장의 침체에도 끊임없이 다른 출판사보다 많은 책을 출간하는 이유다.

"제가 확인할 수는 없지만, 어딘가에서 나남의 책을 읽고 자신의 삶을 바꾸거나 스스로를 깨우쳤다면 그것이 '출판장이'에겐 가장 성공적인 콘텐츠 육성전략인 셈이죠."

조상호 대표가 〈승무〉, 〈지조론〉, 〈채근담〉 등으로 알려진 시인이자 치열한 학자인 지훈 조동탁(芝薰 趙東卓)을 사숙(私淑)하고 있다는 것은 널리 알려진 사실이다. 대학시절 장학금을 받아 조지훈 전집을 사는 데 헌납했고, 아들의 이름도, 사옥의 이름도 '지훈'이라 짓는 데 망설이지 않았다. 9권의 〈조지훈 전집〉을 출간했고 사재를 털어 〈지훈상〉을 제정하여 지금까지 꿋꿋하게 운영하고 있다.

"훌륭한 사람을 상징하는 큰바위 얼굴을 닮으려 애쓰며 살다 보면 스스로가 큰바위 얼굴이 되기도 한답니다. 조지훈 선생은 바로 그런, 저의 큰바위 얼굴입니다."

"거짓과 비겁함이 넘치는 오늘, 큰 사람을 만나고 싶습니다."

〈조지훈 전집〉의 광고카피는 조 대표의 자작으로, 선비의 지조를 말하고 실천하는 지행일치(知行一致)의 상징인 조지훈에 성심을 다하는 조 대표의 좌우명이기도 하다.

"사람이 책을 만들고, 책이 사람을 만든다"는 출판신조를 나남의 시작부터 지금까지 지켜온 조 대표에게 가장 소중한 것은 역시 사람이다. 나남을 거쳐간 2천여 명의 많은 저자와 나남의 책을 읽는 수많은 독자들 등 조 대표에게는 많은 사람들이 있다. 조 대표가 걸어온 외길 인생이 외롭지만은 않은 이유는 그 길에서 만났던 꽃보다 아름다운 사람들 때문이다. 나와 남, 저자와 독자, 이들을 이어주는 세상을 향한 창(窓)인 책, 이를 만드는 것이 나남과 조 대표가 여전히 걸어야 할 길이다.

역사의 뒤안길에는 시대의 한 자락을 밟고 간 의병(義兵)들이 있었다. 국가위기나 갈등상황이 닥칠 때마다 분연히 떨치고 일어났던 건 관군이 아닌 의병이었다. 큰소리도, 자랑도 하지 못하고 나라와 신념을 위해 스러져간 의병들, 그들은 진정한 역사와 사회발전의 주인공이었다.

조 대표는 최근 융합현상으로 치열해지고 복잡해진 미디어 격동기의 의병은 '콘텐츠'라고 설정한다. IPTV든, DMB든, 인터넷 미디어든 그 산업을 진흥시키고 차별시키는 것이 바로 콘텐츠이기 때문이다. 이 같은 콘텐츠에 대한 중요성을 먼저 깨우치고, 먼저 움직이며 자신의 모든 것을 소진하는 의병이 많아야만 미디어 산업은 물론 사회가 발전하게 된다.

30년 동안 많은 상을 탔지만 조 대표가 가장 의미를 부여하고 마음에 드는 것은 2005년 가을에 수상한 제37회 대한민국 문화예술상이다. '나는 정부가 인정하는 문화예술인이야!'라고 성심으로 뿌듯해 하는 조 대표는 1971년, 강제 징집돼 최전방에 배치됐다. 그의 병적기록부에는 'ASP'(Anti-government Student Power)라는 도장이 찍혔다. 그런 조 대표가 대한민국의 대통령이 주는 문화예술상을 받은 것이다. '의병장이 훈장을 받았다'고 한 조 대표는 상금으로 받은 1천만 원을 프랑크푸르트도서전의 조직위원회에 쾌척했다.

〈대기자 김중배〉 출판기념회, 임옥상 作.

2천 권을 훌쩍 넘기는 인문사회과학·언론학 책을 출판해 온 30년 세월이 조상호 대표에게는 어떤 의미로 다가올까.

그는 지난 1월, 〈대기자 김중배—신문기자 50년〉을 출판해 격동기를 가로지른 정직한 언론인의 글과 삶을 통해 시대를 재조명하려 했다. 이는 뜻을 같이하는 최학래 전 한겨레신문사 사장과 함께 조 대표 스스로의 표현대로 '똑바로 자라지도 못했지

만 선산을 지키는 굽은 나무'로서 스스로가 정한 자연채무 중 하나를 갚은 것이다.

이 책을 통해 오늘날 한국사회가 추구해야 할 미래의 모습, 언론과 언론을 통한 사회비평이 지향해야 할 규범적 기대지평이 무엇인지를 고찰하고 싶었다고 강조한다.

과거를 돌아보기보다는 미완성으로 여운을 남기는 삶을 살고 싶다는 조상호 대표는 여전히 의병장으로, 꽤 오래도록 출판이라는 외길을 걸을 것으로 보인다. 역사와 사회의 발전을 위해 분연히 떨쳐 일어나 소리 없이 스러져간 의병처럼, 그리고 그들의 정신적·도덕적·물질적 지주인 의병장처럼 말이다.

(LEADER'S CLUB, 2009년 3월, 허미선 기자)

'左右이념의 저수지'
나남출판 30년…

재수(再修)하러 남도(南道)를 떠났다. 서울 가는 길에 해풍(海風)이 손짓했다. 그때 그는 운명이 예기치 않게 바뀐다는 걸 몰랐다. 그해 겨울 입시원서 사러가는 친구를 따라나선 게 화근이라면 화근이었다. 고려대를 처음 구경하면서 팔자가 뒤틀리는 굉음을 그는 듣지 못했다. 법대가 제일 좋다는 말에 덜컥 시험 봐 붙었다.

고향 떠날 때 목표는 건축학과, 몸은 법대, 진짜 꿈은 기자(記者)였던 삶이 이후 거친 파도를 탔다. 그 40년 변화의 결정체인 경기도 파주출판도시 나남출판 '지훈빌딩'에 도착했을 때 가을 태양이 빛나고 있었다. 조지훈(趙芝薰)을 사모해 건물도, 큰아들 이름도 '지훈'으로 지은 그다. 집무실은 여러 자루 붓에 이름 모를 각종 차(茶) 향내로 그윽했다. 장서가 사방을 에워싸고 있었고 창밖으로 풀로 뒤덮인 수로(水路)가 보였다.

그는 이달에 창립 30주년 기념출판을 한다고 했다.

조상호가 가장 좋아하는 언론인이 김중배(金重培)다. 광주고 선배에 〈동아일보〉 기자였다. 손은 법서를 뒤적였지만 마음은 그를 닮고 싶어했다. 그래서 택한 게 고대 지하신문 〈한맥〉. '운동권 기자'가 된 것이다. 유신(維新)체제 1년 전이었다.

반대가 시대의 조류였다. 2학년 때 기어코 일이 터지고 말았다. 〈한맥〉에 쓴 교련(教鍊) 반대 글이 필화(筆禍)로 번졌다. 스무 살 청년에게 어마어마한 죄목이 씌워졌다. '지하신문 제작 주모자'였다.

필화를 빨리도 겪었습니다.

"당시 청계천 주민들을 경기도 광주(廣州)로 대량 이주시켰습니다. 동대문운동장 앞에서 버스 타고 말죽거리 지나 도착한 성남 현장에는 식수(食水)도 없었어요. 미역 구하러 나갔다 돌아온 남편에게 산모(産母)가 아이를 삶아줬다는 소문이 쫙 퍼졌어요. 그게 박정희 정권의 분노를 샀어요. '지하신문'이란 타이틀은 당시 민관식(閔寬植) 문교부장관이 붙여준 겁니다."

의병장이 유언비어를 씁니까? 지금 같으면 딱 소송감인데.

"사실이 아닌 건 알았지요. '그런 이야기까지 있을 정도로 사정이 열악하다.…' 는 기사였어요. 파장이 커진 이유는 북한 〈노동신문〉에서 제 기사를 인용했다는 겁니다. '봐라! 이게 바로 남한의 실상(實狀)이다'라는."

무슨 일이 벌어졌을지 안 봐도 뻔합니다.

대학 때 '지하신문' 제작
넝마주이 도피 생활…
海風 속의 소나무처럼
세상을 다 들이마셨다

사진 박동주

"1971년 7월부터 도망 다녔습니다. 친구 한 명과 함께 강원도 원주의 원주천(原州川) 변에 살며 넝마주이를 하기도 했습니다."

그러다 붙잡혔겠죠.

"한 달 만에 서울로 올라와 학교 앞을 지날 때였어요. 에릭 프롬의 〈자유로부터의 도피〉가 생각나고 거지왕자 이야기도 생각나고…. 영원히 원대복귀 못하는 것 아닌가 하는 생각도 들었습니다."

굉장히 큰 사건이었겠네요.

"고대에서만 21명, 전국에서 176명이 제적당했어요. 그들이 나중에 만든 게 '71동지회'입니다. 대부분 군에 강제징집됐고요."

부적절한 표현 하나로 '주모자'가 된 건 아니겠죠.

"제 도서대출카드까지 샅샅이 살폈대요. 읽은 책이 전부 이념서적이어서 '이 녀석 거물이구나' 하고 판단했는지도 모르죠."

출세하라고 유학보냈더니 엉뚱한 데서 이름을 날린 꼴이 됐습니다. 부모님이 뭐라던가요.

"저 잡으러 서울에서 광주에서 형사들이 고향 집으로 내려오고, 부모님은 제가 행방불명되자 찾으러 다니고. 군 입대한 지 1년 만에 처음 부모님을 뵀어요. 무릎 꿇고 빌었습니다. 불효를 용서하라고."

군에서는 잘 지냈습니까?

"저를 감시하던 보안사 소속 이등병이 하도 성가시게 굴길래 두들겨 팼더니 그걸로 완전히 거물이 됐나 봐요. 복학해서도 무슨 일만 있으면 맨 먼저 조사받는 '예비검속자'였으니까요."

거물 운동권이 쉽게 복학이 됩니까.

"한 학기는 학적(學籍) 없이 수업을 받았지요. 그래도 할 일은 다 했어요. 고시반 반장으로 사시(司試) 준비생들에게 장학금과 하숙비 대주고 출석점검도 했어요. 법과 정의를 실천해서 복수를 해달라고요."

대학은 두 가지를 준다. 입학 때는 꿈을, 졸업 때는 차가운 현실이다. '운동권' 낙인 하나 받고 석탑(石塔)을 나설 때 그의 고민은 하나였다. 이화여대 약대에 다니던 지금의 아내(黃玉順·55)였다. 장인 장모는 "직장 없으면 결혼은 어림도 없다"고 했다. 그는 수출입은행 공채 1기로 은행원이 됐다. 1976년 12월이다.

공부를 꽤 잘한 모양입니다.

“남대문서에서 형사가 신원조회를 나왔는데 다른 회사 같았으면 어림도 없었겠지요. 당시 고대 선배인 인사부장(崔鍾岳)이 신원보증을 한 겁니다. 조건은 한 달에 한 번 제 동향을 경찰에 보고하는 거죠.”

1979년 5월에 출판사를 세운 것도 수출입은행을 그만두려고 미리 준비한 거군요.

“주변에서는 은행 그만두는 걸 모두 반대했어요. 아내만 달랐어요. ‘님께서 가시는 길에…’ 하는 식이었어요. 출판사랄 것도 없었어요. 종로 고대 교우회관 귀퉁이에 차렸으니까.”

출판사 중에서 당시로는 생소한 신문방송학, 지금의 매스커뮤니케이션 책을 많이 출간했지요. 무슨 이윱니까.

“제 출판사 책으로 공부한 사람들이 기자가 된다면 얼마나 통쾌한 일이겠어요. 한 신문사에 들렀는데 얼굴 모르는 간부가 저를 툭 치며 이러더군요. ‘나남에서 왔다고 했소? 사장한테 내가 책값 많이 바쳤다고 전하슈’라고. 그날 정말 기분이 좋았습니다.”

출판사를 차린 후 첫 작품이 정현종 시인이 번역한 리처드 바크의 〈어디인들 멀랴〉지요.

“첫 히트작은 아무래도 오택섭 교수의 〈데이터분석법〉이었어요. 오 교수를 무작정 찾아가 원고를 받았습니다. 거의 모든 학교에서 교과서로 채택됐으니 대박을 친 겁니다.”

운동권 책도 냈겠지요.

"미키 키요시의 〈철학입문〉은 일본어 공부하면서 배웠던 것이어서 쉽게 출판했고, E. H. 카의 〈러시아혁명〉, 모리스 뒤베르제의 〈정치란 무엇인가〉(배영동 역)가 초기에 나왔습니다."

그때 출판사 규모는 어땠습니까.

"저와 신계륜, 영업사원 1명, 경리사원 1명, 편집 교정사원 1명 등 다섯 명이 전부였습니다."

출판사 이름 '나남'이 나[自]와 남[他]의 소통을 위한 이름이라고 알려져 있는데 사실입니까.

"대학을 복학하고서 고향 후배들을 위해 나남제(羅南祭)라는 축제를 만든 적이 있습니다. 전라남도에서 따온 이름인데 그 이름대로 출판사 이름을 정했지요. 남들이 꿈보다 해몽을 더 잘해주니 그냥 그대로 받아들이지요."

고2 때 조상호는 광주에서 열린 '고대의 밤' 행사에 참석했다. 먼발치에서 한복 차림의 선비를 봤다. 조지훈을 보는 순간 '고고한 선비'라는 말이 생각났다. 그가 〈지훈상〉(賞)을 10년째 이어온 인연의 시작이었다. 〈오적〉(五賊)으로 김지하(金芝河)를 알게 됐다. 그를 통해 고려 불교탱화 연구가인 처 김영주를 알게 됐다. 부부를 통해 장모인 작가 박경리(朴景利)를 알게 됐다. 절판된 대하소설 〈토지〉(土地)가 2002년 나남에서 나온 인연이 그렇게 만들어졌다.

고교생 때 한 번 봤다고 조지훈을 그토록 존경하게 된 겁니까? 빌딩 이름도, 아들 이름까지 지을 정도로?

"사숙(私淑)은 그런 겁니다. 선생이 타계하신 지 37년 됐지만 그의 선비정신을 되살리고 싶어요. 9권짜리 〈조지훈 전집〉을 낸 것도 그런 이윱니다. '굽은 노송이 선산 지킨다'는 기분으로요."

제가 나남출판을 알게 된 건 김준엽(金俊燁) 전 고대총장이 쓴 〈나의 광복군 시절〉 때문입니다.

"〈월간 경향〉에 '나의 광복군 시절'이라는 제목으로 연재했던 원고예요. 제가 책 낸다니 경향에 있던 윤무한 고대 선배가 '택도 없는 소리 하지 말라'고 했어요. 임희섭 고대 교무처장에게 사정을 말했더니, 김 총장께서 '우리 졸업생 도와줘야지'라고 응낙하셨답니다. 〈장정〉(長征)이란 제목을 총장님도 좋아했어요. 5만 부가 나갔지만 더 큰 자부심이 있어요. 광활한 대륙을 달리며 항일무장 투쟁하던 선구자의 모습을 분단에 주눅 든 젊은이들에게 보여줬으니까요."

김 전 총장은 한때 총리로도 거론됐지만 끝내 고사했는데…, 지금도 잘 계십니까.

"올해 89세세요. 총리 이야기가 노태우·김영삼·김대중 정권 때까지 나왔지만 모두 말렸어요. 총장님은 민(民)의 상징적 존재로 남으셔야 한다고. 다리에 힘이 부치는 거 빼곤 아주 건강하세요."

김지하 시인과의 인연은 학생운동 때문이겠죠.

"명동 입구 홍사단에서 대학 1학년 때 처음 봤어요. '민족의 노래 민중의 노래' 강연이었습니다. 시 〈오적〉을 소지만 해도 죄가 되던 시절이었는데 그의 메시지를 전하러 대구로, 광주로 다녔지요. 그때의 지하 형은 우리들에게 거의 절대자 같은 존재였어요."

그렇지만 '죽음의 굿판을 걷어치워라'라는 글 하나로 운동권에서 파문당하지 않았습니까.

"운동권 학생들 분신(焚身)이 잇따를 때인데, 사실 주제는 생명사상이었어요. 신문사에서 뽑은 자극적인 제목 때문에 생명사상은 간 데가 없어졌어요. 지하 형은 박정희 전 대통령 사후 팽팽하던 끈이 툭 끊어지는 느낌을 받았을 거예요. 그래서 생명사상으로 전환하려던 때였는데…."

박경리 선생의 〈토지〉를 출판하게 된 사연도 기이합니다.

"지하 형의 부인을 저희는 '영주 누나'라고 불렀어요. 제 출판사에서 1992년 〈신기론으로 본 한국미술사〉 책을 냈더니 고맙다며 〈김약국의 딸들〉 출판을 권유해서 그제야 박경리 선생이 어머니라는 걸 알 정도로 박경리 선생을 몰랐지요."

왜 그때 당장 출판하지 않았나요.

"〈토지〉가 당시 다른 출판사와 분쟁이 있었어요. 당시 나남이 그 대하소설을 떠맡을 역량도 부족하다고 생각했고요. 나중에 인연이 살아났지요."

〈토지〉 원고의 교정을 일일이 봤다면서요.

"원고지 28,500장을 처음부터 다시 입력했습니다. 100일 동안 불철주야 오자(誤字)와의 전쟁을 시작했습니다. 힘은 들었지만 밑줄 긋고 싶은 선생의 문장과 문체에 흠뻑 빠졌어요. 아! 선생은 대시인이구나 하며 얼마나 감탄했던지."

그러고도 초판 5천 질을 전부 회수했지요.

"다섯 번이나 교정을 봤는데 오자가 많았어요. 그 오자들이 만천하에 제 무능을 고발한 거지요. 서점에 나간 책 회수하는 게 어찌나 어렵던지, 누구는 출판의 정직성을 보였다며 거꾸로 선전한다지만 저는 누가 알까 창피해 숨죽이며 뛰어다녔습니다. 돌아온 책들을 작두칼로 베고 다시 새 책 만드는 데 꼬박 두 달이 걸렸습니다."

〈토지〉에 조 사장과 비슷한 인물이 있다면서요.

"나중에 박경리 선생이 저를 보면 '주갑'이가 생각난다고 했어요. 당신이 창작했지만 주갑이가 정이 많이 가는데 많이 써주지 못한 게 미안하다고 했어요."

이청준 선생과의 인연도 기이합니다.

"재수 때 신문로 서울고 쪽에서 하숙하다 연대 앞 신촌역 밑으로 옮겼는데, 그 집이 선생의 고교 동창 댁이었습니다. 선생도 거기서 하숙을 했대요. 처음 뵌 건 1984년 〈이청준 문학선—황홀한 실종〉을 낼 땝니다. 1980년 5월 광주가 화두였지요. 그분이 쓴 〈비화밀교〉라는 중편소설에 나오는 향토사학자 '조승호'가 접니다."

사진 박동주

파주출판도시 나남 사옥 앞에서.

한양대에서 박사학위를 할 때 리영희 선생의 지도를 받았죠? 저도 대학시절 〈전환시대의 논리〉를 읽었습니다만, 그는 왜 북의 현실에는 눈감고 남쪽만 비판합니까?

"저는 그분이 그 어려운 시기에 우리들에게 중공(中共)에 대한 인식을 바꿔준 것만으로도 대단한 가치가 있다고 봅니다."

조상호는 '사상의 저수지'를 자임한다. 나남출판이 좌우를 아우르는 거대한 담론(談論)을 담아내겠다는 것이다. 나남은 다른 회사가 엄두도 못낼 사회과학서를 지금도 내고 있다. 〈나남신서〉가 벌써 2,000종을 헤아린다.

2005년 그는 대한민국 문화예술인상 시상식에서 문화부문 수상자가 됐다. ASP(Anti-government Student Power)에서 정부공인 문화인이 된 것이다.

사회과학책 내서 출판사 경영이 가능합니까.

"김현 선생이 이래요. '나남이 세운 지 10년 다 돼도 잘 팔리는 책은 없는데 계속 책이 나오니 일각에서 한 종교단체가 뒤를 봐준다, 중앙정보부에서 봐준다는 이야기가 있다'고요. 저는 웃었어요. '제가 성공한 모양입니다'라고요."

실제로 출판사들은 책장수보다 땅장수로 돈을 번다면서요.

"돈 없는 출판사들이 창고를 제일 싼 땅에 살 수밖에 없어요. 그게 도시가 확장되면서 나중에 값이 뛰는 의도되지 않은 결과이기도 합니다."

나남에서 좌파 책이 많이 나왔지요.

"리영희(한양대) 최장집(고려대) 한상진(서울대) 교수 책 때문에 그런 소리 하는데, 그럼 송호근(서울대) 김병국(고려대) 교수와 자유기업원 책은 뭡니까?"

〈백범전집〉도 출간했지요?

"백범 선생의 전집만이 아니라, 이승만(李承晩) 대통령의 책을 〈일본제국주의의 실상〉, 〈전시중립론〉 2권이나 낸 출판사는 우리밖에 없을 걸요? .

'IMF 때 머리가 하얘졌다. 1979년 가을 새벽에 배달된 대통령 유고(有故)의 조간신문을 펴들 때 받은 충격은 비할 바도 없었다'고 쓴 글을 봤습니다. 박 전 대통령 사망소식을 들으니 기분이 어떻던가요.

"지하 형이 느꼈다는 감정과 비슷한 느낌이었어요. 잠시 멍해졌다고 할까?"

IMF 때 도매상과 서점 부도가 잇따랐지요. 어떻게 버텼나요?

"김대중 전 대통령을 찾아가 사정했어요. 100억 원가량의 긴급자금이 출판계에 지원됐는데 우리 출판사는 2~3천만 원가량 지원을 받은 것으로 압니다."

좌파정권에서 청와대 홍보수석, 문화관광부 장관 제의를 받은 적이 있지요.

"김준엽 총장님이 국무총리로 가시는 걸 말린 사람인데, '나보고 탈영(脫營)하라는 거냐'고 일축했어요."

아무래도 이야길 전부 듣고 보니 좌우를 아우르는 저수지가 아니라 좌파의 저수지 아닙니까.

"나는 좌우 모두를 아우르는 훨씬 큰 자유주의자이고 싶습니다."

그럼 '사상의 저수지'는 인정해 드리고, 그렇게 김대중·노무현 정권과 친했으니 혹시 '호남의 저수지'는 아닌가요?

"조지훈 선생의 고향이 어딥니까. 경북 영양입니다. 경상도의 지적 상징까지도 품에 안으며 10년 동안 〈지훈상〉을 주관하는 곳이 바로 나남입니다."

그럼 혹시 '고대의 저수지?'

"크게 생각하셔요. 나라 전체를 아우르는 저수지였으면 좋겠네요."

책 낼 때 그는 항상 갑(甲), 저자는 을(乙)이었다. '을'이 된 그는 줄담배에 열변을 토하더니 사무실을 서성거렸다.

문재(文才)가 신춘문예 당선자 못지않다는 그가 취재방식을 문제 삼았다.

"인터뷰가 항상 이렇게 취조식이오?"

기자가 말했다. "제가 글쟁이를 싫어합니다. 현학에 형용사나 남발하고. 팩트 없는 글은 좋은 글이 아닙니다."

책을 2천여 권 낸 조상호는 기자의 글을 데스크 못 보는 게 아쉬운 듯 입맛을 쩍쩍 다셨다.

(〈조선일보〉, 2009. 9. 5. 문갑식 기자)

수담手談 통해 배우는 느림의 미학

1970년 초 서울 신촌 뒷골목의 한 기원. 어깨가 구부정한 노인과 짜장면 내기바둑을 두고 있는 청년이 있었다. 이 판을 지면 점심을 굶어야 하기에 그는 필사적으로 바둑에 몰두했다. 어렵게 승리를 거둔 청년의 입가에는 미소가 감돌았다.

그 청년은 지금 사회과학, 특히 미디어 관련서적 전문출판사인 나남출판사의 대표가 돼 있다.

조상호(趙相浩·51) 사장. 그에게 바둑 얘기를 해달라고 하자 대학생 때 일화부터 꺼내며 '아직도 그때 그 장면이 눈에 선하다'고 말했다.

당시 학생운동에 활발하게 참여하던 그는 박정희 정권이 위수령을 내리자 몸을 피신하기 위해 신촌의 기원으로 숨어들어갔다. 돈을 벌 수도 없어 매일 끼니를 해결하기 위해선 내기바둑을 둬야 했다. 그의 바둑실력은 당시만 해도 흔하지 않던 3급 정도여서 그럭저럭 끼니는 때울 수 있었다고 한다.

"절박한 상황이었지만 당시만큼 바둑이 재미있고 실력이 쑥쑥 늘었던 적도 없었어요. 답답한 도피생활 중에 짜릿한 승리를 거두고 민생고도 해결할 수 있었으니 얼마나 기분이 좋았겠어요. 그에 비하면 지금 바둑 두는 것은 맹탕에 가까워요."

조 사장의 기력은 현재 아마 5단. 지난해 본인 표현대로라면 '간신히' 한국기원으로부터 인허를 받았다. 조 사장은 바둑을 통해 느림의 미학을 배운다고 한다.

"정보시대로 갈수록 빠른 것이 최고인 것 같지만 사회가 빨리 돌아갈수록 우리 삶에는 한 번 더 돌아보는 여유가 더 중요하게 됩니다. 바둑을 두다보면 그런 반성의 삶을 깨닫게 돼요."

사회과학 전문출판사이지만 바둑 쪽으로 약간의 외도를 해 양상국 8단의 바둑시리즈 등 몇 권의 바둑 책을 펴냈다. 그는 '바둑은 수담(手談)'이라는 표현이 딱 들어맞는다고 생각한다.

"바둑을 두다보면 말이 없어도 상대방의 기분, 느낌 등을 알 수 있어요. 처음 만난 사람이라도 대충 성격을 알 수 있어요. 바둑만큼 훌륭한 1 대 1 커뮤니케이션도 드문 것 같아요."

그는 바둑을 진짜 좋아하는 마니아였다. 인터뷰를 마치고 일어서려는 기자의 손을 덥석 잡으며 '한 판 하고 가야지'하는 그의 눈길을 뿌리치기 힘들었다.

(〈동아일보〉, 2001. 1. 18. 서정보 기자)

제3부

사숙에서
출판까지

사숙에서 출판까지:
나남 조상호 사장의 경우

김형국 • 전 서울대 환경대학원장

1

여행은 사람 사이를 깊게 해주는 미덕도 있다. 하루는 24시간, 날에 날이 더해지는 해외 동반여행이라면 더욱 그렇다. 전신(全身)으로, 전인격적으로 여행 길동무와 어우러지는 시간의 연속이기 때문이다. 한 침상에서 뒹굴며 부딪치는 남자들의 군대생활 체험 공유가 인간관계 깊이를 더해 주어서 이후로 줄곧 막역한 사이가 되는 이치와 같다.

출판인 조상호 사장과는 그렇게 가까워진 사이다. 물론 여행이, 동전 던지기에서 앞뒷면이 나올 찬스만큼이나, 오히려 사람 사이를 갈라놓는 반대의 경우도 많다 한다. 해외여행을 다녀온 뒤 사람관계가 파탄난 소문도 종종 들었지 않은가. 여행의 역기능 대신 순기능에 힘입어 나남 조 사장과 아주 가까워진 것은 분명 내 인복이다.

함께한 여행은 1989년 가을이었다. 그때 서독 땅이던 프랑크푸르트에서 열린 유명 세계 도서전시회 참관을 필두로 유럽 몇 도시 순방이 여정이었다. 두 사람이 함께 가까운 〈동아일보〉 대기자 최정호 선배의 권유가 빌미가 된 여행이었다. 그 직전 연세대 신방과의 최정호 교수가 뮌헨에서 몇 달 머물게 되었다며 독일을 가본 적 없다는 우리 두 사람에게 당신의 체류기간에 같이 꼭 한 번 다녀가라는 간곡한 제안에 호응한 여행이었다.

생각해 보니 내가 조 사장을 처음 만난 것도 최 교수와 동행해서 그의 사무실을 찾은 시간이었다. 한국미래학회 회장이던 이한빈 박사를 도와 최 교수와 내가 같이 미래학회 간행물을 편집했는데, 간행물 출판을 나남출판에 의뢰하는 일로 함께 만났던 것.

자세히 캐묻지 않았지만 최 교수와 조 사장이 가까운 사이가 된 것은 나남이 단행본 출판사로서 개업 초기에 무엇보다 일련의 언론방송학책 간행을 역점사업으로 펼친 인연이 작용했으리라 짐작한다.

2

비록 사회과학 전공이긴 하지만 언론방송학 분야에 대해선 나는 아는 바 없었다. 정체를 모르면 그 무게를 알 수 없듯이, 언론방송학책이 유망시장인 줄은 전혀 몰랐다. 서초동에 출판사 사무실을 꾸릴 때도, 이어서 양재동 쪽으로 새로 건물을 지어서 나갈 때도 수익이 짭짤한 출판사라는 낌새는 별로 느끼지 못했다. 역시 그렇지, 고시 수험서라면 몰라도 대학교재 출판사가 얼마나 장사가 될라고.

사무실 한 귀퉁이엔 한국기원 아마추어 바둑 유단자증이 벽면을 장식하고 있기도 했다. 바둑에 재미 붙이면 기둥뿌리 썩는 줄 모른다더니, 아마추어 5단의 고수가 되자면 책 만들기보다 오히려 틀림없이 계속 바둑에 마음을 뺏기고 있지 않은지, 그런 생각마저 들었다.

출판사 내막은 더 이상 알 길 없었지만 해외여행으로 사이가 가까워졌음을 기화로 "떡본 김에 제사지낸다"고 나도 잡서나 한 권 냈으면 했다. 1980년대 초에 전공분야 논문들을 집중적으로 집필할 즈음, 틈틈이 대학의 석·박사생 독서층이 아닌 보통사람들도 도시문제에 대한 이해가 생기면 그만큼 도시시대를 살아가는 생활이 개인적으로나 사회적으로도 유의미할 것이라 싶었다. 그런 취지로 시중의 여러 시사월간 잡지에 기고한 '학술적 수필'(academic essay)이 10여 꼭지 쌓인 게 있어 '잡문집'으로 하나 엮어달라고 부탁한다.

그 즉시 조 사장이 제안을 받아들인 것도 역시 함께했던 좋은 여행이 다리를 놓은 인연이었지 싶다. 1989년 초에 나남에서 〈도시시대의 한국문화〉란 제목의 내 책이 꾸며진다. 이어 편저(編著)한 〈달동네와 재개발론〉(1989)이란 전문서적도 출간한다.

이후 종종 일 없이도 출판사 사무실을 들르곤 했다. 그때 내가 살던 강남 집과 서울대를 오가는 동선(動線)에 출판사가 자

토지문화관 사저 앞에서 김형국, 박경리 선생과 함께.
(사진 : 〈동아일보〉 김형우 2004. 12. 7)

리해 있었기 때문이다.

어느 하루 사무실을 찾은 날, 조 사장은 매우 들떠 있었다. 박경리의 〈김약국의 딸들〉 재출간을 맡게 되었다는 것이다. 잘 나가는 작가 한 분만 잡으면 출판사는 먹고산다는 소문을 들었던 터에 드디어 '대어'(大魚)를 잡은, 그것도 대하소설 〈토지〉로 이 나라 필명의 각광을 한몸에 받던 작가의 또 다른 대표작을 펴내게 되었으니 그 아니 기쁜 일인가.

덩달아 기뻤다. 내가 특별히 존경해 온 데다 인연이 닿아 1983년 이래 출입해 온 작가의 문학을 펴내는 일이지 않은가. 작가의 인연은 그때 3부까지 출간된 〈토지〉를 세 차례나 읽고 수많은 등장인물의 파란만장한 행적이 세상살이의 압축판처럼 생생했음에 감명받은 나머지 내가 익힌 이론지리학 첨단이론을 빌려 주인공들의 행적을 풀이한 글("소설 〈토지〉의 주인공들과 오늘의 도시생활", 〈뿌리깊은나무〉, 1980년 6·7월)에서 비롯되었다. 글을 좋게 읽어준 덕분에 작가와 직접 개인적으로 만날 수 있는 다리가 놓인다.

이후 작가는 당신의 몇 꼭지 단편을 포함시키는 한국문학선에 들어갈 문학평 자리에 나에게 애독자로서 독후감("소설 농사와 밭농사가 합일하는 문화현상", 〈우리시대의 한국문학〉 제6권, 계몽사, 1986)을 적어달라는 과분한 고임을 받기도 했다.

내가 좋아하는 작가의 명작을 지인 조 사장이 출간하게 되었다니 나도 공연히 '한 다리 끼고' 싶었다. 대뜸 조 사장에게 그 명작 본문 뒤, 통상으로 문학평론가의 평문이 실리는 자리에 열렬한 애독자의 독후감을 한 꼭지 적어 넣으면 어떨까 자청한다. 작가도 좋게 반응한 덕분에 1962년에 처음 출판되었던 〈김약국의 딸들〉이 1993년에 나남에서 재발간될 때 내 글("변방에서 진실을 기리는 작가 박경리")이 실리는 영예를 누린다.

3

박경리 작품이면 출간하고 싶어 안달인 출판사가 하나둘이 아닐 터인데 어떤 인연으로, 그것도 대인기피 증후라 할 정도로 사람을 가리는 성품의 작가로부터 행운의 기회를 얻었단 말인가. 훗날 털어놓은 뒷이야기가 역시 조 사장다웠다.

1970년에 고려대 법학과에 입학하고 2학년으로 올라간 1971년, 10대 시절의 '문청'(文靑) 기질을 살려 고려대 지하신문 〈한맥〉(韓脈) 편집장을 맡는다. 그 지하활동의 그물망 속에서 3공 저항의 상징 김지하 시인과 왕래했다는 것.

출판사를 꾸며가면서 문득 옛 인연을 생각한다. 정권의 핍박을 받아온 시인을 내조한다고 온갖 풍파와 곡절을 겪어온 그 아내(김영주)가 집필한 〈신기론으로 본 한국미술사〉의 출간을 자청한 것이다. 내가 박경리의 고명(高名)을 듣고 처음 신문에서 만난 사진도 옥바라지로 길 나간 엄마를 대신해서 손주를 등에 들추어 업은 모습이었으니, 그런 딸에 대한 어머니의 연민은 오죽했겠는가.

당신이 아끼는 딸의 책을, 그것도 한국 독서시장에서 시장성이 있을 것 같지 않은 책을 출간해 준 출판사에 대해 자신의 책 출간을 딸을 통해 맡긴다. 사장이 소설가에게 처음 인사간 것도 재출간된 〈김약국의 딸들〉 그 소설을 들고서였다 한다.

나남이 〈김약국의 딸들〉을 재출간하자 인기폭발이었다. 조사장이 대박을 터트린 것. 박경리의 많은 소설들은 세월에 따라 전담출판사가 여러 곳으로 옮겨진 까닭에 '딸들'같은 명작도 서점의 서가에 이가 빠져 있던 차 마침 한국방송공사 라디오에서 '딸들'을 읽어주기 시작하자 독자들의 탐독(耽讀)이 불같이 일어난다.

4

언론학 관련 대학교재 출판사에서 이제 한국 문학시장의 대표적 베스트셀러 하나를 출간하는 출판사로 자라난 저력은 어디에 있단 말인가. 그건 무엇보다 그의 말솜씨가 아닌가 싶다.

함께 박경리 작가를 찾은 적 있다. 대가(大家), 그것도 출판사 밥줄인 작가 앞이면 주눅이 들어 말이 주춤거릴 법도 한데 전혀 그런 기색이 없다. 상대방의 말에 또박또박 대답하는가 하면 틈틈이 너털웃음으로 여유를 곁들이면서 오히려 대화를 이끄는 솜씨가 녹록지 않다.

전라도 출신 출판인으로 말솜씨 좋았던 〈뿌리깊은나무〉 한창기 사장에 버금간다. 전라도 풍토가 낳았다는, 눅진눅진 또는 건들건들하는 판소리의 아니리를 닮았단 말인가. 나 같은 경상도 사람은 소통하려고 애를 쓸수록 어쩐지 말 이음새가 툭툭 끊어져 버려 스스로 곧잘 지쳐 버리는데, 조 사장은 마르지 않는 샘처럼 끝없이 말꼬리를 이어간다. 대답하기 어려운 대목엘 가면 웃음소리로 잠깐의 여유를 찾는 것도 조 사장의 화법 하나다.

헌데 조 사장 화법은 절대 고분고분하지 않다. 연세가 높은 원로 교수들을 만날 때는 슬슬 복장을 긁는 소리를 해서 새로운 소재를 찾도록 자극하는 듯싶고, 연하의 각급 필자를 만나면 분발하도록 군림성의 타이르는 말을 쏟아낸다. '책 사업 키우기'의 철저한 실천방식으로 보인다.

말을 길게 이어가자면 아는 것이 많아야, 아니 적어도 아는 체는 해야 한다. 딴은 대학 때 책을 두루 접해야 한다지만, 말이 그렇지 그건 여간 실현하기 어려운 일이 아니던가. 더구나 조 사장처럼 시국사범으로 쫓겨다닌 몸이니 옳게 독서할 틈새가 없었을 것이다. 오히려 책 출간사업을 펼치고부터 편집직원과 더불어 사장이 직업적으로 책을 직접 읽어내면서 체득한 식견이 아닌가 싶다.

출판계에 뛰어든 경위도 무협소설 줄거리 같다. 대학 진학차 서울로 상경하면서 품었던 포부는 〈동아일보〉 같은 대형 언론매체의 사장이 되겠다는 것이었다. 언론사 사장이 되겠다며 법학과에 진학한 것은 어쩐지 앞뒤가 맞지 않지만, 무협소설은 그렇게 약간씩 엇박자가 뒤섞이기 마련이다. 하기야 법학과에 간다고 타고난 문청(文靑) 적성과 자질이 어디 갈 리 없다. 〈조선일보〉의 유명칼럼으로 일세에 필명을 날렸던 이규태는 연세대 화공과 출신이 아니던가.

대학 지하신문의 편집장이 된 것은 대망을 실현할 수 있는 계단의 하나이었겠다. 엎치락뒤치락을 보이다가 마침내 제대로 이야기가 풀려가는 무협소설처럼 조 사장은 대학졸업 즈음에 〈중앙일보〉 기자시험에 응시한다. 결과는 1971년 10월에 지하신문 발간으로 시국사범이 되어 대학에서 제적되었던 전력이, 비록 이후 강제 징집되어 강원도 화천 육군 제7사단 휴전방책선의 3번 소총수로 애국국민된 최소도리를 다했음에도 불구하고, 변변한 보증인도 없어 언론계 진출을 가로막는다.

5

단행본 출판사로 단단히 뿌리를 내린 조 사장의 나남이 보여주는 출판 스타일은 외부의 시장상황 등에 촉각을 세운다기보다 사장 나름의 배움 방식을 실현하는 경우가 아닌가 싶다. 졸업생들이 두루 존경하는 광복군 출신 김준엽 총장의 행장(行狀)은 고대 졸업생이 경영하는 나남이 낼 만한 책이지만, 청록파 시인으로 유명한 〈조지훈 전집〉을 출간한 것은, 비록 시인이 고대 교수를 역임했다지만, 역시 법학과 졸업생으로는 뜻밖의 시도가 아닌가. 조 사장과 왕래하는 사이에도 항상 그것이 궁금했다.

알고 보니 그건 그의 배움 방식과 연관 있었다. 흔히 배움은 학교 스승, 그리고 세상에 나아가선 첫 직장 상사가 큰 역할을 한다. 하지만 공적 조직 스승이 아니라도 도처에 언행(言行)의 계도(啓導)를 얻을 인물, 곧 사숙(私淑)의 대상은, 시공(時空)을 초월하는 까닭에 즐비하다.

배움에 굶주린 사람은 우선 책에서 사표(師表)를 찾는다. "성인이 계시던 때 나지 못하고(不生聖人時), 성인의 얼굴 뵙지 못하지만(不見聖人面), 성인의 말씀 들을 수 있으니(聖人言可聞), 성인의 마음 볼 수 있네(聖人心可見)"라 읊조리던 조선 중기 현부인으로 이름났던 안동 장씨(張氏, 1598~1680)의 행적이 꼭 그랬다.

역시 배움은 '지금, 여기서' 사람을 직접 대면함이 실감과 감동을 더할 가능성이다. "세 사람이 길을 가면 반드시 내 스승이 있기 마련"(三人行 必有我師)이라던 공자 말씀도 그런 만남을 통한 배움의 중요성을 강조한 것이다.

조 사장은 바로 교실 바깥 스승찾기의 명수다. 재학시절에 마주친 적 없는 김준엽 교수가 고대 총장에서 퇴임한 이후 〈월간경향〉에 연재중인 광복군시절 회고 자전(自傳)을 읽고는 그걸 책으로 묶기를 작심한다. 무턱대고 찾아가서 전집 내기를 간청하자, "우리 졸업생이 내겠다니 그 아니 좋은가"며 흔쾌히 응낙한다.

주변에선 예사롭지 않은 일을 성사시켰다며 급기야 조 사장 아내가 김 총장의 숨겨 놓은 딸이 아닌가, 그런 뜬소문도 나돌았다 한다. 우린 항상 일이 순리에 따라 도모되기 마련이라는 정도론(定道論) 대신, 누구와 누군가 사이에 지극히 개인적 연줄이 닿아야 무언가 일이 이뤄진다고 보는 음모론이 판치는 세상이니 그런 식 헛소문이 날 법도 했겠다.

6

창립 한 세대를 맞는 나남이 꼽는 대표 출판물에는 〈조지훈 전집〉도 빠질 수 없다. 조 시인에 대한 매료는 고교시절, 광주에서 열린 '고대의 밤' 행사를 찾아온 그이를 멀리 바라본 감동의 파문이다. 사숙의 뒤끝이란 말인데, 고대 국문과에 재직했던 시인의 전집물을 뜬금없이 법학과 졸업 출판인이 매달리는 까닭에 대해서도 주위에선 여간 의아해 하지 않았다. 의아해 했던 이들은 사숙 등 스승은 스스로 찾는 법이기도 함을 몰랐단 말인가.

전집 내기에만 그치지 않고 나남의 시인 사랑은 점입가경한다. 시인 이름을 따서 〈지훈상〉을 제정한다. 해마다 문학상과 국학상 두 갈래로 시상한 지 벌써 10년째에 접어든다. 조지훈이 당대 대표시인 한 분이자, '한국 멋'에 대한 논고(論考)가 유명했음이 말해 주듯이 국학에 조예가 깊었음을 기념하는 시상제도다.

이름난 사회과학자이기도 한 교육학자 정범모 전 한림대 총장이 남들은 대개 붓을 놓을 나이인 예순부터 열기를 더해 가는 가마 속 불길처럼 저술한 책을 계속 펴냄도 책장사 이전에 배움에 대한 조 사장의 갈망, 그리고 저명필자와 만나 나누는 인격적 교유가 가열시킨 부추김도 없지 않다. 출판목록 선정이 저명학자들을 배우겠다는 방향에서 그 대강 방향을 찾고 있다는 말이다.

못지않게 스스로 남에게 마음 빚을 졌다 생각하면 그걸 실행하는 방식도 출판결정에 작용한 것으로 보인다. 현역 또는 '한물 간', 이른바 '일수거사'(一水去士)들의 사소설형 저작물은 시대상황의 개인적 투영이란 점에서 내용과 재미를 두루 갖춘 것도 적지 않다. 하지만, 세상일에는 옥석(玉石)이 섞이기 마련인지 종종 그런 유서(類書), 특히 정치적 야심가의 책이 내용보다는 출판에 응해 준 조 사장 의리(義理)의 가상함에 높은 점수를 준다는 뒷소문도 들렸다. 책은 의리의 실현 대용보다는 내용의 진정성과 가독성으로 결판나야 한다는 우회어법 충언이 아닌가 싶다.

7

좋은 말 또는 글은 세상을 지키는 소금이다. 그만큼 좋은 글을 세상 사람이 읽게 만드는 출판인 조 사장의 개인적 자부심도 도저할 것이다. 글을 소금에 비유하면 어쩐지 양념 같은 부자재라는 밍밍한 인상도 지울 수 없다. 그런 점에서 체코슬로바키아, 아니 동유럽 민주화의 선봉에 섰던 참 지식인 바츨라브 하벨 말이 적절하다. "말은 구악을 타파할 수 있는 몽둥이"란 것. 그를 포함, 일단의 민주인사들은 말을 무기로 삼아 나약한 지식인이기를 거부하고 역사와 사회에 책임지는 행동인으로서 민주혁명 전개에 앞장선다. 20세기 말 세계의 지각을 흔들었던 공산체제의 붕괴과정을 '지식인의 혁명'이라 불렀던 것도 그런 연유다.

말을 몽둥이에 비유하는 발언도 인상적이지만, 조 사장과 나에게 특별히 기억에 남는 바는 함께 참관했던 1989년 프랑크푸르트 세계 도서박람회에서 하벨이 바로 유럽 출판상(出版商)들이 수여하는 〈평화상〉을 수상했다는 사실이다. 동구의 민주화 직전이라 연금상태의 그가 수상식에 나올 수 없었던 뉴스는 그때 그곳의 여행객에게 큰 아쉬움이었다.

하벨은 2004년 〈서울평화상〉 수상자이기도 하다. 수상자의 건강문제로 시상위원회가 예외적으로 프라하에서 가졌다는 시상식에서 "전체주의 체제에서 자라 그 체제가 무너지고 민주체제가 자리잡는 과정을 살아서 지켜본 축복받은 한 사람"이라 자기소개를 하고 있지만 내가 수상소감을 읽어보니 인쇄술 등장의 역사적 의미, 특히 구텐베르크의 문화사적 의미가 생각났다.

프랑크푸르트에서 짬을 얻어 이웃 도시 마인츠에 있는 유명한 구텐베르크 박물관도 구경했다. 정직하게 우리 고려 금속활자가 그들보다 앞섰던 역사적 사실을 명시하고 우리 한글 인쇄본도 잘 전시해 두었다. 그 한편으로 금속활자의 미덕 덕분에 유럽이 앞장서서 먼저 계몽주의 시대를 연 것을 자랑하고 있었다.

딴은 크게 자랑할 만도 했다. 우리 고려활자는 당시의 왕후장상(王侯將相)들이 기복(祈福)용으로 한정 사용했던 데 반해, 구텐베르크 활자는 널리 백성을 계몽하는 데 사용한 덕분에 근대화 역사가 유럽 선도로 열렸다고 말하는 것이다.

돌아보니 출판인 조 사장의 역할도, 이전도 그랬지만 장차도 고려활자적이 아니라 구텐베르크적일 것이라 믿어 의심치 않는다. 그 사이 언론관계자 책 출판은 무려 2천 종에 육박한다 한다. 정보화시대의 도래와 확산으로 젊은이들의 언론직 진출이 고시공부에 버금가는 시대라는 비근한 세태에서 알 수 있듯이, 언론관계 책이 확실히 장사가 될 것임은 이제는 알 것 같다.

내가 곁눈질해 본 단행본 출판사업은 아무래도 회사기업형이기보다 가족자영업이란 인상이 짙다. "천재가 천재를 알아본다"는 선지식까지는 아닐지라도, 책이 될 만한 글인지 알아보는 일는 결국 사업가의 모사(謀事) 결정 머리에 딸린 일일 터. 이 점에서 조 사장은 세상에 나아가면서 세웠던, 서울 유명언론사의 사장이 되겠다던 꿈은 어지간히 이룬 셈이다.

사람은 머리로만 살 수 없다. 손도, 발도 있어야 한다. 이 점에서 조 사장은 행운아다. 내가 나남을 찾을 때마다 '가이초'(會長)라 부르는 이가 있다. 후덕한 그 모습을 보면 회사 운은 그 아내(黃玉順) 몫이 아닌가 싶다. 영호남 사이의 가연(佳緣)이긴 하나, 이화여대 약대 졸업 약사증이 갖는 확실한 생계보장방식 대신에 남편과 더불어 불투명한 장래의 출판 고행길로 뛰어든 용기가 어디에서 연유했는지는 두고두고 물어볼 참이다. 이제 겨우 출판동업 30년이니, 아직 시간은 있다.

70학번형 인간

송호근 • 전 서울대 석좌 교수

1

이제 오십 줄에 들어선 필자가 대학을 다니고, 사회를 경험하고, 역사라는 추상적 개념이 무엇으로 채워진다는 것을 어렴풋이나마 깨닫게 된 때가 '1970년대'이지만, 아직 그것이 내 삶에 두르고 있는 띠가 어떤 의미인지를 알아차리지 못한다.

1970년대 10년의 연대기를 구성하는 그 유명한 사건들과 그 낯설고 빠른 변화들이 적어도 내 머릿속에 활동사진처럼 인화되어 있기는 하다. 그런데, 정작 그 시대의 중추신경을 관통하던 지적(知的) 전류(電流), 젊은 세대의 반역에 비장함과 장엄함을 제공하던 시대정신, 혹은 기진맥진한 대학캠퍼스에 생기를 주유(注油)하던 사상의 정체가 무엇인지, 그것이 과연 선배세대의 신경통과 어떻게 닿고 있는지를 알지 못한다.

시대진단을 업으로 하는 사회과학자로서는 부끄럽기 짝이 없는 이 고백은 1950년대와 60년대가 몇몇 선각적인 지식인들이 어렵게 만든 시대적 개념들을 통해 비교적 선명하게 파악된다는 사실과 대조적이다. '선명하다'는 말이 과도단순화의 '무지'와 통한다는 것을 전제로 하면, 가령 예를 들어, 폐허, 실존, 낭만, 거부, 소시민, 가난 등의 단어가 1950년대를 그럴듯하게 형상화한다. 이어령이 화전민(火田民)문학론을 들고 아버지 세대의 유산을 인정하기를 거부했을 때 1950년대 세대의 외로운 여정과 피곤한 탐색이 그대로 드러난다. 고은은 1950년대 지식인 세계를 인간적 터치로 유영(遊泳)했고, 그들의 정신적 방황이 구차스런 일상생활의 곡예넘기와 어떻게 관련되어 있는지, 실존과 일상의 접선에서 문학과 예술이 어떤 색깔로 피어났는지를 알려주었다.

피란민 대열에 끼여 항도 부산에 내팽개쳐진 젊은 최인훈은 정신적 외상(外傷)을 건드리지 않고는 발설하지 못했던 이데올로기 문제에 자신의 존재를 밀어 넣음으로써 1960년대의 문을 열었다. 작가 자신도 그렇게는 예상하지 않았던 금단의 문이 열리자, 자유를 향한 지식인들의 지적 모험이 시작되었다.

그것은 한말부터 6·25 전쟁에 이르기까지 무작정 꿈꿔왔던 여행이었지만, 단계적 기획을 알리는 일정표도, 가야 할 방향을 지시하는 이정표도 준비되지 않은 무모한 모색이었다는 점에서 1960년대는 구시대의 연장이었고, 시작과 동시에 반역의 벽에 부딪쳐 '혁명의 기억'만으로 살아가야 했다는 점에서 새로운 시대의 씨앗을 품고 있었다. 김승옥의 〈무진기행〉은 '연장된 구시대'와 '잉태되는 신시대'가 만나 피어올린 안개 속의 여행, 그것이었다. 그러므로, 1960년대는 루카치의 말을 빌리면 '여행은 시작되고 길은 끝난 시대'였다. 없는 길 위에서 김수영은 '달나라 장난'을 했고, 관념적 '헬리콥터'를 탔으며, '시여, 침을 뱉어라'라고 호기 있게 고함을 질렀다.

길 없는 여행은 오래 지속될 수 없다. 1960년대 말에 이르자 지식인들은 그들이 갈구했던 자유가 새로이 잉태되는 시대의 구체적 행보에 비해 얼마나 관념론적인가를 깨달아야 했다. 시대는, 그 시대를 규정했던 권력은 지성의 세계를 관할했던 문학이 감당할 수 없는 속도와 질량으로 내달았다. 한말 이후 오랫동안 한국 지성계를 끌어왔던 문학이 빠르게 분화하는 시대 앞에서 종합적 사유체계로서의 지위를 포기해야 할 시점에 이른 것이다.

문학이 시대적 고뇌와 지성적 담론을 포괄하는 최고의 장르였다는 점에서 1960년대는 과거와 다르지 않았다. 역사와 철학, 시대진단, 이념논쟁, 논설과 평론, 심지어는 장지연의 〈시일야방성대곡〉과 같은 포고문(布告文)이 모두 문학의 영역에 속했다는 것은 1960년대까지 분화를 미뤄온 한국지성사의 특성일 것이다.

1970년대는 그렇게 시작되었다. 문학이 문학 본래의 자리로 복귀하면서 생긴 그 빈자리에 시대진단과 처방으로서의 담론과 학문체계를 불러들였다. 한국지성사에서 최초로 '본격적 사회과학의 시대'가 열린 것이다. 아니, 1970년대 지식인들은 시대와의 대면을 위해, 권력의 본질과 정당성의 문제를 따지고 그토록 열망했던 자유가 현실과 얼마나 떨어져 있는지를 측정하기 위해 주관과 감성의 언어가 아닌 객관적 논리와 이론체계를 필요로 했던 것이다.

김지하의 〈오적〉처럼 문학과 사회과학이 중첩되기도 했고, 황석영과 신경림의 작품처럼 사회과학적 실천개념을 앞세운 실천문학과 민중문학이 탄생했던 것은 사회과학의 시대를 예고하는 문학의 예지력에 다름 아니다.

사회과학의 시대가 열리기는 했지만, 앞에서 고백하였듯이, 필자는 1970년대의 지성사적 중추신경이 무엇이었는지, 시대정신과 사상의 요체가 무엇이었는지를 잘 알 수가 없다. 혹자는 종속이론 또는 맑시즘이라고 할 것이고, 다른 이는 발전론과 근대화론이라고 할 것이다. 그러나, 그런 이론들에 기대어 데모를 하고, 학생운동을 했으며, 경찰서에 갇혀 고생하지는 않았을 것이다. 자유주의 이론을 배웠지만 그것의 부르주아적 성격 때문에 그 누구도 자유주의자임을 자처하지 못했고, 민족주의 이론의 중요성을 터득했지만 북한의 존재에 논리가 자주 막혔다. 혁명론은 매혹적이었지만 사찰기관의 잔혹함을 감당할 용기를 갖추거나, 아예 인생을 저당잡힐 각오를 해야 했다.

사회과학의 시대는 열렸는데 그것을 채울 만한 논리와 이론은 마땅치 않았으며, 정신세계는 서슬 시퍼런 권력에 비해 현저하게 초라해졌다. 1950년대와 60년대를 이끌던 정신적 지주들, 지식인들은 이 새로운 세계 앞에 침묵했다.

2

조상호 선생(지성사적 의미를 논하려는 목적에 비춰 '사장'이나 '발행인' 대신 '선생'이라는 호칭이 어울리므로 그렇게 부르기로 하자)이 '70학번'이라는 사실은 조 선생이 가꿔온 인생 이력의 8할을 설명해 준다. 대저 '70학번'에 속하는 인구집단은 적어도 수십만 명은 있겠으나, 앞에서 얘기한 1970년대의 정신사적 구조를 온몸으로 담지한 사람은 그다지 많지 않고, 여기에 70년대의 지적(知的) 허기(虛飢)를 거의 신체적 통증처럼 앓아온 사람은 손으로 꼽을 정도라고 한다면, 조 선생이야말로 70학번의 정신적 전위대(前衛隊)라고 할 것이다.

그가 70년대를 대변하는 사회과학적 논리를 만들었다거나 학계의 중진학자라는 뜻이 아니라, 적어도 그의 인생을 지배했던 중추신경이 1970년대의 그것이었으며, 80년대와 90년대를 거쳐 지금까지 이어온 출판인으로서의 인생편력이 1970년대의 정신사적 구조와 동형이라는 점에서 그러하다. 그는 '70학번형 인간'인 것이다.

이 70학번형 인간은 '비운의 1960년대'가 마감되고 '혹독한 70년대'가 시작되는 시점에서 탄생했다. 그가 대학생활을 시작했을 바로 그 당시 청년세대를 절절 끓게 만들었던 저항에의 투신, 반복되는 좌절과 근거없는 열정을 다스릴 지적 자원이 한국의 지성계에는 존재하지 않았다.

자가발전(自家發電)이야말로 70학번의 생존양식이었다. 막 열리기 시작한 사회과학의 시대에 그는 사회과학적 사고를 스스로 제조해야 했는데, 코스타 가브라스의 〈계엄령〉에 나올 법한 그 장면들, 법대 학생이자 지하신문으로 분류된 〈한맥〉의 편집장으로서 겪었던 유신 직전의 그 맹렬한 사건들은 궁핍한 사회과학의 시대를 견디게 한 독하고 신선한 질료였음이 분명하다.

사실 그 시대에는 누구나 다 그랬다. 사석에서, 그가 쓴 글에서 70학번형 인간의 정신적 외상(外傷)을 추체험(追體驗)하는 일은 흘러간 무성영화를 보는 것처럼 느껴진다. '피신일기'로 명명해도 좋을 추억담에서 그는 이렇게 썼다.

> 15일 아침, 학교 앞을 7번 버스에 앉아 지난다. 학교 정문을 옮기는 공사중이어서 캠퍼스가 훤히 들여다보인다. 영화에서나 본 것 같은 장면이 지금 실제상황으로 진행되고 있다. 공수부대 복장의 군인들이 학우들을 군홧발로 개 패듯이 하며 뒷머리에 손깍지를 끼게 하고 중앙도서관에서, 시계탑 건물에서 줄줄이 운동장으로 적군의 포로처럼 긁어모아 꿇어 앉히고 있다. 눈물만 삼키는 왜소함에 분통이 터진다.

데모 주동자는 하늘이 높아진 어느 가을날 그렇게 학교 앞을 지났는데, 초겨울이 되자 제적학생 명단에 끼여 징집을 당한다. 육군 7사단 3중대 1소대 3번 소총수의 발은 얼어붙었고, 방책선은 이마에 서늘하다.

70학번들이 천지사방으로 흩어진 그때 그는 소총수로서 전방을 응시하고 있었는데, 그의 가슴에 고인 것은 사회과학이 아니라 시구였다. "내가 나에게 한 약속을 지키기 위해 오늘 밤에도 가야 할 먼 길이 있다." 그 시구는 말하자면 1960년대의 지적 양식이었다. 그가 신동엽이든 김수영이든 상관없이 미완의 전복, 미완의 혁명을 읊조리는 것으로 70년대 지평을 열어젖힐 기운을 수유(授乳)받는다.

말하자면, '70학번형 인간'은 60년대의 문학적 유산에 발을 딛고 70년대의 사회과학 시대를 열려고 했다는 점에서 경계인(境界人)이다. 그가 징집 직전 도피시절에 한 손에는 콜린 윌슨의 〈아웃사이더〉를, 다른 손에는 에릭 프롬의 〈자유에의 도피〉를 소총처럼 들고 다녔다는 고백에도 경계인으로서의 70학번형 인간의 모습이 드러난다.

70학번들은 1970년대가 저물기 전 사회의 각 영역으로 빠르게 흩어졌다. 더러는 오퍼상이 되어 기업가의 꿈을 키웠을 것이고, 더러는 판검사로, 의사로, 엔지니어로 전문가의 길을 갔을 것이며, 더러는 팍팍한 생활전선에서, 산업현장에서 땀을 흘렸을 것이다.

그런데, '사실 그 시대에는 누구나 다 그랬던' 공통적 경험에 삶의 파이프를 박고 평생을 살아온 사람은 지극히 드물다는 점에서 조 선생은 특이한 경우다. 학창시절 그의 마음을 할퀸 정신적 외상(外傷)은 경계인이 빠지기 쉬운 회의주의의 공간에서 실행의 세계로 전진하게 만든 항명(抗命)의 에너지였다. '사회과학이 없는 사회과학의 시대'에 우리의 사회과학 만들기가 그것.

그가 1970년대 정신세계의 빈 터에 사회과학을 만들어 넣기 시작한 나남출판의 창립은 1979년이었고, 이제 30년을 맞았다. 그의 인생편력이 1970년대 정신구조와 동형이라는 점은 그것을 말한다.

3

그렇다고 그가 70학번형 인간의 원형인 '경계인 되기'를 멈추었다는 것은 아니다. 오히려 경계인의 본질을 꾸준히 재생함으로써 '출판인 조상호'의 개성을 쌓는 데에 성공했다. 조 선생의 성정(性情)은 인본주의와 친화력을 가진 1960년대의 낭만주의로부터 나오고, 자칫 감격주의로 흐를 그 성정은 사회과학적 양식에 의해 절제되어 있다. 낭만주의와 합리주의의 적절한 균형이 그의 인간미라면, 문학과 사회과학의 폭넓은 섭렵이 그의 지성활동의 터전인 '출판사 나남'의 개성이다. 상호인 '나남'도 '너와 나' '자아와 타자'를 연결사 없이 결합한 것인 만큼 그의 경계인 의식은 사실상 새로운 것을 만들어내는 촉매를 지향한다.

이 촉매의식이 흘러간 시대의 어른들의 정신을 찾아 현대로 주유(周遊)하는 일에 나서게 만들었다. 김준엽 전 총장의 〈장정〉 같은 책을 누가 나서서 만들 것인가? 조지훈의 문학과 시대정신을 누가 들춰보기라도 할까? 김중배와 리영희의 고언(苦言)을 이 시대 누가 귀히 여길 것인가? 조 선생이 시대적 외면을 아랑곳하지 않고 선배들의 지적 유산을 서책(書冊)으로 만들어 내는 까닭은 세대 간 고뇌를 접합시켜 새로운 사고양식을 만들고 싶은 경계인의 원초적 욕망에 충실하기 때문이다.

경계인은 남들이 보지 않는 것을 봐내는 능력이 있다. 능력이라기보다 '경계인 됨'의 역할에 충실한 결과일 것이다. 1970년대의 사회과학에 우리의 바탕을 만들자는 초기적 과제가 어느 정도 성과를 내자 조 선생의 시선은 당시로서는 아무도 관심을 두지 않는 영역으로 향했다. 매스컴과 복지 분야가 그것.

1980년대 중반, 우리의 1인당 국민소득이 겨우 3천 달러를 돌파할 당시 매스컴과 복지라는 선진국형 쟁점에 사회과학적 관심이 가해질 것이라고는 누구도 생각하지 않았다. 조 선생의 경계인 의식은 가까운 미래를 직시했고, 언론학회와 복지학회의 저작 인프라를 풍요롭게 하는 데에 과감하게 나섰다. 20년이 지난 오늘날, 두 분야의 학문적 기초와 성과를 쌓는 데에 나남이 기여한 공로는 말로 다 할 수 없다.

조 선생의 타고난 문사(文士)적 기질이 이런 욕망과 관심을 부추긴다. '70학번 됨'이라는 시대적 운명이 그의 인생 이력의 8할을 결정했다면, 나머지 2할 정도는 그의 문사적 기질이 차지한다고 해도 과언이 아니다. 그는 나남이 출판하는 모든 책을 직접 교정보는 것으로 유명하다. 바쁜 와중에도 시간을 쪼개 교정작업에 몰입하는 각별한 이유가 있다. 글맛을 보기 위해서다. 맛이 나지 않는 원고는 직접 맛을 내기도 할 만큼 문장에 비상한 애착을 쏟는다.

합리주의자 조 선생을 금세 감격시킬 수 있는 간단한 수법이 바로 이것이다. 멋진 문장을 들이대는 것. 진정성이 실린 문장이면 더욱 좋다. 멋진 문장에 감격할 줄 아는 사람은 글발이 좋은 사람이다.

조 선생은 말하자면 문장가다. 그의 에세이를 읽어본 사람이라면, 어느 일간지 신춘문예 출신일지도 모른다는 의구심을 갖게 만든다. 가령 예를 들면, 박경리의 〈토지〉에 감히 대작가의 원전 소제목을 본문에서 찾아낸 문장으로 다시 붙인 것이 저자를 기쁘게 했다거나, 〈토지〉의 작품평을 이렇게 쓸 수 있는 사람도 그리 흔치 않다.

> '어둠의 발소리'에서 시작하여 '빛 속으로' 마무리짓는 이 작품 〈토지〉는 살아 있는 신화의 괴로운 환희와 상처 입은 울음과 한 서린 꿈이 있고, 무명번뇌의 뿌리와 추적과 음모, 그리고 생명의 강, 생명의 불꽃이 타는 그리움의 심연이 있습니다. 바닥모를 늪

속에서 폭풍전야의 자유를 위한 선택과 떠나는 자와 남는 자가 가냘픈 희망의 그네를 뜁니다.

조 선생의 이런 문장이 노작가를 감동시켰는지 박경리 선생은 〈토지〉를 비롯해서 많은 작품들을 조 선생에게 맡겼다. 세간에서는 조 선생의 행운이라고들 하지만, 출판인으로서는 드물게 보는 경계인 의식 혹은 촉매의식이 노작가의 마음을 움직였을 것이다.

조 선생에게 사회과학은 세상과 대결하는 칼날이라고 한다면, 문학은 칼날에 에스프리를 불어넣는 성찰의 창고다. 신동엽의 〈금강〉을 읊조리며 추위를 이겨냈던 소총수, 콜린 윌슨의 〈아웃사이더〉를 읽으며 수배를 피해 다녔던 법학도의 모습은 타고난 문사적 기질 말고는 설명하기 어렵다.

나남문학선이 이청준의 〈황홀한 실종〉을 시작으로 홍성원, 황동규, 정현종, 박완서, 이문열, 한수산, 김현 등 문제작가와 평론가들의 기념비적 작품들을 두루 감싸는 문학사원(文學寺院)이 될 수 있었던 것도 그런 까닭이었을 것이다.

조 선생은 자신의 꿈이 '언론 의병장'임을 스스럼없이 말한다. 의병장이란 재야의 선비가 창의기병(唱義起兵)하여 불의와 싸우고 장렬하게 전사하거나, 또는 승리를 쟁취하면 주저 없이 군대를 해산하고 재야로 돌아가는 사람이다. 이 개념에는 주류에 대한 비주류의 검열정신, 피지배층의 살아 있는 주체의식을 지칭하는데, "눈물만 삼키는 왜소함에 분통이 터졌다"는 도피시절의 의연한 분개, 그 70학번형 인간의 정신적 외상이 고스란히 배어 있는 것이다.

그의 꿈은 임진왜란 때 의병장으로 활약했던 그의 10대 조부 산서(山西) 조경남(1570~1641)의 의기와 투합한다. 산서공은 선조 때 남원에 살았던 선비로서 〈난중잡록〉, 〈속잡록〉, 〈역대요람〉을 남긴 문인이자 유학자였으며, 임진왜란과 병자호란 당시 의병을 일으켜 외적과 싸운 의병장이었다.

"출판을 통해 어떤 권력에도 꺾이지 않고 정의의 강처럼 한국사회의 밑바닥을 뜨거운 들불처럼 흐르는 어떤 힘의 주체들을 그려보고자 했다"—이것이 그의 출판 창의문(倡義文)인데, 30년 동안 나남이라는 이름으로 출간한 2천여 권에 달하는 서책이 만들어낸 독자들의 지적 상상의 공간 또는 '상상의 공동체'가 70학번형 인간의 '경계인 되기'로부터 발원했다는 사실을 확인하는 것도 즐거운 일이 됨 직하다.

백암산 골짜기에서 맺어진 인연

오생근 • 서울대 불문학과 명예교수

사람들과의 관계에서 특별히 인연(因緣)이라는 말이 새롭게 느껴지는 사람이 있다. 불교에서 '인연'이 정확히 어떤 의미를 갖고 쓰여지는 것인지는 모르겠지만, 조상호 사장을 생각할 때, 나에게는 저절로 인연이란 말이 떠오른다.

그를 처음 만난 것은 1972년 초 강원도 백암산 골짜기에 주둔해 있는 7사단 8연대 대기병 막사에서였다. 나는 제대를 1년쯤 앞둔 병장이었고, 그는 반정부 시위 주동자로 제적되고 강제 입영당하여 최전방에 소총수로 배치되기 직전의 이등병이었다. 그가 나를 처음 보았을 때를 회고한 글에 의하면, 그 장면은 다음과 같다.

> 이 나라의 땅이 그렇게 넓은 것은 W백을 메고 방책선 가는 길에서야 알았다. 동지섣달의 강원도 칼바람만 추운 것이 아니었다. 반정부 학생세력이라 낙인찍고 감시를 게을리하지 않는 보안대

원의 눈초리와 함께 어디까지 왔는지, 또 한참을 더 가야 하는지도 가늠하기 어려운 막막함이 더한 추위에 떨게 했다. 7사단 8연대 대기병 막사에서 처음으로 따뜻한 위로의 말을 듣는다. "그래, 고생이 많았겠습니다." 이등병에게 존댓말을 하는 사람의 얼굴이 처음 본 오생근 병장이었다. 우리의 관계는 그렇게 시작되었다(〈우리의 보스, 청년 오생근〉).

내가 조 사장과의 관계를 인연이라고 말하는 것은 우리가 서울에서 멀리 떨어진 최전방 산골짜기에서 군복무중에 만났다는 이유 때문이 아니다. 그 당시 대기병 막사에서 만난 그와 같은 케이스로 온 사람들 중에는 나중에 스타벅스의 서울 사장이 된 장성규, 미국 변호사가 된 박원철, 노동부장관이 된 김대환, 농촌운동에 종사하는 조희부 등이 있었는데, 그들 중에서, 제대 후에도 지금까지 지속적으로 친밀한 우정을 맺고 살아온 사람이 조상호뿐이라면, 어떻게 인연의 의미를 생각하지 않을 수 있겠는가?

또한 나의 입장에서도, 처음에는 원주의 1군 사령부 감찰참모 수행병으로 출발하였다가 화천의 7사단 부사단장 당번병으로 전출하였고, 6개월도 지나지 않아서 하루아침에 최전방의 소총수로 전락하는 등의 우여곡절을 거쳐 그들을 만나기 얼마 전에 연대장 당번병으로 근무하게 되어 그들을 만나게 되었음을 돌이켜보면, 우리의 관계에서 만남의 인연이 모든 것이라고 말하지 않을 수 없다.

내가 그를 처음 보았을 때의 느낌은 유난히 큰 머리 때문에 군모가 잘 맞지 않는 듯했고, 이등병 계급장이나 군복도 전혀 어울리지 않는 모습이었다. 그는 자신의 군복이 어색하다는 듯, 싱겁게 자주 웃거나 농담을 했는데, 그것은 그와 함께 온 대기병들의 겁먹고 경계하는 빛의 표정과는 사뭇 다른 것이었다.

그때 처음 인사를 나눈 후, 하루 저녁을 함께 보낸 후 곧, 그는 방책선 보초를 서는 소총수로 떠났고, 그곳에서 나에게 자주 편지를 보내오곤 했다. 물론 외출이나 출장, 또는 휴가를 떠날 때에는 반드시 나의 근무처로 찾아왔다. 그의 편지에서 지금도 분명히 기억되는 것은 글씨를 잘 쓰고, 글이 매우 문학적이었다는 사실이다.

또한 나를 찾아왔을 때, 소총수로 겪었던 일을 얘기하면서도, 그는 분명히 힘들고 고통스런 시간이 많았을 터인데도 그 경험을 비장한 어조로 말하기보다 유머를 담아서 재미있게 표현했던 것이 인상적이었다. 그와의 대화에서 나는 대체로 말을 하는 쪽이라기보다 듣는 쪽이었고, 그의 이야기가 무엇이건 내가 재미있는 반응을 보임으로써 대충 우리의 관계가 말이 잘 통하는 사이로 발전하는 것은 당연했다.

제대 후에도 그와의 관계는 계속 이어졌다. 내가 제대한 후, 두 해쯤이 더 지나서 그도 제대했는데, 그는 제대하기 전이나 후나

적당한 시간적 간격을 두고 나를 찾아왔다. 나는 그가 사람들 사이의 인연을 소중히 생각하는 사람이라는 믿음을 갖게 되었지만, 그는 사실 천성적으로 사람을 좋아했고, 사람에 대한 관심도 많아서 친교의 범위가 아주 넓었다.

더욱이 자기가 좋아하고 호감을 갖는 사람에 대해서는 알게 된 시간의 길이와는 상관없이 남 다른 친근감과 깊이 있는 사귐으로 이어지게 만들었다. 언젠가 내가 오래 전부터 가깝게 지내던 사람을 그에게 소개해 준 후, 나중에 알고 보니 그들이 나보다 더 가깝게 지내는 듯한 모습을 보고 놀란 적도 있다.

그가 대학을 졸업하고 수출입은행에 다니다가, 어느 날 지나가는 말로 친구들과 함께 작은 출판사를 차렸노라고 말했을 때, 그 출판사가 오늘의 '나남'으로 성장하게 될 줄은 정말 아무도 몰랐을 것이다. 그러나 그가 은행원으로 평생을 보낼 사람이 아니라는 것은 분명했기 때문에, 그의 흉중 깊은 곳에 '사람과 사회를 변화시키는' 출판의 길에 대한 '숭고한' 의지가 숨어 있는 것을 짐작하기는 어렵지 않았다.

내가 3년 반 동안 성심여대 교수로 지내다가 프랑스로 뒤늦은 유학길을 떠나 1983년 봄에 돌아왔을 때 그는 어느새 출판사 일에 깊숙이 관여하고 있었다. 출판에 대한 그의 의지와 진정성을 알고 난 다음에, 나는 그를 도울 수 있는 일을 생각했고, 현실적으로 가능한 일이라면 무엇이든지 해주고 싶었다.

나남출판사에서 그러한 나의 의지가 의미 있는 결실로 나타난 것을 두 가지쯤 말한다면, 하나는 편집인이 되어 '나남문학선'을 꾸며 준 일이고, 다른 하나는 미셸 푸코의 〈감시와 처벌〉, 〈성의 역사〉 3권, 〈광기의 역사〉 등을 나와 후배 불문학자들이 함께 나서서 번역해 준 일이었다.

'나남문학선'을 만들 때에 조 사장은 언론계의 교수들만 알고 있었을 뿐, 문학계에서는 아는 인사가 별로 없었다. 나는 그에게 이청준 선생을 비롯하여 홍성원, 김원일, 황석영 등의 작가들을 소개하였고, '나남문학선'에 그들뿐 아니라 황동규, 정현종 등의 시인들과 김현, 김화영 등의 비평가들을 모두 포함시켜 명실공히 한국문학을 상징하는 대표작가들의 대표작을 선정하여 "우리 시대의 모순을 포착하여 문학으로 형상화시키는 고통스러운 작업을 영원한 젊음의 정신과 깊은 사색으로 치열하게 수행해 온 작가들이 '나남문학선'의 주류를 이룬다"는 취지의 서문을 쓰기도 했다.

'나남문학선'은 그것 자체로 볼 때 크게 새로운 기획은 아니었지만, 나남출판사가 언론관계의 서적만 만드는 출판사가 아니라 만만치 않은 문학책들도 펴내는 출판사라는 것을 독자들에게 각인시키는 계기는 되었다. 작년에 박경리 선생이 타계한 후에 더욱 주목을 받게 된 대하소설 〈토지〉가 나남의 대표작이 되게 한 공적은 순전히 조 사장의 개인적 판단과 뚝심에 의해서 이뤄진 것이지만, '나남문학선'을 통하여 〈토지〉가 유입될 만한 출판사라는 문학적 이미지의 형성도 한몫을 한 것이라면, 나는 그것만으로 큰 보람을 느낀다.

또한 〈감시와 처벌〉을 비롯한 푸코의 책들을 번역한 것도 조 사장의 열정과 지원이 아니었다면 그 당시로서는 실현되기 어려운 일이었다. 내가 여러 자리에서 확인할 수 있었던 것이지만, 내 문학비평의 독자보다 〈감시와 처벌〉의 독자가 당연히 많고, 그 독자들이 나를 통해 푸코를 알았다거나, 푸코의 괜찮은 번역자로 기억한다는 말을 듣게 되면, 보람과 함께 조 사장에 대한 고마움을 새삼 느끼게 된다.

그리하여 35년이 넘게 우리는 군대시절부터 지금까지 변함없는 우정을 나누고 있다. 그는 한결 같이 나를 '형'(兄)으로 부르는데, 그의 넉넉함과 속 깊은 생각을 문득 돌아보면 그가 오히려 형처럼 느껴질 때가 있다.

작년 여름 광릉에 있는 그의 별장에 놀러갔을 때, 손님을 기다리는 시간을 이용하여 그가 밭에서 밀짚모자를 쓴 농사꾼 차림으로 농사일을 하는 것을 보게 되었다. 나로서는 엄두도 내지 못할 힘든 농사일을 능숙하고 자연스럽게 해내는 그의 모습에서 오늘날 나남의 그 넓고 비옥한 '책밭'을 일궈낸 저력을 분명히 느낄 수 있었다.

조 사장을 오랫동안 가까운 자리에서 보아온 방순영 편집부장에 의하면, 조 사장은 그 나이가 되도록 "아직도 군대 얘기를 하는 희한한 사람"이다. 물론 나는 "아직도 군대 얘기를 하는 사람"은 아니지만, 군대에서 겪었던 일은 지금도 가끔 떠오른다. 남자들이 나이가 들어서도 군대 얘기를 잊지 못하는 이유는 무엇일까? 그 이유는 군대에서의 경험이 고생스러웠기 때문만이 아니라, 그 시절이 그 이후의 인생에 큰 영향을 미칠 만큼 중요한 사건이기 때문일 것이다.

그러나 나에게 군대시절이 쉽게 잊혀지지 않는 이유는 그 시절이 어둡고 우울한 젊음의 터널과 같았기 때문이다. 아리스토텔레스가 말한 것처럼, 우울의 시간들은 사람을 무기력하게 만들기도 하지만, 동시에 많은 것을 깊이 생각하게 만들고 현실과 자기를 돌아보게 한다는 점에서 의미 있게 생각될 수 있는 시간이기도 하다. 우울한 상태가 개인과 사회 사이의 불화와 불일치에서 비롯된 것이라고 할 때, 군대시절의 시간은 그러한 불화가 끊임없이 이어지는 힘들었던 시절로 기억될 뿐이다.

특히 전방에서 근무하던 중 폐결핵에 걸리게 되었는데, 춘천까지 내려왔다가 그 병원의 어느 중사에게 뇌물을 건네주어야 마산요양소로 후송갈 수 있다는 것을 모르고 그야말로 바보처럼 후송명령을 기다리던 중, 원대복귀 명령을 받았을 때의 황당했던 일 등, 전체적으로 돌아보면 모두 우울한 나날들이었다.

조 사장 역시 남들이 알지 못하는 우울하고 고통스러웠던 시간이 많았을 것이다. 군대시절이건 아니건, 그러한 시간들이 바로 그 시대를 자기 나름대로 힘겹게 보낸 젊음의 일반적 경험이 아니었을까?

전반적으로 우울했던 젊음의 추억 때문에 군대시절의 기억들이 잊혀지지 않고 떠오르는 것이지, 단순히 군대에서 보낸 불화의 체험들을 극복하지 못해서가 아닐 것이다. 이런 의미에서 보자면 그 시절을 극복했다고 느낄수록, 오히려 그 시간은 선명히 기억된다고 말할 수 있다. 왜냐하면 그 기억은 우울의 시간을 의미 있는 시간으로 만들어 그만큼 변모하고 성장했다는 확신과 함께 떠오르는 것이기 때문이다.

정현종의 산문집 제목, 〈날자, 우울한 영혼이여〉처럼, 우울한 시간을 관통하여 이제 날아오를 수 있게 된 젊은 영혼은 그 시절 날아오르지 않으면 안 될 만큼 절박했던 젊음의 시간들을 두고두고 기억하는 법이다. 날지 못한 영혼에겐 기억도 추억도 없을 것이기 때문이다.

나남 : 거기 조상호가 있고 그를 좋아하는 사람들이 있다

김민환 • 고려대 언론학부 명예교수

나남출판의 첫 작품은 연세대 이극찬 교수가 번역한 버트런드 러셀의 〈희망의 철학〉이다. 그다음에 고려대를 다니다 연대로 옮긴 배영동 형이 번역한 뒤베르제의 〈정치란 무엇인가〉를 냈다. 희망이 없는 절망의 시대에, 정치가 없는 군부독재 시대에 출판사 나남의 대표 조상호는 희망을 이야기하고 정치를 논한 셈이다.

나남이 언론학 출판을 통해 이름을 얻은 데에는 내 조언도 한몫을 했다고 기억한다. 나는 출판사 사장이 된 조상호에게 이곳저곳 기웃거리느니 언론학 부문을 파고들라고 권한 바 있다. 그 시절만 하더라도 언론학은 학문분야로는 떠오르는 태양이었다. 조상호 역시 언론에 관심이 많았다. 대학시절에는 학보사 기자를 지원했지만 문제학생이라는 딱지 때문에 좌절당하기도 했다. 출판사 사장이 되어 그는 언론학 지원자로서 우뚝 섰다. 누가 뭐라고 하든지간에 나남이 우리나라 언론학 발전에 이바

지한 점은 과소평가해서는 안 된다. 조상호의 나남출판은 초기의 운동권 인간사슬을 벗어나고, 나아가 하나의 거점이 된 언론학을 넘어섬으로써 아무도 부정할 수 없는 탄탄한 성벽을 구축하는 데 성공했다.

조상호가 출판인으로서 성공한 비결이 무엇일까? 나는 그의 장인(匠人)정신에서 그 첫 번째 비결을 찾는다. 한마디로 출판장인이 되고 말았다. 그는 사장이 되었지만 출판사 편집부 말단사원이 하는 교정을 지금도 한다. 그는 그의 출판사에서 내는 책은 손수 다 읽고 교정한다. 사장이 교정지를 읽는데 편집부원이 교정을 게을리할 수가 없다. 그래서 나남의 책은 뭔가가 조금은 다르다.

그냥 교정만 보는 것이 아니다. 내용이나 주장이 그럴싸하면 그 책에 빠져들어 읽고 또 읽으며 문장까지 뜯어고치기 일쑤다. 초고는 저자가 썼다지만 사장이 새로 썼다고 해도 지나치지 않은 책도 꽤 있는 것으로 알고 있다. 그런 일에 익숙하지 않은 저자들은 처음에 아니꼽게 생각하다가도 그런 과정을 거쳐 나온 저서의 완성도에 고개를 절로 숙인다.

두 번째 이유를 나는 그의 장사꾼답지 않은 장사수완에서 찾는다. 내 책을 출판할 때마다 내 심기를 건드리는 사람이, 막말로 해서 그렇고 그런 다른 책을 내는 데는 이해를 따지지 않는다. 정년퇴임하는 교수들의 논집을 출판할 때나 퇴역 언론인의 자서전이나 수필집을 낼 때 보면 그는 장사꾼이 아니다. 그런 책이 팔릴 이유가 없는데도 호화장정으로 책을 출판하고 기념식에도 깊이 간여한다.

최근에 낸 〈대기자 김중배〉도 그렇다. 이런 책은 본인이 추진하거나 그 주변 지인들이 서두르는 것이 상례인데, 이 책은 그야말로 조상호 기획에 조상호 각본에 조상호 연출이다. 책만 그런 것이 아니라 출판기념회도 마찬가지다. 왜냐고 물었더니 그가 반문했다.

"우리는 모두 1980년대의 김중배에게 빚을 지고 있지 않습니까?"

그는 무슨 빚이 그렇게 많은지 김중배 선생과는 전혀 다른 분의 책도 수없이 냈다. 얼핏 보면 그런 책은 별것도 아닌 것 같지만, 그 책 안에는 60년을 열심히 산 한 인간의 족적이 고스란히 녹아 있다. 조상호는 그걸 안다. 그는 사람들이 그걸 간파하기를 권한다. 서점에서 100권도 팔릴 것 같지 않은 책을 호화판으로 내는 장사꾼 아닌 장사꾼. 그가 출판인 조상호다.

그는 자신을 돌아보는 글에서 '나무도 아닌 것이 풀도 아닌 것이'라는 명구를 들먹인 적이 있다. 박사학위를 얻은 학자이기도 하고, 책을 찍어 파는 업자이기도 하다는 뜻으로 그 구절을 끌어다 쓴 것으로 기억한다. 그런 의미에서 그가 나무도 아니고 풀도 아니라면, 장사가 될 법하지도 않는 책을 내주는 그는 무엇일까? 그런 그는 나무도 아니고 풀도 아닌 존재가 아니라 나무이기도 하고 풀이기도 한 존재다.

나는 조상호가 출판업에서 일가를 이룬 비결을 전혀 다른 곳에서 찾기도 한다. 용인술(用人術)이 그것이다. 그가 다스린 사람으로 이름이 있는 이도 있고 이름이 없는 이도 있다. 이름이 난 사람 가운데는 여러 번 국회의원을 지낸 신계륜 씨와 대통령 비서실장을 지낸 이병완 씨가 있다. 그들은 출판업에 뼈를 묻을 인물은 결코 아니었다. 잠시 피난처로 이용하거나 쉬어가는 곳으로 여겼을 것이다. 그 두 사람 말고도 그런 예는 많다. 역량이 넘치는 사람들이 한때나마 스스럼없이 묵고 가면서 나남에 그냥 지울 수 없는 자취를 남겼다.

이름이 없는 사람으로 나는 특히 두 사람을 들고 싶다. 요즘에 와서 무슨 이사니 뭐니 하는 직함을 달고 있기는 한 것 같은데 아직도 나는 그 두 사람의 이름이나 직함을 정확하게 알지 못한다. 다만 내가 기억하는 것은 그 두 사람이 갓 학생딱지를 뗀 청년으로 나남에 들어와 지금까지 거의 30년을 한결같이 궂은일을 도맡아 하고 있다는 사실이다. 이제 전무이사라는 중책을 맡고 있는 임건석 씨와 이사직을 맡고 있는 한기우 씨가 그들이다.

임건석 씨는 1982년 3월에 입사했다니까 나남에서 일한 지 어언 28년이 됐다. 그는 20대 후반에 입사해 이제 환갑을 눈앞에 두고 있다. 처음에는 서점에 책을 갖다주고 수금도 하다가 지금은 영업파트를 총괄한다. 이사인 한기우 씨는 26년째 나남을 지키고 있다. 23살에 나남에 입사해 지금 50이 됐다. 가장 귀찮은 서점관리가 그의 몫이다. 그는 지금도 급하면 내 연구실로 책을 직접 가져오곤 한다.

물론 이 두 사람 말고도 장기 근속자가 여럿이다. 편집부의 방순영 부장은 18년째 재직하고 있는 편집의 베테랑이다. 디자이너 이필숙 실장과 총무파트의 김선양 차장도 나남에서 일한 지 10년이 훨씬 넘었다. 성깔 고약한 사장 밑에서 10년, 20년, 30년을 견디다니 도가 터도 이만저만 튼 게 아닐 것이다. 아마 이들이 죽어 화장하면 사리가 한 됫박씩은 나올 게 틀림없다. 나는 언젠가 그런 이 가운데 한 이에게 이렇게 불평불만을 부추긴 적이 있다.

"조 사장 밑에서 일하기 힘들죠?"

그의 대답은 엉뚱했다.

"우리 사장님 오래 지켜보면 참 깊은 맛이 있는 분입니다."

"깊은 맛 좋아하시네."

대꾸는 그렇게 했지만 나도 안다. 조상호 사장은 분명 깊은 맛이 있는 사람이다. 그러니까 그 밑에서 여러 사원이 10년, 20년, 30년을 보냈을 것이다. 출판계에서 사주(社主)에게 이렇게 오래 충성하는 예는 그리 많지 않다. 하기야 조상호 사장을 좋아하는 사람이 어디 나남 안에만 있으랴. 받았기 때문에 베풀고 베풀기 때문에 받기도 하지만, 받은 것 없이 베풀고 싶어하는 사람도 나남 안팎에 수두룩하다. 그래서 인간 조상호는 성공한 출판인이다.

나남출판사가 창사 30주년을 맞이하였다. 대단한 일이다. 책이 사람을 만든다는데 그는 책을 30년 동안 2천여 권이나 냈다. 나남에서 출판한 내 책만 해도 공저를 합하면 열 권이다.

그러나 나남의 역사는 이제 시작일 뿐이다. 이웃 일본에 가면 1백 년 넘는 출판사가 수두룩하다. 나남 역시 생명력 넘치는 출판사로 1백 년, 2백 년의 역사를 이어갈 것이다. 개인이 아니라 조직이 나남출판사를 끊임없이 성장하게 할 것이다.

〈승무의 긴 여운, 지조의 큰 울림〉

조광렬 • 조지훈 선생 장자, 미국 뉴욕 거주

1968년 아버지께서 돌아가신 후 두 번에 걸쳐 간행된 전집 발간(일지사 및 나남출판)을 위시하여, 〈조지훈연구〉(고려대 출판부), 〈지훈 육필시집〉(나남출판), 서울 남산과 고향 주실에 세워진 두 곳의 시비(詩碑) 건립, 〈이달의 문화인물〉(문화관광부) 선정 행사 등 당신을 기리는 뜻 깊은 사업들과 행사들이 있었다. 그러나 2001년 〈지훈상〉을 제정하기까지의 경위에 대해서는 알려진 바가 없어 이에 관해 내가 아는 대로 간략하게 기술키로 한다.

〈지훈상〉은 1996년 〈조지훈 전집〉이 출판될 때 이미 잉태되었다. 그 당시 출판계약을 맺으면서 책이 나온 후 적당한 시기에 〈지훈상〉을 제정키로 한 것이다. 4년 뒤인 2000년 5월에 마침내 출범시키기로 하고 그 틀을 박노준·김인환 교수 두 분이 맡아서 진행했다. 규약·취지문·기타 시상에 필요한 크고 작은 문제들을 짚고 다진 후 그해 가을 위 두 분과 나남출판 조상호 사장은 최종적으로 홍일식 선생과 만나서 마지막으로 다듬고 점검하였다고 한다.

〈지훈상〉의 정체성과 그 기반을 더욱 튼실하게 다지기 위해 11월 9일 저녁 〈한국일보〉 송현클럽에서 아버지와 가까웠던 분들 30여 명이 모여 발기회를 갖고 취지문, 규약 등을 수정·보완했다. 초대 운영위원장에 홍일식 선생을 모셨다. 제1회 시상식을 그 이듬해인 2001년에 갖기로 한 것도 모두 발기인 모임에서 정해졌다.

올해로 7회를 맞기까지 숨은 공로자요 운영실무와 재원을 맡아오신 '나남출판'의 조상호 사장에 대해서 이야기할 차례가 되었다. 나로서는 그분을 독자들에게 소개한다는 것 자체가 부끄럽고 그분께 죄스럽다는 생각이 먼저 든다. 실상 나도 조상호

아버지께서 보여주신 문학과 인생, 학문과 행동의 일치를 이 땅의 모든 지성인이 지켜가야 할 삶의 지표로 삼고자 나남에서 제정한 〈지훈상〉 제 1회 시상식. 올해(2007년)로 7회째를 맞는다. 왼쪽부터 신용하, 김종길 선생, 〈지훈국학상〉 수상자 박경신 교수, 〈지훈문학상〉 수상자 이수익 시인, 홍일식 총장, 어머니, 나남 조상호 사장, 신일철, 박노준 선생.

고려대 교정에 세워진 조지훈 시비(2006. 9).

사장과는 일면식이 없다가 그분을 직접 만나 인사를 드리고 이야기를 나눈 일이 최근의 일이었다. 만리타국에서 살고 있다는 핑계만으로는 그분께 자식으로서, 또 맏이로서 무심했던 그동안의 나의 결례를 면할 수 없음을 잘 알고 있기 때문이다.

그동안 전화나 다른 통신수단을 통해 간접적인 인사와 감사의 예를 표해오기만 하던 터였다. 그러다 지난 2006년 9월, 고려대 아버지 시비 제막식 참석차 잠시 귀국했을 때 처음 상면했다.

짧은 시간이었으나 많은 이야기를 나눴다. 내가 그동안 결례할 수밖에 없었던 나의 살아온 얘기들이 대부분이었다. 그런 얘기들을 털어놓으면서 〈승무의 긴 여운, 지조의 큰 울림—아버지 조지훈의 삶과 문학과 정신〉의 집필이 마무리 단계에 있다는 말도 하게 되었다. 조 사장은 이에 대해 많은 관심을 보였다.

이 책과 더불어 미국 생활 에세이집 〈태초에 멋이 있었다〉도 함께 출판해 주었다.

다음날 파주출판도시에 새로 지은 사옥을(내가 건축을 전공했기도 하고 마침 그 사옥을 설계한 건축가가 내 바로 아래 동생 학열과 친구인 김영섭 씨였다) 구경할 겸 그곳을 방문했다. 사옥 신축에 많은 공을 들인 흔적과 조 사장의 취향과 정신세계를 짐작할 수 있는 건축물이었다.

듣던 대로 성공한 출판인이었다. 많은 이야기를 나누고 아쉽게 헤어질 때 조 사장이 내게 품위 있게 잘 만들어진 두툼한 책 한 권을 선물했다. 〈아름다운 사람들과 함께한 나남출판 4반세기〉라는 책이었다. 나는 미국으로 돌아와서 그 책을 읽고 조 사장에 대해서 모르고 있던 사실들을 많이 알게 되었다.

나남출판의 엘리베이터 안에는 작은 글씨로 "나남은 책을 만들고 책은 사람을 만듭니다"라고 씌어져 있었다. 결국 말을 바꾸면 '나남이 사람을 만든다'는 말이 된다. 대단히 야심찬 구호다. 나의 아버지를 흠모해서 자신도 고려대에 진학하고 사옥의 당호까지 지훈빌딩이라고 이름 붙였다. 이를 두고 혹자들은 "매일 자기 아들을 '지훈아, 지훈아' 부를 것이 아닌가. 이런 민망한 일이 어디 있겠나"라고 하는 사람들도 있을 것이다. 하지만 이것도 용기라면 용기일 수 있다고 본다. 생각하기 나름이다. 앞에서 〈중앙일보〉 기자가 언급한 것같이 '한 인물에 대한 흠모의 정을 자신의 삶 곳곳에 끼워 넣고 이를 기리는 것', 그럼으로써 그 순간순간마다 '지훈처럼 지금까지 살아왔는가'를 스스로에게 물으며 자신을 채찍질하며 자신의 삶의 지향점을 '지훈 정도의 격(格)'으로 정하고 그 목표를 향해 쉼 없이 자신을 끌고 가려는 의지라고 보아줄 수는 없을까. 존경하는 정신적 스승이 늘 감시하고 격려하는 속에 스스로가 서 있고 싶은 강한 열망 때문이라 생각해 줄 수는 없을까.

파주출판도시 내, 나를 배웅하러 그의 사옥 지훈빌딩을 나오면서 조 사장은 사옥 입구에 아버지의 시 〈인쇄공장〉을 동판에 새겨 놓은 것을 가리키며 꼭 자신을 위해 쓰신 시 같다고 했다.

나남출판 파주사옥 1층 입구 동판에 새겨진 아버지의 詩 〈인쇄공장〉.

"출판을 통해 어떤 권력에도 꺾이지 않는 정의의 강(江)처럼 한국사회의 밑바닥을 흐르는 힘의 주체를 그려보고자 했다"는 그, "자기 자신이 늠름하게 설 때만이 비로소 남도 인정할 수 있을 것이다"라는 그의 말을 신뢰하며 아버지께 직접 배우지는 못했으나 정신적 스승이신 나의 아버지의 훌륭한 제자로서 '넓은 자유에 맞부딪치는 늠름한 인물'로 우뚝 서 세인들에게 이를 인정받는 인물이 되기를 바라면서 그의 앞날을 위해 기도하였다. 상업성을 떠나 진정으로 존경하는 한 인물에 그토록 경도되어 있는 출판인의 드문 모습을 접한 희열감에 듬뿍 젖으면서.

그에 대한 나의 글이 이토록 길게 된 까닭은 그가 자진하여 아버지의 전집을 내고, 〈지훈상〉을 제정해서만이 아니라 그의 정신세계 속에 나의 아버지가 아들인 나보다 더 의연하게 정좌해 있어서 나를 감동시키고 있기 때문이다. 그 감동은 나의 이 졸저가 그의 출판사에서 나온다는 사실 자체마저 잊게 하기에 충분한 것이다.

(《승무의 긴 여운 지조의 큰 울림》, 2007. 나남)

언론 의병장의 꿈과 함께

윤백규 • 일신사 대표이사

나는 일신사라는 출판사의 사장이다. 1956년에 아버지가 시작한 가업을 1997년에 물려받았다. 사실 젊은 시절의 나는 출판업자가 될 생각은 전혀 없었다. 사주팔자를 보거나 내 취향이나 적성을 고려하더라도 나는 학자나 예술가가 될 타입이지 장사꾼이 될 사람은 전혀 아니었다. 하지만 아들이 하나뿐인 아버지의 생각은 달랐다. 그래서 아버지와 아들은 심한 갈등관계에 빠졌다. 서로 한 치도 물러설 생각이 없었다. 전쟁은 끝이 보이지 않았다.

나는 고려대 사회학과에서 석사를 마치고 군대를 마친 다음 박사과정을 준비하고 있었다. 그때가 1990년이었다. 그때 처음으로 나남의 조상호 사장님을 뵙게 된다. 지도교수가 회장이던 학회의 학회지를 만들기 위해 당시 서초동 서울교대 앞에 있던 나남출판사를 찾았다. 주택을 개조한 나남 사옥은 화려하지는 않았지만 나름대로 운치 있고 분위기가 밝았으며 많은 직원들로 활기가 넘쳤다.

책이 빼곡히 들어차고 긴 탁자가 놓인 사장실에서 뵌 조 사장님의 첫인상은 목소리가 크고 직선적이고 조금은 무례하고 권위적인 듯하지만, 자신감과 에너지가 넘치는 사람이었다. 그리고 그 첫인상은 지금도 전혀 변한 게 없다.

1990년 한 해 내내 나는 아버지의 전방위 압박에 시달렸다. 아버지는 온 친척들을 모조리 들볶으며 공격했다. 공부고 뭐고 그 어떤 일도 할 수 있는 상황이 아니었다. 나는 여러 선배, 친구, 선생님들을 찾아다니며 이 문제를 논의했다. 그러나 뾰족한 해답을 찾을 수 없었다. 남의 인생행로를 자신 있게 결정해 줄 만한 사람이 누가 있겠는가? 1990년 말에 나는 정신병원을 찾으려다가 한 명의 조언자를 더 만나보기로 결정했다. 그분이 바로 조상호 사장님이다.

불쑥 찾아온 나를 조 사장님은 "아 그 무대 같은 놈!" 여기서 무대란 수호지에 나오는 주인공 '무대'를 말한다. 별로 좋은 이미지의 주인공은 아니다. 아마도 어리바리한 놈이라는 뜻으로 해석될 수 있을 것이다. 어쨌든, 매우 바쁜 와중에도 의외로 나의 읍소(泣訴)를 주의 깊게 들어주셨다. 갑자기 찾아와 조언을 구하는 젊은 놈이 예뻐서가 아니라 그놈의 고민이라는 것이 출판업의 대(代)를 잇는 문제라서 그분의 관심을 끌었을 것이라고 추측한다.

조금도 망설이지 않고, "대를 이어라! 나도 우리나라 출판계에서 아들이 가업을 이어나가는 것을 보고 싶다. 네가 공부한다고 해서 교수라도 될 것 같냐? 교수가 됐다고 치자! 교수가 출판사 사장보다 나을 것 같냐? 네가 보기에 어때? 네 주변의 교수들이 훌륭해 보이냐, 아니면 내가 더 훌륭해 보이냐?"고 일갈했다.

조언은 한 시간이 넘게 이어졌다. 장사꾼이면 어떠냐, 우리 지위는 우리 스스로 높이면 된다라든가, 공부 좀 한 놈들이 자꾸 출판계에 들어와야 출판의 격이 높아진다 라든가 등 그때의 조언을 다 기억할 수는 없지만 내 뇌리에 박힌 것은 남의 인생에 대해서 서슴없이 판정을 내려버리는 결단력과 끝없이 움직이며 뭔가 일을 꾸미는 넘치는 에너지였다.

나는 이런 의문이 들었다. "이분이 자기가 한 말을 과연 책임질 수 있을 것인가?" 무엇보다도 나의 결심을 굳힌 이유는 지금 내 눈앞에 보이는 자기사업을 가지고 큰 꿈을 그리는 사업가의 모습이 상아탑 속에 안주하는 나의 미래의 모습과 너무나도 대조적으로 보였기 때문이었다. 나는 결국 아버지 회사를 맡기로 결정했다.

영업과장으로 창고에서 책 묶는 일부터 시작했다. 배달을 다니고 전국을 돌며 수금도 했다. 고상한 공부만 하던 학자가 대한민국의 밑바닥을 모조리 훑고 다니며 온갖 쓴맛 단맛 다 보며 사회조사를 하기 시작한 것이다. 그러다가 견디기 어려운 고통이나 해결하기 어려운 문제가 있으면 조 사장님을 찾아갔다.

찾아가서는 “사장님 때문에 내가 곤경에 처했으니 책임지쇼”라고 뻔뻔스럽게 조언을 구했다. 그때마다 껄껄 웃으며 자신 있게 해결책을 제시했다. 그 해결책들은 항상 지극히 현실적이며, 지극히 철학적이며, 경험과 고뇌에서 우러나오는 것이며, 항상 길게 먼 미래를 보는 것이었다. 본의 아니게 조 사장님은 나의 멘토가 되어갔다.

그러다가 조 사장님뿐만 아니라 나남이라는 출판사와 깊이 얽혀 들어가는 사건이 벌어진다. 여기에는 출판방식의 발전이 관련된다. 당시 출판사들은 조판작업을 할 때, 값비싼 전문장비와 소프트웨어와 숙련된 오퍼레이터가 있는 조판소라는 외주업체에 일을 맡겨야 했다. 그런데 1992년에 한글과컴퓨터라는 회사에서 새로 업그레이드된 ‘훈글 3.0’이라는 소프트웨어는 값도 싸고 사용법도 쉽고 일반 IBM 호환기종에서 사용할 수 있었으며, 무엇보다도 전문장비와 마찬가지로 출판에 필요한 필름출력이 가능했다. 게다가 도표 짜는 기능과 각주(脚註) 다는 기능이 완전 자동이어서 그 효율성은 전문장비를 능가했다. 단점이라면 서체가 다양하지 못하다는 것이었다. 그러나 일반 책을 만들기에는 부족함이 없었다.

나는 이 소프트웨어를 연구했고 온갖 시행착오를 겪어가며 결국은 책 한 권을 만들어내는 데 성공했다. 일반 단행본을 만드는 출판사라면 몰라도 나남이나 일신사처럼 학술서를 다품종 소량생산하는 출판사에게는 혁명적인 일이었다. 나는 이 좋은 소식을 전하기 위해 이 책을 들고 나남을 찾아갔다. 물론 조상호 사장님께서 무슨 일이 벌어졌는지를 이해하기를 기대하지는 않았다. 당연히 조 사장님은 내가 하는 소리를 알아듣지 못하셨다. 그러나 한두 해 지나 1994년 말 조 사장님이 갑자기 직원 두 명을 데리고 내 사무실을 찾아왔다. 그때의 대화는 이렇다.

"그 직접 컴퓨터로 조판한다는 거 그거 나도 좀 하자. 무슨 장비가 필요한가? 노트북이 필요한가?"

"아니오. 사장님 책상 위에 컴퓨터 있죠? 그거면 됩니다."

"그 다음에 무슨 소프트웨어가 필요하다고 했지? 값이 1~2백이면 되나?"

"아니오. 20만 원이면 되고요. 제가 알기로는 사장님도 그 소프트웨어를 갖고 계시던데요.'훈글 3.0'이오."

"그럼, 더 돈 쓸 일은 없고 그 다음에 어떻게 하면 되는 거야?"

나는 3명의 늙은 학생들이 보는 앞에서 책 만드는 법을 시연해 보였다. 필자에게서 들어온 원고파일을 순식간에 책의 모양으로 편집하는 것을 보여준 것이다. 조 사장님과 직원들은 책 만드는 요령을 하나하나 꼼꼼하게 필기하고 많은 질문들을 했다. 긴 시간의 강의가 끝나고 나는 이 일을 잊었다. 그러나 이 일이 상상조차 못할 끔찍한 일의 시작이라는 것은 그때는 정말 상상조차 못했다.

그 다음 해인 1995년 2월경으로 기억한다. 나남출판사 편집부 직원에게서 전화가 걸려왔다.

"윤 부장님(당시 나는 영업부장이었다.) 저희 좀 살려주세요! 부장님이 가르쳐주신 탁상출판 때문에 난리가 났습니다. 아무것도 안 되고 있고 우리는 퇴근도 못하고 있습니다."

나는 불길한 예감이 떠올랐다. 나는 조 사장님께 이 탁상출판을 전수할 때 분명히 다짐한 게 있었다. "제발 한 권만 해보고 성공하면 두세 권 늘려 나가세요. 이게 아무리 싸고 편하다고 해도 노하우가 쌓여야 정상적인 작업이 가능합니다."

조 사장님은 고개를 끄덕였지만 건성으로 듣는 듯했었다. 그래서 직원에게 물었다.

"지금 '훈글 3.0'으로 작업하는 책이 전부 몇 종입니까?"

"잘은 모르겠는데, 대략 25~6종 정도 되는 것 같습니다."

"그래서 제가 뭘 어떻게 해야 합니까?"

"저녁에 시간이 있으시면 저희 사무실에 들르셔서 좀 가르쳐주시면 안 되겠습니까?"

나는 눈앞이 캄캄해졌다. 대부분의 학술출판사 매출은 대학교재에서 발생한다. 대학교 개강이 3월 초이므로 교재의 인쇄는 2월 말에 다 끝나야 한다. 그런데 신간 20여 종이 2월 중순에 아직 편집도 안 끝나고 교착상태에 빠졌다는 것은 비상사태다. 게다가 그 책들의 운명이 소프트웨어 작동법에 숙련되지 않은 아마추어 오퍼레이터들에게 달려 있었다.

나도 바쁜 시기였다. 하지만 멘토가 위기에 빠졌는데 앉아 있을 수만은 없었다. 나는 저녁 때 일을 마치자마자 나남 사옥(당시는 서초동에서 양재동 지하철역 앞으로 옮겨간 후였다)으로 달려갔다. 도착한 시각은 8~9시경. 당연히 10여 명의 편집부 전 직원이 퇴근 못하고 끙끙 앓고 있었다. 나는 일단 사장실로 들어가서 항의했다.

"아니, 사장님 한 권만 해보라고 그렇게 신신당부했는데, 신간을 몽땅 다 걸어버리면 어쩌자는 겁니까? 나도 한 권 성공하는 데 8개월이 걸렸는데."

그러나 조 사장님은 태연하고 늠름했다. 이렇게 대답했다.

"아니야. 나는 할 수 있어! 나는 한다면 하는 사람이야!"

나는 기가 막혀서 사장실을 그냥 나와 편집부로 달려갔다. 직원들 하나하나를 붙들고 문제점을 들어보고 해결책을 알려줬다. 당시 나는 상당히 숙련되어 있었기 때문에 빠른 교습이 가능했다. 10여 명을 다 돌고 나면 누군가가 또 질문했다. 질문은 계속되었고 나는 계속 해결해야 했다. 정확히 기억은 안 나지만 꽤 오랜 시간 이 짓을 반복해야 했던 것 같다.

늦은 시각에도 퇴근 않고 사장실을 지키는 조 사장님은 여전히 늠름하고 태연했다. 게다가 짓궂은 농담까지 던져대며 심기를 긁어댔다. 더 이상 질문이 없을 때 간신히 탈출할 수 있었다. 귀가했을 때는 꽤 늦은 시간이었고 잠 잘 시간이 별로 남지 않았다.

그걸로 일이 끝나지는 않았다. 나남 편집부 직원들의 질문은 전화로 계속되었다. 며칠간 이 작업이 계속되었고 질문이 점차 뜸해졌다. 지옥에서 빠져나온 기분이었다. 그래도 일말의 걱정은 남아 있었다. 나남의 신간들이 제대로 나올까? 하지만 신경을 끊었다. 그러는 편이 정신건강에 이로웠다.

그해 3월 중순 경 교보문고에 들렀다가 나남의 신간들을 발견했다. 책들을 들춰보니 '혼글 3.0'으로 편집된 책들이 분명했다. 그리고 나는 놀랐다. 왜 놀랐을까? 여기에도 약간의 사연이 있다. 내가 '혼글 3.0'을 연구해서 책을 만드는 데 성공하기는 했지만, 전문조판소에서 조판된 책과 비교하면 뭔가 모양이 엉성했다. 나는 영업부장이었지 편집에는 문외한이었고, 글자를 예쁘게 배열하는 법은 전혀 몰랐다. 그런데, 그런 웃지 못할 우여곡절을 겪으며 어렵게 태어난 나남의 신간들에 박혀 있는 글자들은 너무나도 아름다웠다.

이번에는 내가 나남에 가서 배울 차례가 되었다. 조 사장님과 편집부장을 찾아다니며 책을 그렇게 예쁘게 만드는 요령들을 배워나갔다. 그러면서 본의 아니게 편집까지도 터득하게 되었다. 덤으로 나는 나남 직원들 사이에서 아주 친숙한 사람이 되어갔다. 말하자면 엮이고 만 것이다.

호랑이 등에 탄 〈고려대학교 90년사〉의 운명

나남출판사와 조상호 사장님과의 악연은 여기서 끝나지 않았다. 진짜 심각한 위기가 닥쳤다. 단언컨대 나는 두 번 다시 그런 일을 겪고 싶지 않다. 하지만 출판이라는 사업을 하면서 그런 일을 피하기는 어렵다. 그 후에도 비슷한 고난을 겪은 적은 있지만 그때의 사건만큼 심각한 일은 다행히도 아직 겪지 않았다. 또한 어떤 일이 벌어지더라도 결코 흔들리지 않고 일을 해결할 수 있는 강심장을 얻기도 했다.

이 일이 벌어지기 전까지도 나는 힘든 일이 있으면 계속 조 사장님을 찾아갔다. 조 사장님은 항상 명쾌한 답변을 주셨다. 꼭 조언이 아니더라도 이 사람의 기(氣)를 받기만 해도 심신의 피로가 풀렸다. 반대로 말하면 나는 점점 더 이 사람이 어떤 부탁을 해도 거절하기 어려운 사람이 되어갔다.

1995년 봄의 어느날 조 사장님에게서 전화가 걸려 왔다.

"너 나남에 와서 아르바이트 좀 해라."

"무슨 일인데요?"

"사보를 만드는 거야. 시간이 촉박해서 사람이 필요해."

"저도 바쁜데요."

"상황이 심각해서 그래. 낮에는 네 일 하고 밤에는 내 일 좀 해다오. 보수는 두둑이 주마."

"어느 회사 사보인데요?"

"고려인삼주식회사. 양장으로 약 천 페이지."

"원고 상태는요?"

"아직 다 들어오지도 않았어."

"언제까지 만들어야 하죠?"

"일주일 내로."

하늘이 무너지는 것 같았다. 1천 페이지 양장의 책을 만드는 데는 인쇄하고 제본하는 데만 일주일로도 빠듯하다. 나는 이런 상황에 대처하는 것을 '아폴로 13호 작전'이라고 부른다. 영화로도 만들어진 아폴로 13호는 달 궤도에서 사고를 일으키고 연료, 전기, 산소, 시간이 모두 턱없이 부족한 상태에서 끝없는 시뮬레이션을 통해 바늘끝 같은 가능성을 찾아 우주인 전원 무사 귀환이라는 기적을 연출했다. 나도 출판하면서 수없이 그런 일을 겪었다. 편집, 교정, 교열, 디자인, 필름출력, 필름교정, 재출력, 인쇄, 코팅, 접지, 제본, 배송의 전과정에 절대적으로 필요한 한계시간이라는 것이 있다. 이 한계시간에 아폴로 13호 작전이 시작된다. 밤샘은 물론이고 공정 전과정의 순서와 요령을 재조합하고 또 재조합하는 시뮬레이션을 거듭해서 가능성을 찾아야 한다. 바늘끝 같은 가능성이 열렸을 때 모든 과정이 한 치의 빈틈도 없이 맞물려 돌아가야 한다. 사소한 것 하나라도 빗나가면 작전은 실패하고 망하는 것이다.

그런데 방금 조 사장님에게서 들은 상황은 전대미문(前代未

聞)의 상황이었다. 아무리 머리를 굴려도 가능하다!라는 답이 나오지 않았다. 그래도 어쩔 수 없이 저녁 때 회사일과를 마치고 나남으로 출근해야 했다. 사장실에서 만난 조 사장님은 여전히 태연하고 늠름했다.

사정은 이랬다. 문제의 고려인삼주식회사는 고려대였고, 사보란 〈고려대학교 90년사〉였다. 6개월 전에 갑작스레 90년사 발간계획이 세워졌고, 급박하게 원고가 집필되기 시작했으며, 출판은 고려대출판부가 맡아야 했다. 그리고 이 90년사는 고려대 개교기념일인 5월 5일에 기념식장에 놓여 있어야 했다.

그러나 아직 원고조차 다 취합되지 않은 상태에서 기한 내의 출판이 불가능하다는 것을 깨달은 김민환 기획처장은 고민 끝에 이런 결론을 내렸던 것이다. "이 일을 해결할 사람은 나남의 조상호 사장뿐이다." 그래서 조상호 사장님은 고려대의 SOS 신호를 받았고 그 어처구니없는 읍소를 서슴없이 응낙했던 것이다.

도대체 어쩌자고 그랬을까? 고려대라는 곳은 참 재미있는 곳이다. 이곳에서는 가끔 외부인들이 생각하기 힘든 기이한 일들이 벌어진다. 옛날의 고려대는 정문을 들어서면 텅 빈 운동장이 제일 먼저 눈에 들어왔다. 나는 대학교재를 팔러 전국의 거의 모든 대학들을 돌아다녀 봤지만 이렇게 비합리적인 공간을 본 적은 없다. 그러나 이런 비합리성의 공간이 고려대 특유의 무모한 모험이나 열정 또는 해괴한 사건들의 근원일 수도 있겠다는 생각이 들었다. 지금은 이 공간이 철저히 합리적인 복합 구조물과 소나무·단풍나무 숲으로 빈틈없이 채워져서 오히려 조금은 아쉽다.

어쨌든 고려대는 어이없는 사고를 쳤고, 그 사고를 무모하게도 해결하겠다고 고려대 출신 출판사 사장 둘이 마주 앉았다. 그리고 나남의 편집부 직원 중에도 김꽃님 등 고려대 출신들이 여럿 있었다. 게다가 원고가 담긴 디스켓을 들고 들락거리며 교정을 보는 학생들도 전부 고려대생들이었다. 다시 학교에 입학한 기분이었다. 나는 신입생 환영회 때 양동이에 가득 든 막걸리를 원샷해야 했는데, 그런 어이없는 요구를 하는 선배들도 어이가 없었고, 그걸 다 먹고도 죽지 않은 나 자신도 어이가 없었다. 바로 그런 기분이 들었다.

상황은 생각보다 훨씬 더 어이가 없었다. 그날이 5월 1일 월요일이었다. 개교기념일은 5월 5일 금요일이었다. 사실상 남은 시간은 일주일이 아니라 3일 반 정도였다. 밤이 깊었는데도 10여 명의 직원들이 들어온 원고를 '훈글 3.0'에 걸어 닥치는 대로 편집하고 출력하여 교정을 보고 있었다. 학생들이 계속 새로운 원고를 들고 들어왔고, 그중에는 그 자리에서 옛날 자료를 보며 집필을 하고 있는 대학원 학생도 있었다.

조 사장님이 내게 시킨 일도 분명치 않았다. 닥치는 대로, 눈에 띄는 대로 일들을 처리해야 했다. 때로는 똑같은 작업을 두

명이 동시에 진행하는 사고도 벌어졌다. 일부 원고는 다른 워드프로세서로 작성되어서 '훈글 3.0'으로 변환했을 때 글자들이 깨지거나 간격들이 일정치 않게 배열되는 현상도 나타났다.

편집되어 출력된 교정지에 이런 일들이 벌어지자 항상 늠름하고 의연하던 조 사장님이 처음으로 짜증을 냈다.

"아! 정말 미치겠네!"

우리는 5월 3일 새벽까지 편집과 교정을 끝내고 필름출력을 시작하기로 계획을 세웠다. 그렇다면 제작을 위해 남은 시간은 약 30시간이다. 이 시간 안에 모든 공정을 마쳐야 한다. 내가 했다면 불가능했던 시간이다. 하지만 나남이 거래하던 한국 최대 인쇄소인 삼화인쇄는 모든 공정이 거의 다 한 건물 안에서 이루어지고 많은 인쇄기와 자동제본기를 보유했기 때문에 가능했을 수도 있다. 그렇다 하더라도 변칙과 밤샘작업이 필요했고 상당한 희생이 따랐을 것이다.

1일부터 3일까지 매일 저녁부터 새벽 5시까지 나남에서 일했다. 첫째 날에는 완전 난장판이었고, 둘째 날에는 어느 정도 윤곽이 보이기 시작했다. 나는 총책임자는 아니었지만 틈틈이 작업자들의 작업상황을 일일이 체크하며 중복작업 등의 트러블을 방지했고, 조 사장님이나 편집부장이 허둥댈 때 정보를 제공했다. 셋째 날 밤에는 여전히 혼란스러웠으나 점차 책 모양이 완성되어 갔다.

밤샘작업을 하다가 출출하면 컵라면을 사다가 먹었다. 그때

고려대학교 90년지(誌)(1995년).

조 사장님이 이런 말을 했다.

"나남 조 사장이 밤에 컵라면 끓여 먹였다고 소문내지 마라!"

새벽 동이 틀 무렵 최종 교정지를 뽑았을 때 여러 명이 쭉 훑어보고는 이상이 없다는 결론을 내렸다. 이상이 있다 하더라도 편집부장 혼자 손보면 되는 사소한 것들이었을 것이다. 이때 나는 비로소 지옥에서 퇴근할 수가 있었다.

그 후 나는 이 일에 신경을 끊었다. 그게 정신건강에 이로우니까. 나남으로부터 개교기념일 기념식에 참석하라는 연락을 받았으나 사양했다. 그 근처에도 가고 싶지 않았다. 책이 제 시간에 나왔는지 안 나왔는지도 관심 갖지 않았다. 다만, 한국 최대 인쇄소에서 악을 쓰며 작업을 독려하는 조 사장님의 모습만은 눈에 선했다. 며칠 후 조 사장님께서 덕분에 일이 잘 끝났다는 전화연락을 주셨다. 그리고 〈90년사〉는 자기가 만들었으니 〈100년사〉는 나보고 만들라는 말씀을 하셨다. 나는 기겁을 했다.

그 후에도 나는 조 사장님을 계속 찾아다녔다. 물어볼 것이 아직 많았기 때문이다. 1997년에 내가 사장직에 오른 후에는 물어볼 것이 더욱 많아졌다. 그러다가 햇수가 지나면서 나의 방문은 점점 뜸해졌다. 질문사항이 줄어들었기 때문이다. 마치 내게 '흔글 3.0' 작업요령을 묻던 나남 직원들의 질문이 뜸해진 것처럼 말이다.

2000년대에도 조 사장님과는 많은 에피소드를 만들어 나갔다. 특히 이 시기에 나는 아버지와 격한 갈등관계 속으로 들어갔다. 아버지 또한 고대 법대를 나와 조 사장님의 직속선배이고 해서 조 사장님은 우리의 갈등이 남의 일 같지 않았던 모양이다.

조 사장님은 차관급인 방송통신융합위원을 맡았던 바쁜 시기에도 틈만 나면 우리 사무실에 들러서 약속시간을 어겨가면서까지 우리의 갈등을 중재하기 위해 몇 시간을 소비하다 가시곤 했다.

그때마다 조 사장님에 대한 아버지의 평가는 180도로 바뀌었다. 처음에는 "조 사장 저 사람 능구렁이야" 그랬다가 "조 사장 저 사람 장관 한자리 해먹을 사람이야. 잘 사귀어 두라우" 그랬다가 "조 사장 저 사람 무서운 사람이야. 조심하라우" 그러시곤 했다.

어떤 사람이 다른 사람을 평가할 때는 자기 자신의 코드와 부합하는 측면만을 가지고 한다는 말이 있다. 어떤 한 개인을 사막으로 해석하는 사람도 있고, 산으로 해석하는 사람도 있고, 바다로 해석하는 사람도 있다. 그러나 여러 사람들이 그 개인을 그렇게 다양하게 해석할 때는 그 사람 안에 산, 바다, 사막이 모두 다 담겼기 때문인 경우가 많다. 그리고 자기 자신이 사막인 사람은 상대방의 사막만을 보게 마련이다.

나는 조 사장님을 '일꾼'으로 규정한다. 언제 찾아뵈어도 항상 교정지를 들여다보거나 컴퓨터 모니터를 보며 수정작업을 하고 계셨다. 그리고 항상 새로운 일을 꾸미셨다. 이제는 연세가 꽤 되셨는데, 저런 작업이 가능할까?

조 사장님께서 요새 나무 심는 데 관심이 많은 것은, 눈이 잘 안 보이기 시작하고 새로운 맞춤법이나 컴퓨터 작동법을 익히기 어려운 나이가 되자 이제 편집일에 대한 미련을 버리고 나무로 눈을 돌린 것일 것이다. 그래서 조 사장님은 천생 일꾼이다. 그 이상 무슨 해석이 더 필요한가? 조 사장님이 계속 건강하시고 '나무 심는 사람'의 꿈을 꼭 이루시기를 기원한다.

(2009. 9.)

풀무쟁이 相浩 兄

이병완 • 전 대통령 비서실장

1

30년 이상 서로를 깊숙이 공유하면서도 한 번도 그이의 이름을 불러 본 적이 없는 상대가 과연 몇 명이나 될까. 새삼 곰곰 되새겨 보지만 언뜻 떠오르지가 않는다. 다만 그이를 빼고는.

조상호, 내가 그이를 만난 이후 30여 년을 한 번도 그 이름을 불러 본 적이 없다. 단지 그이는 내게 '형'이었을 뿐이다. 어느 자리, 어느 시간대에 그를 만나도 나는 그를 그냥 '형'이라고만 불렀다. 만약 그를 만난 자리와 시간이 그를 '형'이라 부를 수 없는 조건이었다면, 나는 그를 부르지 않으면 되었다. 그래도 그는 나에게는 그냥 '형'이었기에 그를 달리 부를 수 없었다. 그런데 그런 시간과 자리는 다행히도 한 번도 없었다. 그는 아직까지 야인(野人)을 자처하며 살아가고 있기 때문이다.

그런 그이가 나를 부를 때는 꼬박꼬박 챙겨준다. 이 기자, 이 부장, 이 위원(논설위원), 이 비서관, 이 수석, 이 실장…, 지금은

나남수목원에서 우리 내외와 함께(2013년 추석 무렵).

나를 이 교수(한양대 초빙교수)라 불러준다.

왜 그럴까, 이제야 생각해 보았다. 그는 지금까지 한자리를 맴도는 나이테를 가꾸고 있었다. 대신 남의 나이테를 챙기며 자신의 나이테를 가늠해 보는 것은 아닐까. 그랬던 형이 결국은 이순(耳順)을 맞고 말았다. 남의(혹은 나의) 나이테만을 헤아리며 자신의 나이테를 거부했던 형도 별수 없이 이순(耳順)의 나이테에 갇혀 버렸다.

통쾌하다. 형도 별수 없이 세상의 통과의례를 벗어날 순 없으리란 생각에 절로 통쾌하다. 형이 남을 보며 세상을 살았던 인생에 한 번쯤 자신을 내려다보는 즐거운 '강제의 굴레'가 있다는 것도 알아야 하기 때문이다. 그래서 이순(耳順)일 것이다.

2

그는 인생의 반을 먹물들의 포만한 배고픔을 풀어주며 살아왔다. 그리 살다보니 사업이 되었고, 사업은 성공했다. 갈증과 허기의 사업을 그는 성공시켰다. 성공하면 '업'이 될 줄을 그는 본능적으로 알았으리라. 먹물들은 갈증과 허기가 한계점에 다다르면 때로는 소리 지르고, 때로는 뒹굴고, 때로는 술과 담배로 밤을 지새우다 결국은 '쓰고 만다'는 것을 그 스스로 체험했기 때문이다.

자신의 체험은 자신의 한계가 아니라 자신의 한계를 극복하는 고민을 낳았다. 스스로 내지르고 싶었던 악다구니들을 질그릇으로, 분청사기(粉靑沙器)로, 아니면 배설의 요강으로 구워내자는 자신과의 싸움이었다.

인왕산 자락에 자리한 신혼 아파트에 맨 처음 불구덩이를 만들었을 때 그는 미친 사람이었다. 낮엔 수출입은행에서 돈을 벌고, 밤엔 불구덩이에 원고지를 쑤셔 넣으며 불을 돌렸다.

내가 그이를 만난 것은 그때였다. 연기가 밖으로 새지 않도록 방 안에서 풀무질을 하고 있던 그이를 만났을 때 나는 36개월의 군복무를 마친 3학년 복학생이었고, 실은 백수였다.

문화촌으로 가는 165번 버스를 서울여상 다음에서 내려 막 골목으로 접어드는 가각(街角)에 약국이 불을 밝히고 있었고, 그 안에 3년 전에 잃어버렸던 '형'이 있었다. 약국 주인이 '형수'였다. 건너편 두 칸짜리 아파트의 형님 집에 얹혀 있던 내게 약국과 '나남'의 불구덩이는 천혜(天惠)의 피난처였다. 무시로 드나들며 박카스를 얻어 마시고, 그 아파트 살림집에 차려진 '나남'에서 같이 종이 쏘시개로 풀무질하는 재미가 참 쏠쏠했다.

버트런드 러셀의 〈희망의 철학〉이 나오던 그때 나는 어느새 출판인이 된 듯한 착각을 했었다. 정녕 그때는 형도 나도 희망이 필요했다. 시대는 더욱 암울해지던 1979년 말. 뭔가 붙들지 않으면 흙탕물에 떼밀려 실종돼 버릴 것 같던 그 시절, '나남'은 내 희망의 풀무질을 할 수 있었던 내밀한 은신처였다.

그러던 어느 날 〈한국일보〉에서 내게 전보 한 통이 배달됐다. 기자시험 1차 합격 통지서였다. 지금도 그렇지만 그때 〈한국일보〉는 학력제한이 없었다. 창업주인 왕초 장기영 선생이 고졸이었기 때문이다.

'형'에게 달려갔다. 그이가 감격해 줬다. 그리고 그이의 가슴 속 한켠에 묻혀 있던 풀지 못한 꿈이 무엇인지 알게 되었다.

"내 꿈을 자네가 이뤄주게. 기자가 되어 언론인이 되는 게 내 꿈이었네. 하지만 나는 언론사업을 할 걸세!"

예상대로 2차에서 미끄러졌지만, 내게 언론진출의 힘을 항상 부채질해 주었다.

그리고 다음해, 그 5월이 오고 말았다. 동아방송의 박종렬 선배, 친구인 동양통신의 이재욱 기자와 함께 19일 새벽열차로 광주를 갔다 20여 일 만에 돌아온 내게서 광주의 이야기를 듣던 형이 눈물을 쏟았다.

광주에 갔던 박 선배가 구속되고 며칠 후 고대 총학생회장을 맡고 도피 중이던 신계륜이 '나남'으로 잠입했다. 흑백 TV에선 시간마다 계엄당국에 지명수배된 신계륜의 얼굴이 벽보처럼 나왔다. 매일 형이 쥐여주는 도피자금을 들고 나와 신계륜의 영화인생이 시작되었다. 이른 아침 '나남'을 나와 동네 영화관에서 조조 프로그램부터 땅거미가 질 무렵까지 동시상영 영화를 섭렵하는 고통 속에서 잠시 누리는 즐거운 시간이었다.

그런데 약국 주변이 어느 날부터 이상했다. 못 보던 얼굴들이 맴돌고 있었다. 형이 며칠째 밤늦게 들어왔다.

"아무래도 안 되겠다. 계륜이를 화곡동 누님 집으로 옮기자."

화곡동에 신계륜을 인계하고 오던 차 속에서 형이 한숨을 쉬었다. 형의 친구 집 몇 곳을 수배해 봤는데 거절당했음을 알았다. 그리고 며칠 후 신계륜이 구속되었다. 누나 집을 드나들던 파출부 아주머니의 신고였다. 형이 또 눈물을 쏟았다.

한참 뒤 신계륜이 옥살이를 마치고 다시 '나남'에 왔다. 그래서 정했다. 내가 '나남'의 초대 주간, 신계륜이 2대 주간이 되기로 그냥 정해 버렸다. 가장 자랑스런, 그러나 숨겨진 내 이력의 출발이 그렇게 시작되었다.

3

나는 요즘 '나남'을 즐겁게 팔고 다닌다. 언론생활 20여 년을 보냈다고 해봐야 '먹물'들로부터 사갈시의 대상일 뿐인 시대환경에서 '나남' '초대 주간'이라는 이력은 정말 쓸 만한 신뢰의 뿌리로 인정해 주기 때문이다.

언뜻 '이병완이도 그냥 하루살이 인생은 아니었구나' 하는 무언의 표정을 읽을 수 있기 때문이다. 형이 이룬 그 언론사업의 뜻을 이제 알게 된 셈이다. 정파에 휘몰리고, 이념에 찢겨지고, 사익에 몰두돼 감히 '언론'이라는 말을 내뱉기도 민망한 우리 언론현실에서 '나남'이 이뤄놓은 진정한 언론의 힘을 발견한다. 언론 의병장(義兵將)을 자처하는 형에게서 언론 의병의 참뜻이 읽혀진다.

그런 '형'이 다시 꿈꾸기 시작했다. 들꽃과 나무에 빠지더니 경기도 포천 신북에 어느새 '山' 하나를 만들겠다고 나섰다. 책들이 안식할 '山'을 만들겠다는 것이다. 책은 물건이 아니다. 책은 정신이고 문화이고, 문명이다. 그런 책들이 아파트를 옮길 때마다 철지난 옷가지처럼 버려지고 있음에 그는 참을 수 없었으리라. 하물며 그 책을 쓴 이들의 뇌수(腦髓)가 흠뻑 담겨 있는 책들마저 어느새 모두의 손사래의 대상이 돼버린 데 대해 그는 분노하고 있었다. 개새끼, 괭이새끼들도 몇십만 원씩 들여 장사(葬事)를 지내주면서, 인생의 피가 되고 살이 된 책들이 저자나 필자의 사후에 갈 곳을 잃어버린 채 고물상마저 외면하는 현실을 지켜볼 수 없었다.

나는 형이 꿈꾸는 그 '山'이 어떻게 나타날지 궁금하다. 다만

'형'이 책들의 '山'에 무엇을 담을 생각인지 짐작이 갈 뿐이다. 책들의 '山'에 들어선 그 시각부터 우리들은 뭉클한 문화의 향내에 가슴앓이를 하게 될 것이란 상상이다. 그 산에서 '형'도 빠져나올 수 없으리라는 것을 나는 안다. 형이 동행(同行)을 원하면 어쩌지… 하는 마음 졸임이 벌써 나를 설레게 한다.

1979. 5. '도서출판 나남' 창립(서울시 서대문구 등록: 제 1-71호)
7. 첫 책으로 리처드 바크의《어디인들 멀랴》(정현종 역) 출간.

1980. 4. '나남신서 1'로 버트란트 러셀의《희망의 철학》(이극찬 역) 출간. 이후 2022년 4월 '나남신서 2103'인 한국개발연구원(KDI) 기획《코리안 미러클 ⑦》까지 나옴.
11. 번역가 이윤기의 초기 작품으로, 로빈 쿡의 소설《스핑크스》출간.

1981. 2. 대학 때부터 존경하는 명문장가 김광희(동아일보 체육부장) 에세이《영광을 몰고 다니는 사람들》출간.
3. 이병완, 김대호, 정병규(디자인)가 제작한 〈고대신문〉의 칼럼집《냉전(冷箭)·지성의 열풍지대》출간.
3. 임건석 입사. 지금은 40년 근속의 전무이사
4. 현대 프랑스의 대표적 정치학자 모리스 뒤베르제《정치란 무엇인가》전북대 배영동 교수 번역으로 출간.
5. 종로구 공평동 34 고려대 교우회관 4층으로 이전.

1982. 5. 관동군 세균전 이시이 제 731부대의 공포의 취재비화인《악마의 포식》(森村誠一, 신찬균 역) 출간. 일제의 잔혹한

생체실험 '마루타'의 피맺힌 영혼의 절규는 오랫동안 회자되었다.

9. 리비아 카다피를 파헤친 추리정치소설《각하의 분노》(라피에르, 박순식·심지연 공역) 출간. 표지는 〈타임〉지 표지인물을 사용했고 제목도 잘 붙였다. 리비아 공사관의 항의를 받은 리비아 대수로공사 진출을 염두에 둔 정부가 판매중지를 사정했다.

11. 발행인의 학생운동 시절 유명한 교재였던 미키 키요시(三木清)의《철학입문》을 '편집부 번역'으로 출간.

1983. 6. 신계륜 편집장 번역인《러시아 혁명》 출간을 계기로 비판적 사회과학 출판 시작.

7. 이청준의《황홀한 실종》으로 '나남문학선' 출간. 이후 2013년 김우창 문학선《체념의 조형》까지 51권의 문학선 출간.

9. 셔먼·우드의《새로운 사회학의 이해》(남춘호 역) 출간. 이 책은 비판적 사회학에 대한 소개로 금서가 됨.

11. 서대문구 충정로 3가 270(대왕인쇄 3층)으로 이전.

11. 김대식 박사(텍사스 오스틴대)의 *TAE KWON DO: Complete Taegeuk and Palgwe Forms & Readings*를 시작으로 *Tae Kwon Do Free Fighting, Complet One Step Fighting* 등 태권도 시리즈 8권을 영문으로 출간하여 미국 수출.

1984. 2. 윤희중(이화여대 신문방송학과)의《한국의 정치커뮤니케이션 연구》 출간으로 신문방송학 교과서 시작.

2. 유재순 르포집《서울서 팔리는 여자들》 출간.

3. 오택섭(고려대 신방과)의 《사회과학데이터분석법》, 홍기선의 《커뮤니케이션론》 출간을 계기로 커뮤니케이션 분야의 책을 본격적으로 출간 시작.
6. 동아방송 라디오 DJ 최동욱의 《오너드라이버 백과》 출간. 1989년 《환상의 드라이브 코스 ⑤》까지 출간하여 실용서의 백미를 이룸.
8. 서영은의 《황금깃털》로 나남창작선 출간 시작. 이후 2022년 김풍길의 《황금삼족오》까지 180여 권의 창작선 출간.
11. 신인섭(편)의 《광고실무론》 출간으로 광고커뮤니케이션 분야의 책 출간 시작.

1985. 1. 나남의 트레이드마크인 "나남출판사의 책은 쉽게 팔리지 않고 오래 팔립니다"라는 캐치프레이즈 채택.
1. 최일남의 문화산책 《기쁨과 우수를 찾아서》로 '나남산문선' 출간 시작. 이후 2013년 김승희의 《1/4의 나와 3/4의 당신》까지 80여 권의 산문선 출간.
5. 차배근(서울대 신문학과)의 《중국 근대 언론사》, 《태도변용이론》 출간.
11. 강인한 시인의 《우리나라 날씨》를 시작으로 나남시선 출간. 이후 2021년 남찬순의 《바람에게 전하는 안부》까지 100여 권의 시집을 출간함

1986. 4. 1백 년 우리나라 광고의 변모와 정착을 고찰한 신인섭의 《한국광고사》 출간.
8. 이문열의 소설 《그대 다시는 고향에 가지 못하리》 출간.

9. 차배근(서울대 신문학과)의 《미디어 효과이론》 출간.

11. 주례 선생님이었던 이희봉 박사 고희기념논문집 《법학과 민사법의 제문제》 발간.

12. 카피라이터 이만재의 《실전카피론: 카피라이터, 카피라이팅의 세계》(전 2권) 출간.

1987. 4. 김중배(동아일보 논설위원)의 《하늘이여 땅이여 사람들이여》 출간. 이 글들은 실질적으로 6월 민주화를 이끄는 기폭제가 됨.

5. 김대식 박사의 영문 책 《호신술》 2천 부, 영문 책 《무도와 철학》 1천 부, 《태권도 지도이론》 1천 부를 미국으로 수출.

8. 김준엽(前 고려대 총장)의 회고록 《장정》(나의 광복군 시절) 출간. 이후 2001년 11월에 《장정》(전 5권) 완간.

10. 서울교대 앞 서초구 서초동 1625-11로 사옥 이전.

10. 김준엽의 《장정》, 한국일보사 제정 제 27회 한국출판문화상 저작상 수상.

12. 발행인, 한국방송광고공사 제 8회 한국방송광고대상 공로상 수상.

1988. 5. 언론계의 미래를 예언하여 필독서가 된 《신문제국의 흥망》(杉 山隆男, 이완기 역) 출간.

8. 한국미래학회의 《미래를 되돌아본다》, 《미래를 묻는다》 출간.

9. 반년간지 〈사회비평〉 창간(편집위원 김인환·오생근·이성원·임현진) 이후 계간지로 개편, 재창간을 거듭하면서

2007년까지 20여 년간 발행.

10. 서울올림픽으로 월북·재북 문인들 해금(解禁). 《너 어디 있느냐: 해금시인 99선》(김윤식 편) 출간. 다음 해에는 《애수의 美, 퇴폐의 美: 해금수필 61편 선집》 출간.

1989. 1. 강현두·김우룡 공편 《한국방송론》 출간.

3. 김형국(서울대 환경대학원) 《도시시대의 한국문화》 출간.

4. 나남출판 창립10주년 및 나남신서 100호 출판기념식(《현대방송이론》, 손용 저). 프레스센터.

5. 사회과학원(이사장: 김준엽)의 계간 〈사상〉 발간. 이후 2004년 봄호까지 15년간 발간.

7. 제 12회 한국출판학회상(기획편집 부문) 수상.

7. 한국교육학계의 원로 정범모 한림대 총장의 《미래의 선택》, 《인간의 자아실현》, 《한국의 내일을 묻는다》, 《학문의 조건》, 2008년 《한국의 세 번째 기적: 자율의 사회》까지 출간.

8. 소설가 김동리와 《손소희 문학전집》(전 11권)을 출판 계약하여 1990년 6월 완간.

11. 〈사회비평〉 편집위원으로 송호근, 서병훈 보임.

1990. 1. 김진현의 《한국의 선택》으로 전경련의 제 1회 '자유경제출판문화상' 수상.

2. 프랑스 철학자 미셸 푸코의 《성의 역사》(전 3권) 출간. 푸코를 국내에 소개, 폭넓은 독자층 확보. 이후 오생근 역 《감시와 처벌》, 이규현 역 《광기의 역사》, 2019년 오생근 역 《성의 역사 ④: 육체의 고백》까지 완역 출간.

2. 김광희(동아일보)의 《세계경제 삼국지》 번역. 저작권자인 일본 〈아사이신문〉을 방문, 내기바둑으로 저작권 해결.
3. 언론학계의 베스트셀러가 된 《매스미디어와 사회》(최정호·강현두·오택섭 공저) 출간.
3. 앤토니 스미스 《세계 신문의 역사》(최정호·공용배 공역) 출간.
5. 한국사회학회의 《한국사회의 비판적 인식》을 시작으로 '사회비평신서' 출간. 이후 임희섭·양종회 공편 《한국의 시민사회와 신사회운동》까지 70여 권의 비평신서 출간.
10. 정진석(외대 신방과)의 《한국언론사》 출간.
12. 《한국사회의 세대문제》로 사회과학연구 총서 출간 시작.
12. 《방송대사전》 출간으로 방송문화진흥회로부터 공로 감사패를 받음.

1991. 1. 이강수(한양대)의 《현대 매스커뮤니케이션 이론》 출간.
4. H.알철의 《지배권력과 제도언론》(강상현·윤영철 공역) 출간. 이후 동 저자의 《현대언론사상사》(양승목 역) 1993년에 출간.
11. 한림대 사회조사연구소(송호근)의 지방화시대의 사회문화 공동체로서 춘천을 분석한 《춘천 리포트》(전 3권) 출간

1992. 6. 한승헌 변호사의 《정보화시대의 저작권》 출간.
8. 국제정치학 분야의 베스트셀러 《현대국제정치학》(이상우·하영선 공편) 출간.
8. 김영주의 《신기론으로 본 한국 미술사》 출간. 이후 이 책

을 좀더 체계화하여 1997년에《한국미술사》로 재출간.

1993. 1. 박경리 대표 장편소설《김약국의 딸들》출간. 장편소설《토지》와 짝하며 50만 부를 넘는 베스트셀러가 됨.

2. 방순영 입사. 지금은 30년이 다 되는 편집이사.

3. 서울대 사회복지학과 최일섭 교수의 기획으로 사회복지학 총서' 출간 시작. 이후 2021년까지 120여 권의 '사회복지학 총서' 출간.

5. 나남출판 C.I 제정(디자인 정석원).

NANAM
나남출판

나남출판

5. 매일경제신문사 제 20회 한국광고인 대상(학술상) 수상.

7. 한국미래학회의 '한국인의 삶' 시리즈인《산과 한국인의 삶》(최정호 편) 출간. 이후《물 …》,《하늘 …》,《정보화 …》,《멋 …》,《땅 …》,《불 …》, 2019년《한국미래학회 50년》까지 계속됨.

10. 성곡언론문화재단(이사장: 한종우)의 계간〈언론과 사회〉창간. 2011년 겨울호 제 19권 4호를 발간.

1994. 1. (주)나남출판으로 법인 등록.

5. 이종범(고려대 행정학과)의《전환시대의 행정가》출간을 시작으로 행정학 분야 출간 시작.

6. 양재역 건너편 서초구 서초동 1364-39 지훈빌딩 신사옥

으로 이전. 창립 15주년 기념식을 가짐.

6. 최장기 스테디셀러(2020년 45쇄)가 된 미셸 푸코《감시와 처벌: 감옥의 역사》(오생근 역) 출간.

6. 《나남문학1: 김약국의 딸들을 읽고》(박경리 장편소설 독후감공모 작품집) 출간.

7. 대통령자문 21세기위원회《21세기 한국과 한국인》출간.

7. 사회과학연구총서 *Elite Media admist Mass Culture* 출간.

8. 한수산의 장편소설《먼 그날 같은 오늘》출간.

1995. 1. 장준하선생 추모문집《민족혼·민주혼·자유혼》출간.

4. 한승헌 변호사의 주관으로《동학농민혁명 100년》(김은정 외 공저) 출간.

5. 위머·도미니크의《매스미디어 조사방법론》(유재천·김동규 공역) 출간.

5. 무모한 열정과 헌신으로 해낸《고려대학교 90년지》제작. 컴퓨터 출판으로의 위대한 변신의 디딤돌이 되었음.

5. 나남신서 400호(《인물한국언론사》, 정진석 저) 출판기념식.

9. 이필숙 입사. 지금은 30년이 다 되는 디자인 실장.

10. 발행인, 중국 북경대 "한국 전통문화" 국제학술회의 참석. 북경에서 김준엽《장정》중국어판(我的長征) 출판기념회.

1996. 2. 〈사회비평〉 제 14호부터 편집위원을 송호근·서병훈·김용학·염재호·윤혜준·정호근으로 개편.

2. "거짓과 비겁함이 넘치는 오늘, 큰사람을 만나고 싶습니다."《조지훈 전집》(전 9권) 출간.

3. 이문영(고려대 행정학과)의 《논어맹자와 행정학》 출간.

3. 조중훈(대한항공 창업자) 자서전 《내가 걸어온 길》 출간.

4. 김민환(고려대 신문방송학과) 《한국언론사》 출간.

5. 20세기 독일의 사상가 위르겐 하버마스 방한을 계기로 그의 사상을 소개하는 《하버마스의 사상》을 비롯하여, 《현대성의 새로운 지평》(하버마스 서울 강연), 《도덕의식과 소통적 행위》, 《공론장의 구조변동》 등을 번역 출간. 이후 《이질성의 포용》, 《사실성과 타당성》, 《인간이라는 자연의 미래》, 《의사소통행위이론》(전 2권) 등이 번역 출간됨.

6. 《한국의 미래와 미래학》(김형국 편) 출간.

6. 한국전쟁을 역사사회학적 정치적으로 조망한 박명림의 《한국전쟁의 발발과 기원》(전 2권) 출간. 1997년 월봉저작상 수상.

8. 한국 최초의 완역판 《헤겔미학》(전 3권, 두행숙 역) 출간.

9. 《이홍구 문집》(전 5권) 출간.

10. 10월 18일 경기도 파주시 검산동 117-12번지에 부지 4,000평, 창고 1,600평 규모의 '현대출판유통'을 기공하여 1997년 2월 6일에 완공함.

1997. 2. 《조지훈 전집》으로 한국일보사의 제 37회 한국출판문화상 수상.

5. 1980년 언론인 강제해직의 진상을 담은 《80년 5월의 민주언론: 80년 언론인 해직백서》 출간.

8. 발행인, 언론학 박사 학위수여. 《한국출판의 언론적 기능과 시대적 역할에 관한 연구: 권위주의 체제하(1972~1987)

의 사회과학 출판을 중심으로》.

1998. 1. 송호근《또 하나의 기적을 향한 짧은 시련: IMF 사태를 겪는 한 지식인의 변명》 출간.

3. 발행인, 한국출판협동조합 감사(1998.3.~2000.2.).

3. 정보사회에 관한 담론을 담은《정보사회의 이해》(정보사회학회 편) 출간.

5. '대중문화'를 넓이와 깊이에서 입체적으로 조명한《현대사회와 대중문화》(강현두 편) 출간.

9. 현대 한국사학 100년을 정리한 조동걸《현대한국사학사》 출간.

10. 월간 〈복지동향〉 창간. 2000년 12월 제 27호까지 발간.

11. 마루야마 마사오의《충성과 반역: 전환기 일본의 정신사적 위상》(박충석·김석근 공역) 출간, 1999년 아시아태평양출판협회(APPA) 출판상 번역상 수상.

1999. 1. 일본 최대의 고전 일본문학의 원형적 특성인《겐지 이야기》(源氏物語)[전3권, 전용신(前 고려대 교수) 역] 완역 출간.

2. 한국재벌의 문제점을 다양한 각도로 분석한 참여연대 참여사회연구소《한국재벌개혁론》(김대환·김균 공편) 출간.

3. 함성득(고려대 행정학과)의《대통령학》을 시작으로 '나남 대통령학총서' 출간. 2004년 총서 10권까지 출간.

5. 나남 창립 20주년 및 나남신서 700호(발행인 저서《한국언론과 출판 저널리즘》) 출판기념식(프레스센터).

5. 반년간 〈사회비평〉을 계간으로 변경, 재창간.

6. 백범 김구 선생의 서거 50주년 기념《백범김구전집》(전 12권) (대한매일신보사) 출간.

8. 《한국의 5대 재벌백서 1995~1997》(참여연대) 출간. 2005년에는 후속작,《한국의 재벌》(전 5권) 출간.

12. 《전환시대의 논리》,《우상과 이성》의 저자 리영희 선생 고희(古稀) 기념《동굴 속의 독백》출간.

2000. 2. 대통령 자문 정책기획위원회(한상진 위원장)《새천년 비전과 정책시리즈》(전 7권) 출간.

4. 이승만 대통령 박사학위 논문《전시중립론》(정인섭 역) 출간.

5. 계간 〈포에지〉 창간(주간: 황현산, 편집위원: 김혜순·김진수·최현식). 이후 제 8호인 2002년 봄호까지 발행.

11. 계간 〈사회비평〉 재창간(편집주간: 김진석, 편집위원: 조병희·장석만·권성우).

2001. 5. 조지훈 선생의 고결한 뜻을 계승하여 전통과 창조, 지식과 행동의 균형을 항상 새롭게 성취하기 위하여 〈芝薰賞〉 제정(운영위원장: 홍일식). 제 1회 芝薰賞(문학상: 이수익, 국학상: 박경신). 이후 芝薰賞은 2022년 제 20회(문학상: 이민하)까지 계속되고 있음.

5. 미공개 자료 조지훈《지훈육필시집》출간.

10. 남시욱(동아일보)의《인터넷시대의 취재와 보도》출간.

12. 여러 학파 이론의 장단점을 잘 간추려 한글로 쉽게 서술한 남동원의《주역해의》(전 3권) 출간.

2002. 1. 한국 소설의 처음과 끝으로 불리는 박경리 대하소설《토지》(전 21권) 출간. 10년간 200만 부가 팔리는 초대형 베스트셀러.

4. 백범학술원이 김구선생의 해방 후 기록까지 펴낸 백범학술원 총서《백범일지》(전 2권) 출간.

6. 민족주의의 전파와 기원을 다룬 베네딕트 앤더슨의《상상의 공동체》(윤형숙 역) 출간.

10. 홍인근의《이봉창 평전》출간.

10. 막스 베버의《'탈주술화' 과정과 근대》(전성우 역) 출간.

11. 한국 전쟁 6개월의 현장을 재구성한 박명림의《한국 1950: 전쟁과 평화》출간.

2003. 3. 정보화 사회의 매스미디어 이해를 위한 올 컬러판《미디어와 정보사회》(오택섭·강현두·최정호 저) 출간.

6. 미셸 푸코를 이 세상에 알린 기념비적 작품. 이성과 비이성 권력의 관계를 밝힌 명쾌한 통찰《광기의 역사》(이규현 역) 출간.

9. 제 4회 나남출판 독후감 공모(1천만 원 고료) - 박경리《김약국의 딸들》.

10.《나남문학2: 신들의 전장, 생명의 불꽃》출간(제 3회 나남출판 독후감 공모작 모음집).

10. 반민특위 문제를 학문적으로 접근한 이강수(정부기록보존소)의《반민특위 연구》출간.

10. 미셸 푸코의《감시와 처벌》(오생근 역) 10년 만의 재번역 출간.

2004. 1. 《한국의 문화유산》(최정호 저) 출간.
2. 《주역해의》(남동원 저) 주역공부 모임 시작('동원심역연구회' 조상호(회장)·이광훈·남중구·김종록·이형성·이천승).
3. 반년간 잡지 *Asian Communication Research*(한국언론학회) 창간.
3. 미셸 푸코의 《성의 역사》(전 3권) 재번역 출간.
3. 《나남문학3: 탐나는 유혹》 출간(《김약국의 딸들》 독후감 공모작 모음집).
4. 자유기업원과 함께 '자유주의 시리즈' 《민주주의는 실패한 신인가》(한스헤르만 호페 저, 박효종 역)를 시작으로 2010년 최광의 《지배권력과 경제번영》까지 총15권 출간. '국제문제시리즈'는 미어셰이머의 《강대국 국제정치의 비극》을 시작으로 2007년 이춘근의 《현실주의 국제정치학》까지 총 9권 출간.
8. 《영원한 재야, 대인 홍남순》 출간.
10. 파주출판문화정보산업단지에 나남출판 사옥 완공, 나남출판의 파주시대 개막.

2005. 1. 《범죄학 이론》(에이커스·셀러스 공저, 민수홍 외 역) 출간.
1. SBS 대하드라마 박경리 〈토지〉 방송 - 《토지》 100만 부 돌파.
5. 토지이벤트, 출판사 전 직원 하동 최 참판댁 답사.
9. 낙성대 경제연구소의 《새로운 한국경제발전사》 출간.
10. 발행인, 제 37회 대한민국 문화예술상(문화부문) 대통령상 수상.

10. 박명림 *The Requiem for Peace*(《한국 1950: 전쟁과 평화》 영문판) 번역 출간.

10. 발행인, 2005 프랑크푸르트 도서전 참관.

11. 영화진흥위원회 2005년도 하반기 학술지원사업 선정 - 김동호《한국영화 정책사》.

12. 《주역해의》(전 3권) 개정판 출간.

12. 나남출판 홈페이지(www.nanam.net) 개편.

2006. 2. 하버마스의 역작《의사소통행위이론》(전 2권, 장춘익 역) 완역 출간.

3. 음악에 대해 체계적으로 접근하려는 수많은 사람들의 지침서《두길 서양음악사》(전 2권) 개정판 출간.

3. 〈동아일보〉 법조 출입기자 이수형의《미국법, 오해와 이해》 발간. 이후 특종으로 바라본《오프 더 레코드》 2014년에 출간.

4. 이화여대 사회복지대학원(원장: 양옥경) 사회복지 관련도서 65종 130부 도서기증.

7. 프리드리히 하이에크의《노예의 길》(김이석 역) 출간.

8. 발행인, 국무총리직속 방송통신융합추진위원회 위원으로 선임.

8. 권태준(서울대 환경대학원)《한국의 세기 뛰어넘기》 출간.

8. 광복 60주년 기념《역동적 균형과 한국의 미래 시리즈》(전 4종) 출간.

12. 덕성여대(지은희 총장) 도서관 도서기증(2,000부).

2007. 1. 한국학술진흥재단 학술명저번역 총서 계약 - 3년간 99종 출간.

3. 상상력 공장장 임헌우(계명대 디자인과)의 상상력에 관한 감동적 메시지 《상상력에 엔진을 달아라》 출간. 교보문고 32주 연속 베스트셀러, 사회과학분야 올해의 도서 선정.

4. 한국학술진흥재단 《동유학안》(전 5권) 제작.

5. 계간 〈사회비평〉 복간(2007 여름 36호).

5. 박경리 에세이 《가설을 위한 망상》 출간.

5. "지훈예술제" 전 직원 참관(5.18. 경북 영양)

2008. 2. 토마스 홉스의 《리바이어던》(전 2권, 진석용 역) 출간.

3. 독립운동가이며 한국학의 체계적 저술을 남긴 학자이자 지성인인 《기당 현상윤 전집》(전 5권) 출간.

3. 하이데거의 《숲길》(신상희 역) 출간. 이후 《회상》(2011.8.), 《언어로의 도상에서》(2012.7.)로 이어짐.

7. 한국 유학자 167인의 생애와 사상. 하겸진 편찬, 《증보 동유학안》(전 6권) 출간.

7. 김수학(경북지사, 국세청장)의 체험 현대사, 《이팝나무 꽃 그늘: 보릿고개 넘어온 눈물의 민족사》 출간.

10. 맥퀘일, 《매스커뮤니케이션 이론》(양승찬·이강형 역) 출간.

11. 독일 사회학자 막스 베버의 종교사회학 저작 선집 《베버 종교사회학 선집》(전성우 역) 출간.

12. 나남수목원(포천시 신북면 20만 평) 창설.

2009. 2. 곡필과 변절로 점철된 현대사에서 기자의 이상과 삶을

늠름하게 지켜낸 《대기자 김중배: 신문기자 50년》 출판 기념회.

5. 나남출판 창립 30주년.

6. 《한국언론학회 50년사》 제작.

7. 수원대(이인수 총장) 도서관 도서 기증(424종 828부).

7. 중국문학의 정수! 조설근·고악의 《홍루몽》(전 6권, 최용철·고민희 역) 출간.

10. 언론출판의 한길을 올곧게 걸어온 발행인의 자전에세이 《언론 의병장의 꿈》(나남출판 창립 30주년 기념) 출간.

10. 발행인, 책의 날 국무총리 표창.

2010. 2. 원주 한라대(한국기원 인연) 도서관 도서 기증(1,008부).

4. 고대 법대 교우회 《토지》 세트 증정(사시, 행시 합격자 177명).

5. 박경리 2주기 통영 묘소 참배.

5. 한국연구재단 학술명저번역 총서(2006~2007 선정분) 출판 계약.

5. 제 16회 아시아태평양출판협회(APPA) 출판상 《홍루몽》.

8. '역사학의 혁명'으로 불리는 프랑스 역사서 《기억의 장소》(전 5권), 존 스튜어트 밀의 역작 《정치경제학 원리》(전 4권) 출간.

2011. 3. 최학주 《나의 할아버지 육당 최남선》 출간.

3. 민광호 입사. 지금은 편집부장.

5. 박경리 3주기 통영 묘소 참배.

5. 제 11회 芝薰賞 시상식(문학상: 이영광, 국학상: 김영미). 경

북 영양 지훈 생가에서 거행, 영주 부석사 관광.

7. 김성한의 대하역사소설 《요하》(전 3권) 출간.

10. 고승철 주필 겸 부사장 취임.

10. 한국외대 박술음 추모 동상 제막식, 《지구촌 시대를 준비한 선각자》 출간.

11. 아름다운재단과 기부문화 총서 시작, 《기부자 로열티》 출간을 시작으로 2021년 5월 16권 《이야기 모금원리》까지 출간 중.

2012. 1. 소설가 안정효의 정치풍자 소설 《솔섬》(전 3권) 출간.

6. '인간자본의 표상'이었던 인촌을 입체적으로 재조명한 《인촌 김성수의 삶》(백완기 저) 출간.

10. 한국언론학회 기획, 《정치적 소통과 SNS》, 《융합과 통섭》 학술도서 출간.

2013. 2. 막스 베버 전문가 전성우 교수 정년 기념 《현대사회와 베버 패러다임》, 《막스베버 사회학》 출간.

3. 한국개발연구원(KDI) 기획, "육성으로 듣는 경제기적" 편찬위원회의 《코리안 미러클》 출간. 이후 2022년 4월 제7권 《정보화 혁명, 정책에 길을 묻다》까지 이어짐.

4. 발행인, '장한 고대 언론인상' 수상.

4. 김태현 기획실장 입사. 지금은 상무이사.

7. 고승철 장편소설 《소설 개마고원》 출간.

7. 대한민국역사박물관 한국현대사 교양 총서(전 8권) 출간 (2014년 7월까지).

11. 발행인,《언론의병장의 꿈》 개정판 출간.
12. 김우창 문학선《체념의 조형》 출간 및 희수기념 집담회 (12.17. 세종문화회관).
12. 한국사회학회《상생을 위한 경제민주화》,《화합사회를 위한 복지》 출간.
12. 이병완(前 대통령 비서실장)의《전라도 가시내》 출간.
12. 한국 언론에 대한 '훌륭한 교과서' 관훈클럽 기획의 《한국 언론의 품격》(박재영 외) 출간.

2014. 3. 이병주 장편소설 출간:《정도전》(3월),《정몽주》(4월),《허균》(9월),《돌아보지 말라》(10월).
4. '창업자 시리즈' 기획, 제 1권으로 삼성 창업자 이병철 자서전《호암자전》 출간. 이후 2022년 신한은행 창업주 이희건 회고록까지 계속 출간 중.
5. 한국개발연구원(KDI) 기획, "육성으로 듣는 경제기적" 편찬위원회의《코리안 미러클 ②: 도전과 비상》 출간.
6. 前 국회의장 이만섭의 회고록《정치는 가슴으로》 출간.
8. 류주현 실록 대하소설 한국현대사의 격동기를 담아낸 절규의 서사시!《조선총독부》(전 3권) 출간.
9. 고승철 장편소설《소설 서재필》 출간.

2015. 2. 김형국의《우리 미학의 거리를 걷다》 출간.
4. 광복 70주년, 한일 국교정상화 50주년 기념 일본 지식인 23인과의 대화. 정구종의《한일 교류 2천 년》 출간.
4. 다큐멘터리 감독 고희영의 제주 해녀이야기《물숨》 출간.

2016년 10월 다큐멘터리 영화 개봉.

5. 발행인, 《나무 심는 마음》 출간, 제 3판(2018.7.).

6. '창업자 시리즈' 제 2권 현대그룹 창업자 《영원한 도전자 정주영》(허영섭 저) 출간.

7. 국회의원 이세기의 《6·25전쟁과 중국》 출간, 국방부 안보 도서 선정.

7. 서울신문 산업부의 재계인맥 대해부, 《재계파워그룹 58》 (전 2권) 출간.

9. 발행인, 《나무 심는 마음》 산림청 저자 특강 (대전).

10. 한국언론학회 기획, 《커뮤니케이션 과학의 지평》 출간.

10. 국가인권위원회 기획, 《인권과 사회복지》 출간, 이후 《아동 청소년과 인권》까지 총 2권 출간

10. 한국산업기술대(이재훈 총장) 도서기증(총 3,002부).

11. 김병일(도산서원 선비문화수련원 이사장) 《선비처럼》 출간.

11. 발행인, 의정부 지방검찰청 시민위원회 위원장 취임.

12. 한국개발연구원(KDI) 기획, "육성으로 듣는 경제기적" 편찬위원회 《코리안미러클 ③: 숨은 기적들》(전 3권: 〈중화학공업, 지축을 흔들다〉, 〈농촌근대화 프로젝트, 새마을운동〉, 〈숲의 역사, 새로 쓰다〉) 출간.

2016. 3. 프랭크 웹스터의 《현대 정보사회이론》(조동기 역) 출간.

4. 존 듀이의 《경험으로서의 예술》(전 2권, 박철홍 역) 출간.

4. 송호근 *The Birth of The Citizen in Modern Korea* 출간.

5. 《로도스섬 해변의 흔적》(전 4권) 출간.

9. 신윤섭 편집부장 입사. 지금은 편집이사.

10. 한국언론학회 기획,《커뮤니케이션학의 확장》출간.
12. 한국개발연구원(KDI) 기획, "육성으로 듣는 경제기적" 편찬위원회의《코리안미러클 ④: 외환위기의 파고를 넘어》출간.

2017. 2. 송호근 교수의 한국의 성장 동력과 현대차 스토리인《가보지 않은 길》출간.
4. 사회학자 송호근의 첫 장편소설, 봉건과 근대가 맞부딪힌 역사의 섬《강화도》출간.
5. 시인 유종인의《조선의 그림과 마음의 앙상블》출간.
5. 나남 책박물관 개관식 및 제 17회 芝薰賞 시상식(문학상: 이윤학, 국학상: 이영미, 포천 나남수목원 책박물관).
7. 《막스 베버의 고대 중세 연구》(전성우 역) 출간.
7. 홍석현(중앙일보 회장)《한반도 평화 만들기》출간.
8. 남도학숙 도서기증(약 2천 부(1,034종*각2부)).
9. 김준엽,《장정》(전 5권) 새로 고쳐 쓰고 다듬은 재판 완간.
11. 게오르크 루카치의《사회적 존재의 존재론을 위한 프롤레고메나》(전 2권) 출간.
11. 도지사, 장관, 시장, 총리를 거치며 시대변혁을 이끈 고건 前 총리의《고건 회고록》출간.

2018. 1. 《마하트마 간디의 도덕·정치사상》(전 3권, 허우성 역) 출간.
1. 비영리 재단법인 나남 설립(산림청 인가).
2. 송호근의 두 번째 장편소설 천재작가 김사랑을 찾아서《다시, 빛 속으로》출간.

3. 송호근 교수의 사회학적 현장관찰기 ②. 대한민국의 용광로 포스코에서 발견한 한국 제조업의 미래《혁신의 용광로》출간.

8. 《플라톤의 법률》(전 2권, 김남두·강철웅·김인곤·김주일·이기백·이창우 역) 출간.

9. 제롬 B. 슈니윈드의《근대 도덕철학의 역사》(전 3권, 김성호 역) 출간

11. 포천시 영북면 군부대 제 1기갑여단 도서기증(286종 2,002부).

11. 뉴노멀 사회의 주인공이 될 젊은이에게 주는 고려대 염재호 총장의《개척하는 지성》출간.

12. 한국보건사회연구원이 세계 주요 12개국 사회보장제도의 역사와 현황《주요국 사회보장제도》(전 12권) 출간.

2019. 3. 한국개발연구원(KDI) 기획, "육성으로 듣는 경제기적" 편찬위원회의《코리안미러클 ⑤: 모험과 혁신의 벤처생태계 구축, 한국의 사회보험, 그 험난한 여정》(전 2권) 출간.

4. 포스텍 '융합문명연구원'의 송호근,《기업시민의 길: 되기와 만들기》출간. 이후 기업시민의 현재와 미래인《기업시민, 미래경영을 그리다》(2020), 문명사적 대전환기에 ESG 시대를 앞서가는 기업시민 스토리인《기업시민, 미래경영의 길이 되다》(2021)를 기획 출간.

4. 발행인, 一業一生 질풍노도의 꿈으로 쓴《숲에 산다: 세상 가장 큰 책 나남수목원》출간. 제 2판(2020.2.)

5. 창립 40주년 기념식 및 제 19회 芝薰賞 시상식(문학상:

김중일, 국학상: 이정철, 포천 나남수목원 책박물관)

7. 도산서원 선비문화수련원 김병일 이사장《퇴계의 길을 따라》 출간.

7. 일본 최고의 한반도 전문가 오코노기 마사오의《한반도 분단의 기원》 출판기념 강연회(프레스센터).

8. 한국연구재단 명저번역지원사업 '서양문학, 서양사' 분야 20종 계약 체결.

9. 야노쉬 코르나이의《사회주의체제의 정치경제학》(전 2권, 차문석·박순성 역) 출간.

10. 발행인의《숲에 산다》한국문화예술위원회의 문학나눔에 선정.

10. 조나단 터너의《현대 사회학 이론》(김윤태 외 공역) 출간.

10. 한국언론학회의《한국 언론학 연구 60년》출간.

11. 사후 34년 만에 공개된 미셸 푸코의 유작《성의 역사 ④: 육체의 고백》(오생근 역) 세계 최초로 출간.

12. 안드레이 벨르이의《세계관으로서의 상징주의》(전 2권, 이현숙·이명현 공역) 출간.

2020. 1. 포스텍 '융합문명연구원'의 문명과 담론 총서 7종 출간.

2. 역사의 산증인 김동길 교수가 만난 현대사를 수놓은 100명의 별들《백년의 사람들》출간.

3. 서울대 언론정보학과 윤석민《미디어 거버넌스》출간.

4. 새로운 세상을 꿈꾼 혁명의 지도자 예수의 고독한 투쟁을 그린 윤석철 장편소설《소설 예수》출간. 이후 2022년 6월에《소설예수》(전 7권) 완간.

4. 미셸 푸코의 《감시와 처벌》 번역 개정2판(오생근 역) 출간.
6. 롯데그룹 신격호 회장의 50년의 도전, 롯데월드와 타워 《신격호의 도전과 꿈》 출간.
6. 피에르 부르디외의 언어와 권력의 은밀한 공모를 그린 《언어와 상징권력》(번역 개정판, 김현경 역) 출간.
7. 한국연구재단 명저 번역 2년간 20여 종 출간 계약.
7. 한국개발연구원(KDI) 기획, "육성으로 듣는 경제기적" 편찬위원회의 《코리안 미러클 ⑥: 한국의 경제질서를 바꾼 개혁, 금융실명제》 출간.
9. '첫 시집'을 기획. 김상렬의 《푸른 왕관》과 이승하의 《우리들의 유토피아》 출간.
11. 포스텍 '융합문명연구원'의 문명학 총서 《문명 다시 보기》(주경철 외) 출간. 이후 2022년 1월 한국의 민주화 35년을 돌아본 《시민정치의 시대》(송호근 외)까지 총 8종 출간.
12. 前 국제형사재판소장 송상현 서울대 명예교수 회고록 《고독한 도전, 정의의 길을 열다》 출간.
12. 국립한글박물관의 한글문화구술 총서 《한글을 듣다》. 2021년까지 총 6종 출간.

2021. 1. 한국개발연구원(KDI)이 한국의 미래를 밝힐 경제정책과 패러다임을 제시한 《KDI, 경제정책 설계의 판테온》, 《KDI가 보는 한국경제의 미래》 출간.
2. 나남의 자회사 나남출판의 첫 책으로 송호근의 시대진단, 《정의보다 더 소중한 것》 출간. 이후 2022년 4월까지 20여 권 출간.

3. 《지능정보사회의 이해》(배영 · 최항섭 외 18인 공저) 출간.
4. 종이신문에서 초일류 디지털 미디어로 거듭난《뉴욕타임스의 디지털 혁명》(송의달 저) 출간 .
6. 현대 사회철학의 거장 악셀 호네트의 유럽 사상사《인정: 하나의 유럽 사상사》(강병호 역) 출간.
7. 현대 문명을 거부하고 산 속으로 들어간 수행자 육잠 스님 이야기《단순하게 소박하게》(전충진 저) 출간.
10. 롯데그룹 창업주 신격호 회고록《열정은 잠들지 않는다: 한계를 넘어 더 큰 미래로》 출간.
12. 선비 정치인 운경 이재형을 재조명한《운경 이재형의 생애와 정치역정》 출간.
12. 한국여성기자 100년, 한국여성기자협회 60주년 기념《한국의 여성기자 100년》(정진석 저),《유리는 깨질 때 더 빛난다》 출간.

2022. 1. 한국, 미국, 영국의 다양한 선거캠프를 분석한 한양대 예종석 교수의《당선비책》 출간.
2. 당 태종을 몰락시킨 안시성 양만춘 성주의 통쾌한 승전보. 김풍길 전작장편소설《황금삼족오》(전 5권) 출간.
3. 20세기 문학의 정수 로베르트 무질의 장편소설《특성 없는 남자》(전 5권, 신지영 역) 국내 최초 완역.
5. 정운찬(전 서울대 총장, 국무총리)《나의 스승, 나의 인생》 출간.
5. 김용학(전 연세대 총장)《경계 넘어 네트워킹하기》 출간.
5. 김진현(전 〈동아일보〉 주간, 과학기술부 장관) 회고록《대한

민국 성찰의 기록》 출간.

5. 발행인, 2022년판《언론 의병장의 꿈》 출간.

5. 제 20회 지훈상(지훈문학상: 이민하 시인).

나남출판사 책 수상내역

문화공보부, 문화부(1990~1992), 문화체육부(1993~), 문화관광부(1998~) 추천도서

1985. 홍기선《커뮤니케이션론》
1986. 이청준《비화밀교》, 신인섭《한국광고사》
1987. 서정우《국제커뮤니케이션론》, 임희섭 편《한국사회의 발전과 문화》, 발라다레스 | 정성호 역《자유의 조건》(전 2권), 박양호《지방대학교수》
1989. 정범모《미래의 선택》, 한승원《포구의 달》
1990. 《손소희 문학전집》(전 11권)
1991. 이두호 외《빈곤론》, 이준관 시집《가을 떡갈나무 숲》, 이가종《기술혁신전략》
1992. 고범서《가치관 연구》, 이행원《한국교육의 선택》
1993. 임희섭 편《오늘의 한국사회》, 최정호 편《산과 한국인의 삶》
1994. 프리드먼 | 안재욱 외 역《자유시장과 작은 정부》, 신일철《북한주체철학연구》, 임희섭《한국의 사회변동과 가치관》
1995. 이건영《서울이야기》, 정진석《인물 한국언론사》, 서재진《또 하나의 북한사회》
1996. 양옥경《지역사회 정신건강》, 강명헌《재벌과 한국경제》, 임현진·송호근 공편《전환의 정치, 전환의 한국사회》, 김형국

편《한국의 미래와 미래학》, 김문환《미래를 사는 문화정책》, 김달중·박상섭·황병무 공편《국제정치학의 새로운 영역과 쟁점》

1997. 박상섭《근대국가와 전쟁》, 김영석《멀티미디어와 정보사회》, 송호근《시장과 복지정치》

1998. 김화영《한눈팔기와 글쓰기》, 김성재《매체미학》, 최정호·이태원 공편《하늘과 한국인의 삶》, 김용구《세계관 충돌의 국제정치학》

1999. 송호근 외 편《시원으로의 회귀》, 한상진 편《현대사회와 인권》

2001. 신인섭 외《눈으로 보는 한국광고사》

2002. 김주환 외《디지털 시대와 인간 존엄성》

2003. 위르겐 하버마스 | 장은주 역《인간이라는 자연의 미래》, C.R. 라오 | 이재창·송일성 역《혼돈과 질서의 만남》

전경련, 자유경제출판문화상, 시장경제대상

1990. 김진현《한국의 선택》

1992. 이훈구《심리학자가 내다본 일의 세계》

1993. 황의각《북한경제론》

1994. 김경동《한국사회변동론》

1995. 임희섭《한국의 사회변동과 가치관》, 대통령자문 21세기위원회《21세기의 한국과 한국인: 무엇을 어떻게 할 것인가》

1996. 김경원·임현진 공편《세계화의 도전과 한국의 대응》(대상)

1997. 정갑영 외《민영화와 기업구조》

1999. 후카가와 유키코 | 박찬억 역《대전환기의 한국경제》

2003. 바른사회를 위한 시민회의 편《바른 한국, 이렇게 만들자》

2008. 리처드 파이프스 | 서은경 역《소유와 자유》

2011. 조동근 외《포퓰리즘의 덫》(우수상)

문화체육부·출판문화협회, 이달의 청소년 도서·청소년 권장 도서·청소년 교양 도서

1990. 이문열《그대 다시는 고향에 가지 못하리》, 김현《두꺼운 삶과 얇은 삶》, 김승희《미완성을 위한 연가》,《이동하 문학선 - 밝고 따뜻한 날》,《황동규 문학선 - 풍장》

1991. 이훈구《일의 세계와 심리학》, 김준엽《장정》(전 5권), 김영희《페레스트로이카 소련 기행》

1992. 한수산《모래위의 집》

1993. A.야코블레프 | 김병린·김근식 역《공산주의의 종언》

1994. 공미진 외《해바라기와 사는 냄새》, 김문환《문화로 본 현대 일본》

1995. 21세기 위원회 편《21세기 한국과 한국인》

2000. 박경리《우리들의 시간》

2001. 전상인《세상과 사람 사이》

2002. 홍인근《이봉창 평전》

2008. 김용택 외《내 인생의 글쓰기》, 신경림 편《어린이와 청소년이 함께 읽는 백범일지》, 김상렬 편《온 겨레가 읽는 백범일지》

2015. 류주현《조선총독부》(전 3권)

문화체육관광부 우수교양도서, 세종도서 교양부문

2008. 정범모《한국의 세 번째 기적》, 김용택 외《내 인생의 글쓰기》
2009. 윤혜준《우르비노의 비너스》
2010. 조성식《대한민국 검찰을 말하다》, 조지훈《돌의 미학》
2011. 민병욱《민초통신 33》
2012. 한반도선진화재단《서울컨센서스》, 고삼석《디지털 미디어 디바이드》
2013. 이영광 편《홀림 떨림 울림》
2014. 송길원 외《행복한 죽음》, 박세훈 외《창조도시를 넘어서》, 성호준《맨발의 투혼에서 그랜드슬램까지》
2015. 김중순《같은 공간, 다른 시간》, 고희영《물숨》, 김형국《우리 미학의 거리를 걷다》, 임혁백《산과 강은 바다에서 만나고》
2016. 최맹호《다시 보는 역사의 현장》, 오일만《2022년, 시진핑의 신장정》
2017. 유종인《조선의 그림과 마음의 앙상블》
2018. 김형석《광주, 그날의 진실》, 강우원 외《서울의 공간경제학》
2019. 윤혜령 소설집《꽃돌》, 최정근《엉터리 기사로 배우는 좋은 글쓰기》

문화관광부 우수학술도서, 세종도서 학술부문

1998. 이원규《종교사회학의 이해》, 성낙인《언론정보법》, 석현호 편저《한국사회의 불평등과 공정성》, 김우상《신한국책략》, 권기헌《정보사회의 논리》, 막스 베버 | 전성우 역《막스 베버

의 사회과학방법론 ①》, 오탁번《오탁번 시화》

1999. 정재호《중국의 중앙-지방관계론》, 김대환 외《한국재벌 개혁론》, 조상호《한국언론과 출판저널리즘》, 박홍식《내부 고발의 논리》

2000. 정재호《중국정치연구론》, 조대엽《한국의 시민운동: 저항과 참여의 동학》, 고세훈《영국노동당사: 한 노동운동의 정치화 이야기》, 심영희 외《모성과 담론의 현실: 어머니의 성, 삶, 정체성》, 참여연대 편《한국 5대 재벌백서 1995~1997》

2001. 임혁백《세계화 시대의 민주주의》, 김동춘《IMF 이후 한국의 빈곤》

2002. 김형국 편《불과 한국인의 삶》, 로렌스 레식 | 김정오 역《코드: 사이버공간의 법이론》, 남동원《주역해의》(전 3권)

2003. 막스 베버 | 전성우 역《탈주술화 과정과 근대》, 조병희《의료개혁과 의료권력》, 브라운 외 | 탁선미 외 역《젠더연구》, 박명림《한국 1950: 전쟁과 평화》, 조긍호《한국인 이해의 개념틀》

2005. 이근 외《한국경제 인프라와 산업별 경쟁력》, 박재흥《한국의 세대문제》, 오택섭 · 최현철《사회과학데이터분석법③》, 안경환《법정치와 현실》, 알랜 래들리 | 조병희 외 역《질병의 사회학》

2006. 참여사회연구소《한국의 재벌》(전 5권), 김영석《설득커뮤니케이션》, 윤상우《동아시아발전의 사회학》, 서원석 편《참여정부 인사개혁의 현황과 과제》, 위르겐 하버마스 | 장춘익 역《의사소통행위이론》(전 2권)

2007. 김민환《민족일보연구》, 윤사순《유학의 현대적 가용성 탐

구》, 송호근·홍경준《복지국가의 태동》, 이원종《국민 참여 시대의 한국정당》, 윤영진《복지재정과 시민참여》

2008. 장은주《생존에서 존엄으로》, 박호성《휴머니즘론》, 임상원 외《민주화 이후의 한국언론》, 김정오《현대사회사상과 법》, 임양택《한국의 비전과 국가경영전략》

2009. 나성린《공동체 자유주의》, 김성숙《사회변동과 한국가족법》

2010. 이준우 외《한국 수화회화 첫걸음》, 김병희·이종혁《한국 PR 기업의 역사와 성공사례》, 장훈《20년의 실험》

2011. 이강수《뉴스론》, 한반도선진화재단《보수와 진보의 대화와 상생》, 차남희《한국민족주의의 종교적 기반》

2013. 조병량《광고의 윤리와 법과 규제》, 임현진《지구시민사회의 구조와 역학》

2014. 김하중《통일 한국의 과거 청산》

2015. 권소진 외《현대문명의 위기》, KDI 육성으로 듣는 경제기적 편찬위원회《코리안 미러클 ②》

2016. 김성철 외《인터넷 생태계에 대한 9가지 질문》

2017. 신장섭《경제민주화… 일그러진 시대의 화두》, 김운한《브랜디드 콘텐츠》, 조대엽 외《한국사회의 반기업문화》

2018. 막스 베버 | 전성우 역《막스베버의 고대 중세 연구》

2019. 정진성《UN과 인권규범의 형성》, 플라톤 | 김남두 외 역《플라톤의 법률》(전 2권), 제롬 B. 슈니윈드 | 김성호 역《근대 도덕철학의 역사》(전 3권), 강원택 외 편《한국정치의 재편성과 2017년 대통령선거 분석》

2020. 오코노기 마사오 | 류상영 외 역《한반도 분단의 기원》, 안드레이 벨르이 | 이현숙 외 역《세계관으로서의 상징주의》(전

2권), 이준우《농인의 삶과 수화언어》, 윤석민《미디어 거버넌스》

2021. 악셀 호네트 · 강병호 역《인정: 하나의 유럽 사상사》

한국문화예술진흥원 우수문학 · 예술도서,

문화체육관광부 우수문학도서, 한국문화예술위원회 문학나눔도서

2002. 김영승 시집《무소유보다 더 찬란한 극빈》, 김정란《용연향》

2014. 전진우《소설 동백》, 양선희《카페 만우절》

2015. 김동익 소설《크루즈와 나비》, 이병주《돌아보지 말라》

2017. 민병삼 장편소설《천민》, 김상렬 소설《헛개나무 집》

2018. 송호근 소설《다시, 빛 속으로》, 이정은 소설《피에타》

2019. 조상호《숲에 산다》

2021. 민병일《창의 숨결, 시간의 울림》

대한민국학술원 우수학술도서

2002. 서병훈《자유의 미학》, 조나단 터너 | 정태환 외 역《현대사회학 이론》, 위르겐 하버마스 | 한승완 역《공론장의 구조변동》, 김형국 편《땅과 한국인의 삶》, 함성득《대통령학》, 김호진 외《사회합의제도와 참여민주주의》

2003. 마크 스미스 | 조동기 역《사이버공간과 공동체》, 정진성《현대 일본의 사회운동론》, 나카가네 카츠지 | 이일영 역《중국경제발전론》, 이문영《인간 · 종교 · 국가》, 임길진《21세기의 도전》, 염인호《조선 의용군의 독립운동》, 김용호《한국 정당

정치의 이해》

2005. 주창윤《영상 이미지의 구조》, 한인영·홍순혜·김혜란《학교와 사회복지실천》, 김우룡·장소원《비언어적 커뮤니케이션론》, 강형철《공영방송론》, 오용석《현대중국의 대외경제정책》

2006. 존 J. 미어샤이머 | 이춘근 역《강대국 국제정치의 비극》, 오진용《김일성시대의 중소와 남북한》, 백완기《한국행정학 50년》

2007. 이대근 외《새로운 한국경제발전사》, 머레이 N. 라스바드 | 전용덕·김이석 공역《인간 경제 국가》, 김익수《현대중국의 이해》, 배정호《일본의 국가전략과 안보전략》, 김태성《현대복지국가의 변화와 대응》

2008. 조영남《후진타오시대의 중국정치》, 권태준《한국의 세기 뛰어넘기》, 아르투어 카우프만 | 김영환 역《법철학》, 존 P. 파월슨 | 권기대 역《부와 빈곤의 역사》, 닐 비드마르 | 김상준 외 공역《세계의 배심제도》, 조르주 소렐 | 이용재 역《폭력에 대한 성찰》, 양옥경《정신보건과 사회복지》, 조나단 넥터라인·필립 와이저 | 정영진 역《디지털 크로스로드》

2009. 윤사순《실학의 철학적 특성》, F. 마르티네즈·E. 티그셸라아르 | 강성열 역《사해문서》(전 4권), 고트홀트 레싱 | 윤도중 역《라오콘》, 카를 로젠크란츠 | 조경식 역《추의 미학》, 마리케 드 무이 | 김유경·이상훈·김병희 공역《소비자 행동과 문화》, 양재진 외《한국의 복지정책 결정과정》, 이춘근《현실주의 국제정치학》, 민준기《한국의 정치》, 조혜인《상처받은 절개, 날개접은 발전》, 최병선·최종원 공편《국가운영시스템》,

이길여《의학과 의료》, 잭 랄프 클로펜버그 | 허남혁 역《농업 생명공학의 정치경제》, 앨런 거트만 | 송형석 역《근대스포츠의 본질》

2010. 사르트르 | 박정자 외 역《변증법적 이성비판》(전 3권), 데이비드 E. 먼젤로 | 이향만 외 역《진기한 나라 중국》, 막스 베버 | 박성환 역《경제와 사회》, 양옥경 외《다문화사회 한국》, 쉬무엘 N. 아이젠스타트 | 임현진 외 역《다중적 근대성의 탐구》, 샌드라 하딩 | 조주현 역《누구의 과학이며 누구의 지식인가》, 존 보울비 | 김창대 역《애착》, 임혁백《신유목적 민주주의》, 소영진 외《딜레마와 제도의 설계》, 로버트 W. 맥체스니 | 오창호·최현철 역《미디어정책 개혁론》

2011. 쇼펜하우어 | 김미영 역《충족이유율의 네 겹의 뿌리에 관하여》, 에이어 | 송하석 역《언어, 논리, 진리》, 후설 | 이종훈·하병학 공역《형식논리학과 선험논리학》, 드로이젠 | 이상신 역《역사학》, 피에르 노라 외 | 김인중 외 역《기억의 장소》(전 5권), 조병량 외《광고카피의 이론과 실제》, 강원택《한국선거정치의 변화와 지속》, 이태희《변화의 지향》, 신용하·고정휴《대한민국 임시정부의 현대사적 성찰》, 존 캅 외 | 양재섭 외 역《생명의 해방》, 앙드레 피쇼 | 이정희 역《유전자 개념의 역사》

2012. 제러미 벤담 | 고정식 역《도덕과 입법의 원리 서설》, 칼 구스타프 헴펠 | 전영삼 외 역《과학적 설명의 여러 측면》, J.G.A. 포칵 | 곽차섭 역《마키아벨리언 모멘트》, 유리 M. 로트만 | 김성일·방일권 공역《러시아 문화에 관한 담론》, 다니엘 라구트 | 김현수 역《조형예술교육론》, 정일영《한국외교와 국

제법》, 임양택《쿼바디스 도미네》, 윤석민《한국사회 소통의 위기와 미디어》

2013. 마르틴 헹엘 | 박정수 역《유대교와 헬레니즘》(전 3권), 곽승준 외《스마트 자본주의 5.0》, 필립 페팃 | 곽준혁 역《신공화주의》, 루이스 하츠 | 백창재 외 역《미국의 자유주의 전통》, 한국언론학회 편《융합과 통섭》, 펠릭스 클라인 | 한경혜 역《19세기 수학의 발전에 대한 강의》

2014. 전성우《막스베버 사회학》, 카를로스 블랑코 아기나가 | 정동섭 역《스페인 문학의 사회사》(전 5권), 토마스 아퀴나스 · 이재룡 외 역《영혼에 관한 토론문제》, 이폴리트 텐 | 정재곤 역《예술철학》, 김문조《융합문명론》, 이재경 외《한국 언론의 품격》, 이영애 외《한국인의 위험지각》

2015. 조대엽《갈등 사회의 도전과 미시민주주의의 시대》, 키스 토마스 | 이종흡 역《종교와 마술 그리고 마술의 쇠퇴》(전 3권)

2016. 윤석민《미디어 공정성 연구》, 조대엽《생활민주주의의 시대》, 강원택 편《2014년 지방선거분석》, 이영자《자본주의의 신화와 독사》

2017. 존 듀이 | 박철홍 역《경험으로서 예술》(전 2권), 레온 페스팅거 | 김창대 역《인지부조화이론》, 클래런스 글래컨 | 심승희 외 역《로도스섬 해변의 흔적》, 강명구《훈민과 계몽》, 강형철《융합미디어와 공익》

2018. 윌리엄 오캄 | 박우석 외 역《논리학 대전》

2021. 예브게니 마르코프 | 허승철 역《크림반도 견문록》, 곽수근 외《기업시민, 미래경영을 그리다》, 이선민《한국의 자주적 근대화에 관한 성찰》

간행물윤리위원회 선정, 청소년 권장도서

1996. 김석기《연구개발도 예술이다》, 김수환·황동규 외《내일을 준비하는 오늘》

1997. 박명림《한국전쟁의 발발과 기원》(전 2권)

1998. 김진세《한국사회 무엇이 문제인가》

1999. 송호근《정치없는 정치시대》

2002. 박명림《한국 1950: 전쟁과 평화》

2003. 민병욱 글·박수룡 그림《들꽃길 달빛에 젖어》

2004. 한종호《빅브라더 아메리카》

나남출판 원고지